《东南亚研究》第一辑

《东南亚概论》丛书

LAOWO GAILUN

老挝概论

郝勇 黄勇 覃海伦 编著

『十二五』国家重点图书出版规划项目

国家出版基金项目
NATIONAL PUBLICATION FOUNDATION

U0921117

中国出版集团
世界图书出版公司

图书在版编目（CIP）数据

老挝概论/郝勇，黄勇，覃海伦编著. —广州：世界图书出版广东有限公司，2012.12
（东南亚研究）
ISBN 978-7-5100-1831-2

Ⅰ.①老… Ⅱ.①郝… ②黄… ③覃… Ⅲ.①老挝—概况 Ⅳ.①K933.4

中国版本图书馆CIP数据核字（2012）第305491号

书　　名　老挝概论
　　　　　　LAOWO GAILUN
编 著 者　郝　勇　黄　勇　覃海伦
项目策划　陈　岩
项目负责　卢家彬　刘正武
责任编辑　魏志华　张　华
装帧设计　书窗设计
责任技编　刘上锦
出版发行　世界图书出版有限公司　世界图书出版广东有限公司
地　　址　广州市新港西路大江冲25号
邮　　编　510300
电　　话　020-84459579　84453623
网　　址　http://www.gdst.com.cn
邮　　箱　wpc_gdst@163.com
经　　销　新华书店
印　　刷　广东虎彩云印刷有限公司
版　　次　2020年10月第2版　2022年8月第7次印刷
开　　本　880mm×1 230mm　1/32
字　　数　290千字
印　　张　12.125
国际书号　ISBN 978-7-5100-1831-2/K·0159
定　　价　35.00元

版权所有　翻印必究

咨询、投稿：020-84460251　gzlzw@126.com

解放军外国语学院亚非语系

《东南亚研究》编辑委员会

主　任：钟智翔　李晨阳

副主任：尹湘玲　于在照　祁广谋

编　委：（以汉语拼音为序）

毕世鸿　蔡向阳　陈　晖　龚晓辉　郝　勇　黄　勇

兰　强　李　健　卢光盛　孙衍峰　谈　笑　谭志词

唐　慧　谢群芳　易朝晖　余富兆　郑军军

前言

“东南亚”指亚洲东南部地区，包括越南、老挝、柬埔寨、泰国、缅甸、菲律宾、马来西亚、文莱、新加坡、印度尼西亚、东帝汶等11个国家。该地区人口众多、资源丰富、幅员辽阔，北接东亚大陆，南望澳大利亚，东濒太平洋，西临印度洋，西北与印度、孟加拉国相毗邻，是连接亚洲和大洋洲、太平洋和印度洋的桥梁地带，具有举足轻重的战略地位。

东南亚是中国周边邻国最为集中的地区。通过陆地和海洋的连接，东南亚与中国为邻，是中国通往外部世界的最重要的海上通道，是中国维护国家安全的重要门户。由于山水相连、唇齿相依，中国与东南亚地区自古以来就有着密切的政治、经济和文化上的往来。虽然其间也曾有过摩擦和冲突，但和平友好一直是中国与东南亚交往的主调。新中国成立后，中国政府奉行睦邻友好的和平外交政策，正确处理与周边国家的关系，营造了一个较好的周边环境。特别是冷战结束后，出现了有利于中国改善与周边国家关系的国际大气候，为中国稳定周边关系提供了良好的机遇。在中国的对外关系中，东南亚具有举足轻重的分量，它既是中国实施“睦邻、安邻、富邻”外交的重要目标，也是展现中国与周边国家睦邻友好关系的窗口。无论是中国为实现社会主义现代化争取一个和平的国际环境，还是实施“立足亚太、稳定周边”的对外战略，东南亚都是不可或缺的一环。而在经济上，东南亚有着丰富的自然资源和潜在市场，是中国对外开放、开展互利合作的重要伙伴。因此，密切与东南亚各国的关系，对于中国构建稳定、和谐的周边环境具有重要意义。

近年来，中国和东南亚各国关系取得了迅速、全面、深入的发展。特别是1997年亚洲金融危机爆发以后，中国坚持人民币不贬值，以不附带任何政治条件的真诚支持和援助获得了东南亚各国的一致赞赏，拉近了相互间的距离，也使中国与东南亚的关系全面推进，不断拓展和深化。2002年11月，《中国与东盟全面经济合作框架协议》的签署，标志着中国—东盟建立自由贸易区的进程正式启动，也标志着中国与东南亚国家的经贸合作进入了新的历史阶段。此后，双方又将合作拓展到政治、安全和战略领域，相继签署了《中国与东盟关于非传统安全领域合作联合宣言》、《南海各方行为宣言》，以及中国加入《东南亚友好合作条约》，确立“中国—东盟面向和平与繁荣的战略伙伴关系”等，奠定了中国与东南亚国家进行整体性制度合作的框架基础，中国与东南亚关系由此进入了合作共赢的发展阶段。

随着2010年中国—东盟自由贸易区的正式全面启动，中国东盟博览会和商务与投资峰会、大湄公河次区域经济合作、北部湾经济区的开放开发等一系列合作机制的建立和实施，昆河铁路、昆曼公路等一批跨国合作项目的建成和投入使用，可以预见中国和东南亚各国的经贸关系会更加密切，合作机制会更加健全，双方的相互依存度会更加牢固。在此背景下，越来越多的国人希望进一步了解和认识东南亚。有鉴于此，解放军外国语学院亚非语系依据自身拥有覆盖东南亚地区主要语言的优势和东南亚语种群办学52年的历史积淀，组织编写了《东南亚概论》、《越南概论》、《老挝概论》、《柬埔寨概论》、《泰国概论》、《缅甸概论》、《马来西亚概论》、《印度尼西亚概论》等，分别从自然地理、历史简况、民族与习俗、宗教信仰、文学艺术、政治制度、国民经济、军事与国防、对外关系等方面对东南亚及东南亚各国的国情与社会文化进行了阐述。参加丛书编撰工作的均为解放军外国语学院东南亚语种方向的专家学者。他们精通英语和东南亚语言，熟悉东南亚文化，在编写过程中多采用第一手资料，使丛书内容具有丰富、翔实、权威的特点。

在充满机遇与挑战的全球化时代，中国如何把握住时机，继续深化与东南亚国家的睦邻友好关系，提升在政治、经济、贸易、文化、安全等各领域的广泛交流与深入合作，是一个重要课题。《东南亚研究》丛书旨在为希望了解东南亚情况的人士提供较为客观、全面的知识和信息。由于受资料收集和学术水平等诸多因素的限制，书中所表述的观点难免有疏漏和不当之处，敬请广大读者批评指正。同时，我们也衷心希望有更多更好的东南亚研究成果问世。

解放军外国语学院亚非语系
《东南亚研究》编辑委员会
2012年11月

目　录

引　言

老挝人民民主共和国（Lao People's Democratic Republic）位于亚洲东南部、中南半岛北部，面积为23.68万平方千米，是中南半岛上唯一的内陆国家。老挝的国土由西北向东南倾斜，南北长东西窄，北部最宽，中部最窄，形状像一朵绽放的荷花。老挝的总体地形特征可概括为北部山地、东南部高原、西南部平原低地和西部低山丘陵。老挝河流众多，以湄公河及其支流为主，多为由北向南或自西向东流淌。老挝的森林覆盖率约为52%，是著名的森林之国。

老挝是一个多民族的国家，其民族总称为老挝族，下分49个少数民族，分属老泰语族系、孟—高棉语族系、苗瑶语族系和汉藏语族系。截至2011年7月，老挝全国约有647.72万人，城市人口占总人口的33%，人口密度为每平方千米27人，在高山地区每平方千米人口不足2人，是亚洲地区人口密度最小的国家。老挝还是一个多宗教信仰的国家，约有67%的老挝人口信仰南传上座部佛教，约有1.5%的人口信仰基督教，约有不到1%的人口信仰伊斯兰教和巴哈伊教，约有30.9%的人口信仰其他宗教，如婆罗门教、原始宗教等。老挝是一个典型的佛教国家，历史上曾尊佛教为国教，受佛教文化影响极深。佛教的教义和哲学思想深刻而又强烈地影响了老挝人的世界观和价值观，老挝的政治、语言、文学、传统习俗等无不打上佛教文化的印记。

老挝历史悠久，根据考古资料证明，最迟在5万~4万年前，老挝地区就已有人类居住。公元1353年，老挝历史上第一个统一国家澜沧王国建立。澜沧王国时期是老挝历史的鼎盛时期，澜沧王国曾是东南亚最繁荣的国家之一。18世纪初期澜沧王国分裂为三个王国，逐步形成了琅勃拉邦王朝、万象王朝和占巴塞王朝。1778年至19世纪中叶逐步为暹罗征服。1893年沦为法国保护国。1940年9月被日本占领。1945年8月老挝人民举行武装起义。1945年10月老挝宣布独立，1946年法国再度入侵。1950年老挝爱国力量重建伊沙拉阵线，成立了以苏发努冯亲王为总理的寮国抗战政府。1954年7月法国被迫签署《关于恢复印度支那和平的日内瓦协议》，法国从老挝撤军，不久美国取而代之。1956年至1964年间，老挝爱国阵线与中立及右派势力二次组建联合政府，但均遭破坏。1964年，美国支持亲美势力破坏联合政府，进攻解放区。1973年2月，老挝各方签署了《关于在老挝恢复和平和实现民族和睦的协定》。1974年4月成立了以梭发那·富马为首相、富米·冯维希和仑·英锡迈为副首相的第三次联合政府和以苏发努冯亲王为主席的政治联合委员会。1975年5月，在老挝人民党的号召下，全国各地纷纷展开了声势浩大的夺权运动，宣布推翻旧政权，成立人民革命政权。同年12月，老挝爱国阵线在万象召开了老挝全国人民代表大会，宣布废除君主制度，成立老挝人民民主共和国，老挝人民革命党执政，标志着老挝历史上600余年君主制的终结。1991年8月，老挝最高人民议会通过《老挝人民民主共和国宪法》，创立了人民议会制政体。

从历史上看，老挝一直是中国的友好邻邦。中老两国山水相连，历史渊源深远，友好往来始于公元3世纪，迄今已有两千多年的友好交往史。在古代，文单国与唐朝、澜沧王国与明朝、琅勃拉邦王国与清朝之间交往密切。进入近现代，中国政府和人民一直援助老挝的反殖民统治，支持老挝的独立和中立以及协助老挝左派力量建立老挝人民民主共和国。尽管20世纪70年代末到80年代中期，中老关系出现了波折，但是这些短暂的波折并没有阻止中老关系朝着积极进取、全面合作的方向发展。

20世纪90年代至今，中老关系进入了全面发展和深化期。在政治关系上，中老领导人保持经常性接触，深入交流治党理政经验，及时就共同关心的问题交换意见，增进了彼此的了解和信任，有力推动了双边睦邻友好与合作关系不断扩大和深化。在国际事务和地区事务上两国相互协调、相互支持。在经贸合作方面，两国经贸关系不断深入，合作领域不断拓宽，边境贸易成为中老两国贸易的亮点，中国已成为老挝第三大贸易伙伴和第二大外资来源地。2009年9月，中共中央总书记、国家主席胡锦涛与来华访问的老挝人民革命党中央委员会总书记、国家主席朱马里·赛雅颂就进一步发展两党两国关系达成广泛共识，一致同意把中老关系提升为全面战略合作伙伴关系。我们有充分的理由相信有着深厚基础的中老友好关系将会得到进一步的发展，中老两国人民将会世世代代友好下去。

第一章　自然地理

老挝位于中南半岛北部，北纬13°54′~22°05′、东经100°10′~107°30′之间，国土面积23.68万平方千米，约为我国云南省面积的三分之二。老挝是中南半岛上唯一的内陆国家，北依中国，两国边境线长505千米；南抵柬埔寨，两国边境线长435千米；西邻泰国，两国边境线长1 835千米；东接越南，两国边境线长2 069千米；西北角与缅甸以湄公河为界，两国边境线长234千米。

老挝国土由西北向东南倾斜，南北长东西窄，北部最宽，中部最窄；南北最长达1 050千米，东西最宽处500千米，最窄处105千米，老挝人将其国土形状形容为“绽放的荷花”。老挝多山，山脉层峦叠翠，连绵起伏，北部、东北部地势高、起伏大，向南缓缓降低，河谷间有局部平原，山区平缓处有高原分布。老挝河流众多，以湄公河及其支流为主，多为由北向南或自西向东流淌，水量充沛，为老挝提供了丰富的水力资源。

第一节　地理状况

一、地形

老挝整个国土大致可以分为4类地形：山地、高原、低山丘陵和平原低谷。其中山地和高原居多，约占全国总面积的80%，低山丘陵次之，平原低谷较少。由于老挝在中南半岛的地势最为高耸，故素有“中南半岛屋脊”之称。

老挝的山地和高原可划分为三大山脉，均为我国横断山脉无量山系向南的延伸。三大山脉自东向西依次为：第一支山脉为老越边界山脉，老挝称富良山脉，越南称长山山脉。富良山脉形成了老越河流的分水岭和天然的国土分界线，由北向南延伸至越南潘切入海，高度逐渐下降，东侧陡峻，西侧坡缓，在老挝境内构成锡力乌台山、会芬高原、川圹高原等。第二支山脉由中老边境向南一直延伸至湄公河沿岸，呈南北走向，由东向西逐渐倾斜，是老挝西北部山地的主要部分。第三支山脉位于湄公河西岸，由西向东逐渐平缓，有琅勃拉邦山和碧差汶山等，该山脉的分水岭形成了老泰两国陆地上的天然国界。

老挝的总体地形特征大致可以分为北部山地、东南部高原、西南部平原低地、西部低山丘陵四个地貌区。

（一）北部山地

老挝的山地主要分布在北部地区，从最北部的、与我国云南接壤的丰沙里省一直延伸至万象省北部，包括通米赛县（沙耶武里省）至北汕县（波里坎赛省）一线以北的丰沙里、琅南塔、波乔、乌多姆赛、沙耶武里、琅勃拉邦、华潘、川圹和万象省北部等地区，主要有锡朴乌台山、琅勃拉邦山、普岷山、普米扬山、孟新高原和川圹高原等。

丰沙里省、琅南塔省东部和乌多姆赛省北部地区的山脉海拔1 000~1 500米。琅南塔省南部、波乔省、沙耶武里省北部、乌多姆赛省西南部、琅勃拉邦省和华潘省等地区的山脉相对高度不大，多呈山丘状。

北部山地的群山间有许多河流分布。经过长年累月的水流冲刷与自然侵蚀，一些山脉之间形成了许多谷地、山间盆地和平坝，如南乌江谷地、琅勃拉邦谷地、南塔盆地、兰陶盆地、本怒盆地和孟洪坝等。山地的盆地河谷区水量充沛，土壤肥沃，是北部地区的重要产粮区和重要城镇的主要分布区。这些地区还是重要的交通运输枢纽、人口密集区和商品的主要集散地。

此外，由于江河的长久冲蚀，山脉之间形成了一些相对高度落差较大而且陡峭的区域，即两边是地势极高的悬崖峭壁，中间是一条狭长的低谷走廊，成为山地地区对外交通的重要隘口。例如老挝孟柯与越南孟岚之间有一条狭窄的低谷通道，是连接老挝北部地区和越南的交通要道。

（二）东南部高原

老挝的高原主要分布在东南部地区，地质构造属老挝北部中生代褶皱带、顺化—他曲海西褶皱带和中南半岛古陆地壳的一部分，基本随富良山脉的走势分布。老挝境内主要有四大高原，分布于富良山脉的北部、中部和南部，从北至南依次是会芬高原、川圹高原、甘蒙高原和波罗芬高原。

会芬高原位于老挝东北部的华潘省，与富良山脉北部相接，是地处最北部的高原，平均海拔1 300米。高原上分布的山脉相对高度不大，山坡较平缓，河流众多，总体上呈树枝状分布。由于地势起伏及相对高差小，河流上游大多比较平缓，只是在下游一些地区河流落差变大，水势较强，水流湍急。经过水流的冲刷，出现了一些深而陡峭的石山和河谷，相对落差变大，地势险峻，多急流和险滩，给河道运输的方便和安全带来了一定的影响。高落差所形成的丰富水能资源，开发利用的潜力巨大，可用于修建水电站等国家重要战略设施。

川圹高原位于富良山脉北部，在行政区划上属于川圹省，平均海拔1 200~1 400米，南北宽40千米，东西长50千米。在川圹高原上有许多海拔超过2 300米的山峰，老挝的最高峰比亚山（海拔2 820米）便坐落在川圹高原上。经过自然界的长期侵蚀和河流冲击，高原上形成了许多大小不同的平原和山间谷地，如石缸平原（又称查尔平原，位于高原西北角，平均海拔1 100米，南北长约25千米，东西宽约20千米，面积500多平方千米）、班班平原（平均海拔600米，东西长约30千米，南北宽约20千米，面积600多平方千米）、康开谷地（位于石缸平原和班班平原间）、川圹谷地（位于石缸平原南部，是连通老挝北部与中部的重要通道）等。川圹高原上的谷地平均海拔约为200米，谷地周围还有大量悬崖峭壁分布。

甘蒙高原位于老挝中部的甘蒙省，呈斜长条形，西北至东南长约200千米，地质结构以石灰岩为主。高原西南部是老挝境内最大的石灰岩区，海拔500~700米。高原西部分布有长达数百千米、平均海拔500米的岩石群，是老挝最大的石山地貌和岩区，称为甘蒙岩区。由于该地区所分布的河流上游地势较高，对下游地区形成长期冲割，加之雨水冲刷，使甘蒙高原上形成许多谷地、暗流、山洞和小湖泊。甘蒙岩区东侧有一条长120多千米、宽20多千米的狭长陡崖深谷，其地表有大量石山凸显，石山坡度大，地势起伏，称为他曲走廊，是连接老挝南北的咽喉要道。

波罗芬高原由玄武岩喷发而成，位于占巴塞、阿速坡、色公省一带，平均海拔1 000米，相对高度900米以上，西北至东南长约100千米，东北至西南宽约60千米。波罗芬高原背靠富良山脉南部，地势比较平坦，从东北向西南逐渐缓和，终止于波罗芬山，并与南面的占巴塞平原相接。波罗芬高原地势平坦，地势起伏程度在四大高原中最小，除高原外围坡度较陡之外，少数地方有石壁分布，并有少量波状丘陵存在，交通通达度在四大高原中最佳。波罗芬高原降雨丰富，可耕地面积多，气候适宜农业开发，尤其适宜种植高原及半高原植物。

（三）西南部平原低地

老挝的平原低地主要分布在湄公河老挝流域的下游地区。湄公河自地势较高的北部山地和高原向南流，形成对下流区域的冲刷侵蚀，使得老挝西南部形成了广阔的平原地形，主要分布于万象、波里坎赛、沙湾拿吉、沙拉湾和色公等省份，面积较大的平原主要有四个，由大到小依次为：沙湾拿吉平原、巴色平原、万象平原和北汕平原。老挝境内所有平原地区气候良好，雨水充沛，盛产稻谷，是老挝重要的农业区。

沙湾拿吉平原位于湄公河沿岸，甘蒙高原和波罗芬高原之间，由中生代末期的砂岩和砾岩沉积而成，海拔100~200米。沙湾拿吉平原呈圆形，南北长150千米，东西宽140千米，面积1.8万平方千米，是老挝面积最大的平原。平原总体地势较为平坦，但东部和东北部靠近甘蒙高原、富良等山脉的边缘部分有大量丘陵和低山地貌分布。平原中部多为地势平坦的河流冲积平原，有大量河流分布，主要是湄公河及其支流，湄公河部分河段还是老泰两国的分界线。此外，还有诸如色邦菲河和色邦亨河等河流及其他支流分布。大多数河流的两岸有陡峭的自然或人工河堤分布，雨季到来时，河水会向河堤外溢出，形成大量沼泽。

巴色平原位于老挝南部的占巴塞省，东邻波罗芬高原，西接泰国，北有占巴塞山，南接柬埔寨，海拔50~100米，南北长250多千米，东西宽20多千米，面积1.6万平方千米，是老挝第二大平原。巴色平原地处湄公河老挝流段的最下游，地势由东西两侧沿湄公河西岸缓缓倾斜展开。巴色平原东西两侧均为层叠起伏的高原山地，中部则为宽广的平原，湄公河和色顿河流经该地区，河流呈网状分布。湄公河最宽处达8 000多米，河中心有大量的小岛和沙洲分布，岛上修建有公路、渡口等交通设施。平原南部湄公河河段中有大量石山分布，地势起伏大，形成许多暗礁、险滩和瀑布，尤其是与柬埔寨交界的孔埠瀑布，落差大、水流急、周围地势险要，成为老挝与柬埔寨之间的天然屏障。另外，平原南部受山石地阻挡分割，大部分地区都十分狭窄，雨季时大量雨水和泛滥的河水无法外排，故巴色平原有大量的沼泽泥地分布。

万象平原位于万象省和万象直辖市境内，海拔200米，东西长120千米，南北宽80千米，面积5 000平方千米，是老挝第三大平原。万象平原北为昆山，东北是孟芬高原，东为考块山，西南临湄公河。平原地区水网密集，河流广布，湄公河蜿蜒向南，除湄公河外还有很多支流流过，诸如南俄河和南案河等。南俄河上建有南俄河水库，偎依考块山，是老挝最大的水库，并建有南俄河水电站。平原内少数地区有山丘分布，中部有部分丘陵地貌，面积约650平方千米，其余大部分地方都是平地。万象平原土壤肥沃，气候条件良好，可耕地面积广阔，适宜种植水稻、薯类等多种作物，是老挝的主要农业生产区，也是老挝经济最发达的地区，交通通达度较高。

北汕平原位于万象平原东南部的湄公河沿岸，是被河流冲积分割而成的平原，由于地处河流交汇而又分流的三角洲地带，平原呈三角形。海拔150米，东西长40千米，南北宽30千米，面积约650平方千米。平原除东侧有两条低长的山梁外，大部分为平地，中部有小面积沼泽地。湄公河、南涅河和南桑江流经该区域，使其水量充沛，土壤肥沃，人民生活相当富庶。

（四）西部低山丘陵

老挝的低山丘陵主要分布在沙耶武里省西南部、万象省西部和波里坎赛省西部地区。低山地区的相对高度为500~800米，丘陵地区的相对高度为150~160米。该地区的湄公河河面较宽，水流平缓。

二、河流

老挝河流众多，以湄公河及其支流构成庞大的水系，多为由北向南或自西向东流淌，此外还有发源于北部的南马河和南明河等重要河流。

（一）湄公河

湄公河是亚洲第三大河、中南半岛第一大河，全长4 290千米。湄公河是老挝最主要的河流，由北向南纵贯老挝全境，在老挝境内长为1 987千米，约占总长的41%，其中内河777千米，主要穿过北部的乌多姆赛、琅勃拉邦、沙耶武里和南部的占巴塞等四省；其余部分为老泰界河976千米、老缅界河234千米。

老挝境内的湄公河段具有流量大、落差大、水力资源丰富等特点，是老挝水路运输的主要通道，因此具有很高的开发价值。湄公河大多流经丘陵和平原地带，河水泛滥后，在两岸沉积下肥沃的土壤，沿岸的冲积平原成为老挝的农业区。万象直辖市以北为湄公河上游，河面较窄，万象直辖市以南河面较宽。根据流量和流经地区的地理状况，湄公河老挝河段可分为四部分：

（1）中老边境南腊河口至老挝琅勃拉邦河段，全长600多千米。此河段河面窄，多石滩，水流湍急，河道的通航能力较差，大多数河段只能通行100吨级以下的船只。

（2）琅勃拉邦至万象直辖市河段，长约417千米，河宽400~500米。位于琅勃拉邦的一些河段较浅，河面弯曲狭窄，航运条件差，但到万象平原附近及其以下河段则变宽阔，最宽处可达数百米，比较适合于航运。老挝最大的水库——南俄河水库就建在这一河段，位于南俄河和湄公河的交汇处。南俄河口以下，湄公河进入开阔的平原地区，河宽900米左右。

(3)万象直辖市至巴色河段，全长715千米，95%以上属老挝与泰国的界河。此河段旱季时可通航50吨级的船只，雨季时可通航100吨级的船只。其中，万象直辖市至沙湾拿吉省凯山·丰威汉县的河段长458千米，河面宽，水流平缓，无礁石，利于航行；而凯山·丰威汉以南至巴色的河段，急流与险滩多，河中心有大量突出的石滩和暗礁。其中锦马叻险滩是湄公河最长的险滩，险滩上段是一系列并排的石渠横亘河中，下段有大片的成群岩礁阻塞河床。

(4)河进入海拔较低的平原低地。河面宽阔，达2 000余米，最宽处达8 000米。河中有大小河岛和明礁4 000余个，最大的河岛是孔埠岛，孔县就位于该岛上。孔埠岛南部有老挝最大的瀑布群——孔埠瀑布群，宽达10余千米，落差15~24米。孔埠瀑布以北河段河面宽阔，水网密布，比较适宜航行，全年都可通航100吨级的船只，而孔埠瀑布以南河段由于受到瀑布高落差的影响，不能通航。

(二)湄公河支流

湄公河大小支流在老挝境内达100余条，其中200千米以上的湄公河支流有20余条，构成了庞大的水系，几乎流遍老挝各省。老挝境内的湄公河支流特征明显，北部支流的源头多为川圹高原，河流呈东北—西南走向；南部支流的源头大多为老越边境的富良山脉，河流呈东西走向。在湄公河的众多支流中，具有经济开发价值的河流众多，较大的河流有：

(1)南乌江。它是湄公河最大的支流，发源于中老边境，长475千米，流经丰沙里省和琅勃拉邦省，流域面积2.5万平方千米，河宽50~ 100米，在北乌汇入湄公河，从源头至北乌的落差达1 100米。

(2)南俄河。发源于川圹高原西北部，长350千米，流经川圹省和万象省，流域面积1.65万平方千米，流入万象市以北地区的南俄水库后汇入湄公河。

（3）色邦亨河。发源于越南广治省，全长338千米，流域面积1.94万平方千米。

（4）南塔河。发源于中老边境，长325千米，流经琅南塔省和波乔省，在乌多姆赛省的巴塔汇入湄公河。

（5）色邦菲河。发源于甘蒙省东南部的老越交界地区，长305千米，流经甘蒙省，流域面积8 500平方千米，在甘蒙省与沙湾拿吉省交界地区汇入湄公河，从源头至河口的落差约400米。

（6）嘎丁河。长265千米，流经甘蒙省和波里坎赛省。

（7）南本河。发源于孟赛西南部的班纳巴山，长251千米，流经乌多姆赛省，在北本汇入湄公河。

（8）色公河。长230千米，流经色公省、阿速坡省和占巴塞省。

其他较大支流还有南森河、南坎江、南涅河、南桑河、色顿河等。

（三）南马河、南汕河和南明河

除湄公河水系外，上寮的华潘省和川圹省境内还有几条河流经越南流入北部湾：

（1）南明河。发源于华潘省和琅勃拉邦省交界地区的普里阿山，全长300千米，在老挝境内长110千米。

（2）南汕河。即越南朱江的上游，全长200多千米，在老挝境内长100千米。

（3）南马河。即越南马江的上游，从越南的班普马地区流入老挝华潘省，再经该省流经越南入海，全长470千米，在老挝境内长80千米。

（4）南嫩河。即越南蓝江的上游，发源于华潘省夫雷山，由西北向东南流，在越南荣市附近注入北部湾，全长612千米。

三、气候

老挝位于北回归线与赤道之间，属热带—亚热带季风气候，终年气温较高，气候湿热。

老挝无春夏秋冬之分，全年分为雨季和旱季。每年5月至10月为雨季，受印度洋吹来的西南季风影响，降雨多，空气湿度大，年均降雨量3 000毫米左右。波罗芬高原是老挝降雨量最多的地区，年降雨量最多可达4 000毫米。每年11月至次年4月为旱季，受干燥凉爽的东北季风影响，降雨量只有全年的10%，平原地区常有旱情。

老挝全境雨量充沛，各地年平均降水量在1 250~3 750毫米之间。由于纬度和地形等方面的差异，雨量分布不平衡，通常是南多北少，高原和山地多，平原和谷地少。老挝年降雨量的90%集中在雨季，月降雨量以12月至次年1月最少，以后逐月增多，雨季中期的7月至9月为降水高峰期。

老挝全境年平均气温在26℃左右。老挝南北地区气温相差不大，如北部琅勃拉邦市与南部的巴色市，年平均气温分别为25℃和27℃。老挝气温变化与季节有关。受东北季风冷空气的影响，老挝全年最低气温出现在旱季，每年12月至次年1月份最凉，月平均气温为10℃~20℃，最低温度一般在0℃以上，到旱季末期太阳辐射强烈，但降雨稀少，4~5月份出现最热天气，月平均气温为20℃~29℃，最高气温一般不超过40℃，仅琅勃拉邦和北汕地区有时可达到45℃。雨季到来后，降雨增多，气温降低。

老挝复杂的地形对气候有很大影响。在一些山地和高原地区，如北部丰沙里省和东部华潘省的一些山地及高原的边缘地带，昼夜温差较大，在气温低的时候还会出现霜冻、降雪、结冰等现象。

老挝各地的相对湿度较大，年平均在75%~85%之间，8月和9月高达80%~90%，3月低至65%~75%。老挝的绝对湿度也相应较高，但各地差异较大，最高的地区是沙湾拿吉省凯山·丰威汉县，达到35.3毫巴。

表1-1 老挝主要地区雨量、气温和湿度对照表①

	最大雨量（毫米）	最小雨量（毫米）	最高气温（℃）	最低气温（℃）	绝对湿度（毫巴）
琅勃拉邦	299.7(8月)	12.7(12月)	43.9(5月)	0.6(1月)	21.1(全年)
万象	320.3(9月)	2.5(12月)	39.4(4月)	3.9(1月)	25.6(全年)
巴色	505.0(7月)	1.0(1月)	39.4(4月)	8.2(1月)	34.4(全年)
凯山·丰威汉	305.0(7月)	1.0(12月)	42.0(3月)	5.7(12月)	35.3(全年)
孟北	367.0(8月)	8.0(1月)	34.0(6月)	-1.4(1月)	18.8(全年)

老挝受海洋季风影响明显，雨季为西南季风，旱季为东北季风。但是由于山脉阻挡，老挝的风力并不强，全年风速没有太大区别，风力一般在4级以下，未曾受到台风或热带风暴的侵袭。在一些山脉交会处的山口地带风力较大，其中波罗芬高原风力最大，雨季时经常发生雷暴天气。

老挝的雾天和降雨情况刚好相反，旱季有雾天气多发，而雨季雾天较少。老挝由北向南雾天逐渐减少，其中老挝北部山区的山谷地区常有多雾天气，可以说是中南半岛雾天最多的地区，全年雾日达80~110天，其中旱季占60%~70%，1月至3月雾日最多，最多达20余天。

老挝有一种特殊的天气状况——霾，也称为阴霾。老挝农业落后，刀耕火种现象大量存在，大面积的毁烧森林使得烟尘淤积在空

① 钟智翔、陈扬主编：《东南亚国家军事地理》，北京．军事谊文出版社，2009年版，第84-85页。

气中，高度在3 000米左右，从而形成阴霾，年均达50~100天。这种天气大量分布于湄公河流域河谷地带（年霾日均在100天以上），多出现在每年12月至次年3月（月霾日达15天左右）。霾层一般存在逆温层，能见度较差，而且会干扰电台、电视信号、无线电联络等。

第二节　自然资源

老挝是一个自然资源丰富的国家，水能资源、矿藏资源、动植物资源都十分丰富。老挝境内河流众多，河网密集，加之降雨量丰富，地势落差大，水能资源极其丰富。在矿藏资源方面，老挝东北部被认为是世界上最重要的有色金属矿带之一，而西北部被认为是世界上最重要的宝石矿带之一。

一、水能资源

老挝全境多为山地，年降雨量平均在3 000毫米左右，全境有20余条流程200千米以上的河流，其中最长的湄公河在老挝境内全长1 846.8千米，约占湄公河全长的44.4%，落差484米，湄公河水量每年可达3 500亿立方米以上，湄公河在老挝境内的18条主要支流每年流入湄公河的水量在1 600亿立方米以上，集水总面积达153 250平方千米，这些河流从源头至注入湄公河段的水流落差均在300米以上，南乌江、色公河的落差高达1 100米。另外，江河流经之地分布大量盆地和平坝，可修建大量人工湖和水库。老挝水能资源整体呈现出有效储量丰富、水能集中、河床稳定、河谷深窄、隘口众多及沿岸植被优良等特点，开发条件极为优越。

据初步勘测，老挝全境有60多个水源较好的地方可以兴建水电站。苏联和越南的专家测算老挝水能理论储量为2 500万至3 500

万千瓦，可开发装机容量为2 000万至3 000万千瓦，老挝湄公河委员会的测算数据略高于此数，认为可开发装机容量为3 500万千瓦以上，年发电量为1 600亿度①。经电力勘察设计部门勘查，老挝境内水电资源技术可开发总量为2 347万千瓦，其中湄公河干流为1 225万千瓦(国际界河按1/2分摊水资源)，约占全国技术可开发量的52.2%，湄公河支流及其他支流为1 122万千瓦，约占全国技术可开发量的47.3%②。

老挝政府始终重视并长期致力于水能开发与利用，并制定了水能资源开发计划。按湄公河河段划分，主要分为三个区，即北部开发规划、中部开发规划和南部(包括万象直辖市至巴色上游河段和巴色下游至坤南河段两部分)开发规划；按湄公河主流和支流划分，主要分为湄公河主流开发规划及支流开发规划，其中主流开发规划项目主要是建造大型和超大型水电站，具有库容量大、装机容量大、保证出力高、移民较少、淹没损失较小和投资较大等特点；支流开发规划项目主要是建造中型和小型水电站。

(一)北部开发条件

1. 湄公河主流

中老边境南腊河口至琅勃拉邦河段。总落差209米，平均每千米落差0.35米，是水能集中的河段。这一河段位于老挝相对落后的地区，沿线几乎没有较大的工矿企业，城镇、村庄稀少，电站大坝淹没损失不大，兴建大型和超大型水电站的条件十分优越。

2. 湄公河支流

湄公河在老挝北方区的主要支流有南乌江、南塔河、南坎江、

① 湄公河激起中老水电合作浪花[EB/OL].(2009-07-15)[2012-03-11]. http://www.yndaily.com/html/20050624/news_86_175849.html.

② 老挝水电资源及其开发情况调研报告[EB/OL].(2010-11-25)[2012-03-11]. http://la.mofcom.gov.cn/aarticle/ztdy/201011/20101107267580.html.

南本河、南森河、南果河和南诺河等。

（二）中部开发条件

1. 湄公河主流

琅勃拉邦至万象直辖市河段。总落差120米，平均每千米落差达1.13米，是老挝兴建电站的最佳河段。该段万象直辖市至上清坎约30千米的河段在万象平原内，建立电站淹没损失和搬迁人数较多；上清坎至琅勃拉邦河段大部分为峡谷，修建电站的自然条件十分优越。同时，在万象直辖市上游河段兴建一批大型或超大型水电综合工程项目，既可以提供老挝和邻近国家所需的能源，又可以调节万象直辖市河段和下游的流量。这些水能开发项目具有发电、蓄水、防洪、灌溉、航运和旅游的综合效能。

2. 湄公河支流

湄公河在老挝中央区的主要支流有南俄河、嘎丁河、南莫河、南炸河、南叶河、南赫河、南里河、南满河、南丁河和南桑河等。

（三）南部开发条件

1. 湄公河主流

万象直辖市至巴色上游河段。落差仅74.6米，平均每千米落差为0.11米。在这一河段中，巴色以北的南蒙河和湄公河交汇河段，北汕附近的南桑河和湄公河交汇河段，河面较窄，落差较大，具有较好的修建水电站的条件。

巴色下游至坤南河段。落差为70.4米，平均每千米落差为0.376米，水能储量丰富，但由于这一河段河面宽阔，且基本没有峡谷和隘口，因此水电开发难度大。老柬边境的孔埠瀑布（又称里皮瀑布）是由一座小山横亘于湄公河中而形成，高17.4～22.3米，宽10千米，是一座天然的水电大坝。瀑布被天然大坝中的凸石分成几部分，可以在此兴建电站。

2. 湄公河支流

湄公河在老挝南方区的主要支流有色邦菲河、色邦亨河、色嘎南河、会耗河、南功河、色崩河、色南河、色南诺河、色琅潘河、色干南河、色洞河、色公河、色邦蒙河和色苏河等。

老挝的电力规划、开发、实施及运营由老挝国家电力公司[①]负责。亚洲开发银行曾为老挝的电力发展做过规划，但对老挝的一些具体情况考虑不够周全，未被老挝政府完全采纳。老挝国家电力公司目前规划水电站的建设分为两种方式：10万千瓦以上的水电站以外商投资的形式建设，如采用BOT[②]或BOOT[③]方式；10万千瓦以下的水电站以老挝国家电力公司做业主，以总承包方式由外商带资建设。自1970年至2011年7月，老挝已有16座水电站竣工投入运营。目前在建项目有11个，已签署开发协议的项目有25个，已签署合作备忘录的项目有37个[④]。虽然水能资源丰富，国家规划详细具体，但是由于经济实力、综合国力相对较弱，老挝水能资源的全面开发和利用受到制约，国家规划落实较为缓慢。

值得指出的是，目前，老挝和邻近东南亚各国电力紧缺，电力需求呈增多趋势，但大部分国家的水能资源已全部开发利用，现在只能依靠增加火力发电量来满足不断增多的电力需求，这样会大量

① 老挝国家电力公司（Electricite du Laos，简称EDL），为国营公司，隶属老挝能源矿产部，下设电力开发部、发电运营维护部、电力调度输送部、财务部和管理部，主要负责管理全国主干电力网络的发、输、配电系统，以及与周边国家的电力进出口，是老挝唯一的电力开发和运营机构。

② BOT（build-operate-transfer）即建设—经营—转让，是指政府通过契约授予私营企业（包括外国企业）以一定期限的特许专营权，许可其融资建设和经营特定的公用基础设施，并准许其通过向用户收取费用或出售产品以清偿贷款，回收投资并赚取利润；特许权期限届满时，该基础设施无偿移交给政府。

③ BOOT（build-own-operate-transfer）即建设—拥有—经营—转让，指项目公司对所建项目设施拥有所有权并负责经营，经过一定期限后，再将该项目移交给政府。

④ Electric Power Plants in Laos July 2011[DB/OL].(2011-07)[2011-08-15]. http://www.poweringprogress.org/index.php?option=com_jotloader&cid=10&Itemid=91.

消耗煤、石油和天然气等资源，对生态环境和战略物资储备造成不利影响，因此，东南亚国家已把老挝的水能资源视为自己的最佳选择。这样一来，老挝的水能资源将会成为加速老挝国家建设与发展的重要推动因素。

二、矿藏资源

老挝的矿产资源丰富，分布广泛，许多地方的金属矿产具有很大的找矿前景和开发价值。目前，老挝境内已经发现有多种金属和非金属矿藏分布，金属矿藏主要有铁、铜、锡、铅、锌、锰、金、钨等，非金属矿藏主要有钾盐、岩盐、石膏、煤、翡翠、水晶、花岗岩和石英石等。

自1921年开始，先后有法国、英国、美国、苏联、越南等国在老挝开展过区域地质矿产调查，但由于受到长期战乱、经济发展落后、勘查技术不先进等多方面因素的影响，老挝的地质调查和矿产勘查工作均处于初始阶段，老挝境内的许多矿床尚未得到详细勘查，因此矿藏资源的种类和蕴藏量还未有确数。近年来，为加速国家经济建设的步伐，老挝政府大力加强地质调查和矿产勘查工作，积极引进外资进行合作勘查，推进了老挝的地质勘查工作。据老挝矿产资源部一项初步勘查显示，老挝大约有金矿石储量1 700万吨；铅锌矿石80万吨和可用于提炼290万吨铜的1.82亿吨铜矿石。此外还有锡矿石160万吨、铝土矿1.25亿吨、铁矿石1 400万吨、石膏1.28亿吨、钾盐矿石3.9亿吨和煤矿石储量3.74亿吨[①]。

① 老挝矿产资源丰富，但多数尚未开发[EB/OL].(2011-10-19)[2011-08-20]. http://la.mofcom.gov.cn/aarticle/sqfb/201010/20101007195388.html.

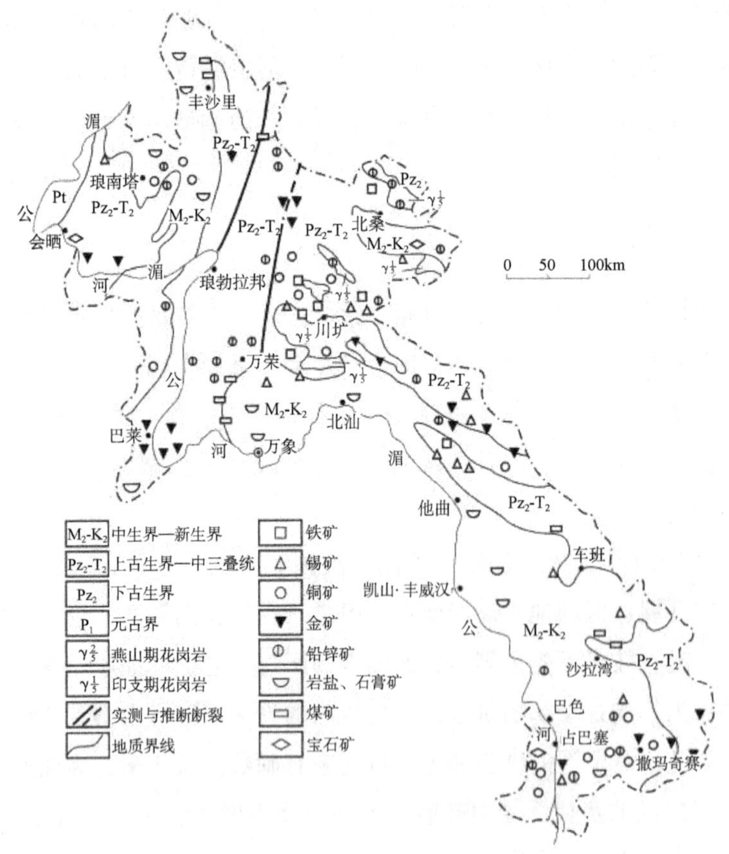

图1-1　老挝主要矿产资源分布略图

（一）金属矿藏

1. 金矿

老挝金矿资源主要有3种产出类型：产于河床中残积和冲—洪积的砂矿型金矿；产在中生代砂、页岩中沉积型层状铜矿的伴生金矿；产于破碎带或断裂中热液型金矿。其中以残积、冲—洪积砂矿型矿床数量最多，分布最广，同时也是民间挖砂淘金的主要对象。砂矿型金矿主要集中在3个地区：琅勃拉邦的南桑河和南康河一带、西南部与泰国接壤的巴莱—撒那卡一带、中部他曲县以东的南吞河一带。老挝全境已发现了11个矿区：北部的帕乌东、巴僧和夸县等矿区，中南部的万荣县、孟北县、坎县和撒玛奇赛县等矿区。其中，已进行过勘测的主要矿床有：位于南俄河与南里河交汇地区的塔拉矿床（金沙含金量为0.5~1g/m^3），位于川圹省西南部的南桑河与南德河上游之间的川圹矿床（含金量为0.5~1g/m^3），位于阿速坡省的色公河与色嘎南河交汇地的赛色塔矿床和位于沙湾拿吉省东部的色崩矿床。

2. 铜矿

老挝铜矿主要分布在西北部的乌多姆赛省孟赛县、川圹省、阿速坡省至占巴塞省一带。孟赛县地区矿石矿物主要为辉铜矿、铜蓝和孔雀石等；川圹地区铜矿比较集中，矿石矿物除含铜矿物外，伴有磁铁矿、辉钼矿、方铅矿、闪锌矿以及金等，因而常以多金属矿出现；老挝南部地区铜矿类型较单一，矿石矿物主要为孔雀石、蓝铜矿。20世纪60年代后期，日本地质学家对占巴塞地区的层状铜矿化进行勘查，在占巴塞西南的苏库玛县一带发现矿化较为集中。另外，在靠近中国边境的勐海地区有2个铜矿点，分别位于勐海西南10千米的那磨和勐海东南3千米的会通，铜矿品位为3%~7%；琅勃拉邦省的琅勃拉邦矿床、川圹省孟北县以北37千米的会山周围的5个铜矿点、孟北县西南约40千米处至万象省的南通河谷一带以及阿速坡省的会维矿床也勘测到较丰富的铜矿。

3. 锡矿

老挝锡矿是老挝较早投入工业开发的矿种，是老挝出口的重要矿产品，全国估计拥有锡储量6.5万~8万吨。锡矿分布较广，主要在华潘以南沿富良山脉西坡分布，特别是在甘蒙南部地区。此外，在琅南塔省、川圹省和沙拉湾省等地区也有分布。南巴顿河谷矿床，位于万象直辖市东南210千米、他曲县西北30余千米，矿石品位高，达50%。川圹矿床的隆皮克和隆卡两个矿点以及色公河谷矿床经初步勘查，锡矿品位也都较高。

4. 铁矿

老挝铁矿蕴藏丰富，主要分布在中北部印支—华力西褶皱带上，集中在孟北—万荣一带，甘蒙西南部和华潘东北部亦有零星分布。矿石以磁铁矿或磁铁矿—赤铁矿型为主，品位中上。据勘测估计，老挝铁矿资源量可达3亿~5亿吨。目前老挝最大的铁矿床是帕雷矿床，位于孟北西南60千米，铁矿化地段断续长约60千米。矿体呈透镜状，部分在地表露出，有8个主矿体，宽30~250米，长300~1 500米，还有数十个较小的次要矿体。矿石矿物主要为磁铁矿，少量赤铁矿，估算资源量达2亿多吨。另一个较大型铁矿是普暖铁矿，位于孟北正北，矿体呈层状或透镜状于山脊顶部沿围岩层面产出，南、北2个主矿体长为1 500米和3 000米，厚12米和51米。矿石由磁铁矿组成，其中常含红色赤铁矿条带，品位较高，最高可达70%，资源量可达3亿吨。

5. 铅、锌矿

老挝铅、锌矿主要集中在琅南塔省、川圹省至万荣一带、东北部的孟新、中部北汕至色波一带和波罗芬高原南部等5个地区。除川圹至万荣一带（矽卡岩型、热液型）和波罗芬高原（沉积型）外，矿床类型多以热液石英脉型为主。矿石成分比较简单，以方铅矿、闪锌矿为主，也常伴生银和辉锑矿。琅南塔省的南土和南通是两个相邻的矿点，前者为长150米、宽112米的铅锌矿化石英脉，其中铅品位3%~8%、锌品位5%，后者为表生富集带中的矿化，最高品位为铅 2.5%、锌4%。另外，石缸平原矿床已查明有大量铅、锌矿石，品位均较高；位于沙湾拿吉省的色波矿床已查明铅的品位较高；位于波罗芬高原南部的梅非河谷矿床已查明铅含量较高；位于万象市以北130千米的法隆山矿床已发现铅矿石；位于沙耶武里省东南部的法万山矿床已发现铅锌矿。

（二）非金属矿藏

1. 宝石矿

老挝宝石矿藏丰富、分布广泛，主要有星光蓝宝石、蓝宝石、锆石、尖晶石等。波乔省会晒县地区是蓝宝石的主要产地，该省的玉石矿藏与缅甸北部的矿床相连接成为一个矿带，在北部的蒙县湄公河东岸一线已查明储量较大，具有很高的开采价值；在波罗芬高原分布有蓝宝石矿藏；在占巴塞省分布有蓝宝石、紫水晶、锆石、黄玉矿藏和祖母绿等矿藏资源。

2. 石膏、岩盐和钾盐

石膏、岩盐和钾盐属共生的矿产资源，主要产于沙湾拿吉和万象盆地，沙湾拿吉东部盆地已发现储量巨大的石膏矿床和高品位岩盐矿床。万象盆地已发现石膏、岩盐和钾盐矿藏，岩层上部为厚层岩盐，中部为钾盐，下部为石膏层，其中钾盐层厚5.4~100米，一般厚度达38.3米。万象平原钾盐经勘查已经探明首采储量1亿吨，工业储量2亿吨，控制远景储量100亿吨。近来在西北部丰沙里、孟赛县等地也勘测到与万象一带相当的盐类矿床。

3. 煤矿

老挝煤矿资源分布较广，目前主要是勘测开发石炭纪煤层，侏罗纪褐煤尚未开发，主要集中在丰沙里省、万象省西北部和沙拉湾省东北部。丰沙里省煤田产于上石炭统和上三叠统中，煤层厚度10厘米至1米以上；万象地区煤田主要在其西北部南通河和南里河一带，其中南里河煤层的厚度最大可达7.5米，其热量值为4 800~7 500卡／克，为优质煤；沙湾拿吉省煤田位于凯山·丰威汉县北部与东部，煤层厚0.8~7.7米，资源量为4 000万吨。

除上述主要矿产资源外，老挝油气前景广阔，特别是万象、沙湾拿吉等盆地的中生代—新近纪生油层潜力巨大。目前，老挝已将这一带油气和金矿资源放在国家地质勘查工作的首位。

三、森林资源

老挝处在大陆和群岛之间的陆桥位置，接受了南北两方不同区系的植物传播，而且气候湿热、雨量充沛、土壤肥沃，利于植物生长，因此，老挝植被种类繁多，已发现上万余种。森林是老挝重要的自然资源之一，老挝全国森林覆盖率约为52%，森林总面积约1 200万公顷，盛产优质木材，如红桑枝木、紫檀木、桧木等。

老挝的森林树种主要有龙脑香、榄仁树、紫檀、娑罗双、坡垒等阔叶树种，针叶树种主要有苏门答腊松、思茅松、杉木和福建柏的变种等。主要森林类型有：混交落叶林，占75%；干旱常绿林和干旱龙脑香林，分别占10%和11%;针叶林和针叶混交林，占3%。干旱常绿林是商业木材的主要生产者，尽管其面积只占现有林地面积的10%，但木材产量占总产量的87.7%。而混交落叶林占林地总面积的75%，但木材产量仅占11.7%。

老挝的森林相对较均匀地分布于3个大区，而木材产量分布不均匀。

表1-2　老挝林地面积与木材产量分布情况统计表[①]

	土地总面积		林地面积		木材产量	
	万hm^2	%	万hm^2	%	万m^3	%
北部	982.09	41.47	56.25	31.8	24 580	25.9
中部	722.87	30.53	73.91	33.5	30 620	32.2
南部	663.04	28.00	88.64	34.7	39 240	41.9
全国合计	2 368.00	100.00	218.80	100.00	94 440	100.00

① 老挝林业概述[EB/OL].[2011-08-25]. http://www.forestry.gov.cn/portal/main/map/sjly/laowo/laos01.html.

尽管老挝森林资源丰富，但老挝的毁林率比较严重，1940年，老挝森林覆盖率约为70%，达1 700万公顷；1973年森林覆盖率下降至54%；1982年和2001年则进一步下降至47%和41%。据《老挝热带林业行动计划》报道，老挝的森林面积在逐年减少，特别是北部、中部地区，其主要原因，除战争留下的创伤外，还有不断的刀耕火种、轮垦、森林火灾、不合理的采伐，等等。

老挝政府已经采取措施控制森林面积的减少，制定符合生长量的采伐规定，努力振兴木材产业。老挝的林业政策主要由农林部林业局负责制定，林业政策包括森林经营和人工造林政策、山地开发政策。林业法令主要有《禁伐令》、《关于村落的森林资源管理的义务和权利之规定》、《森林和林地管理及利用的总理法令》、《植树和森林保护的土地及林地分配的总理法令》。1996年《国家综合森林法》开始实施。

老挝2005年制定森林发展战略：加强林业风险和利益管控能力，控制导致森林覆盖率减少的过程，改善依赖森林维持生计的农村贫困人口的生活水平，制定和实施有效的法律和规章，建立可持续森林管理；保护资源和生物多样性，确保非木材林产品的可持续经营管理。

2011年1月，《万象时报》据来自老挝农林部的消息报道，由于政府保护计划的实施，老挝森林覆盖率目前上升至52%。老挝政府在《2011~2015年经济—社会发展第七个五年规划》中已明确提出了2011~2015年林业发展目标，即2015年森林覆盖率达到65%，恢复自然林390万公顷，种植林木20万公顷。此外，老挝政府还拟制了林业发展中长期规划，即2020年森林覆盖率达70%，以帮助村民减轻贫困，并抵御气候变化的影响。

四、动物资源

老挝森林密布，植被丰富，气候温热，为动物的生存和繁殖提供了良好的环境，很适宜温带、亚热带和热带动物的生长。加上有南来北往的候鸟和东西流动的鸟类常在老挝停留，因此，老挝的畜、禽、兽、鸟、爬行动物、昆虫和水族种类复杂多样，被称为“天然的动物园”。但是老挝由于国力有限和长期战乱，政府没有对动物资源的种类和数量及其分布与科属等进行有效的调查和研究。

目前已发现的珍贵兽类有亚洲象、印支虎、野牛、马来熊、白猴、小懒猴、金丝猴、小熊猫等。其中，亚洲象、印支虎、野牛、马来熊等珍稀种类仅在老柬边境地区、“金三角”的老挝一侧和部分未开发的原始森林地区存在。老挝目前已发现的珍稀鸟类主要有绿孔雀、白鹇、白腹锦鸡、原鸡、白冠长尾雉、黑颈长尾雉、红腹角雉、雉鹑、血雉和灰腹角雉等。老挝江河密布，且两岸植被良好，两栖类珍稀动物主要有蝾螈、山溪鲵(娃娃鱼)、庞刺齿蟾等。

第三节 人口与行政区划

一、现行行政区划

老挝的行政区划随着国家历史的演变而几经变迁。澜沧王国时期，全国设有“垦孟”、“匡孟”、“孟”等行政机构。暹罗曼谷王朝将老挝领土划分为几大行政区，下设大、中、小和准4级“孟”，后来逐步演化为省、市、县和镇4级行政区划。法国占领老挝后，设立了省、县、州、乡和村5级政权机构。1975年老挝人民民主共和国成立，全国设置了13个省和首都万象1个直辖市，下辖107个县。1983年新建波乔省(时辖3个县，1992年将乌多姆赛省的两个县划人，共辖5县)，1986年再建波里坎赛省和色公省。1991年，老挝最高人民议会审议通过了老挝人民民主共和国第一部宪法——《老挝人民民主共和国宪法》，规定老挝设立省、直辖市、县和村的行政机构。老挝现行行政区划为16个省和1个直辖市，下辖142个县和10 552个村。

表1-3　老挝行政区划统计表

	省/直辖市(个)	县(个)	村(个)
上寮	丰沙里	7	606
	琅南塔	5	380
	波乔	6	355
	沙耶武里	10	487
	乌多姆赛	7	587
	琅勃拉邦	11	855
	华潘	8	784
	川圹	8	570
小计	8	62	4 624
中寮	万象	14	648
	万象直辖市	9	499
	波里坎赛	6	327
	甘蒙	9	803
小计	4	38	2 277
下寮	沙湾拿吉	15	1 543
	沙拉湾	8	724
	占巴塞	10	924
	色公	4	253
	阿速坡	5	207
小计	5	42	3 651
总计	17	142	10 552

老挝（旧称寮国）境内上寮、中寮和下寮的划分主要是根据地理因素，沙耶武里和川圹省两省（含两省）以北地区称为上寮；甘蒙省（含甘蒙省）以北与沙耶武里、川圹省两省以南之间的地区称为中寮；甘蒙省以南地区称为下寮。

图1-2　老挝行政区简图

（一）上寮8省

1. 丰沙里省

丰沙里省位于老挝最北部，面积16 270平方千米，人口约17.6万[1]，是老挝北部重镇，亦是老挝北部通往中国的重要门户，与中国边境城镇有着密切的联系，省会丰沙里县。

2. 琅南塔省

琅南塔省位于上寮北部，面积9 325平方千米，人口约16.4万，与中国和缅甸接壤，是老挝北部与中国有重要经贸联系的省份之一，省会琅南塔县。

3. 波乔省

波乔省位于老挝最西部，面积6 196平方千米，人口约16.57万，与缅甸、泰国接壤，是与泰国进行贸易的重要省份，省会会晒县。

4. 沙耶武里省

沙耶武里省位于老挝西部，与泰国接壤，面积16 389平方千米，人口约37.47万，省会沙耶武里县。

5. 乌多姆赛省

乌多姆赛省位于上寮中部，面积15 370平方千米，人口约30万，北部与中国接壤，省会孟赛县。

6. 琅勃拉邦省

琅勃拉邦省位于乌多姆赛省以南，南康河与湄公河交汇处，面积16 875平方千米，人口约44.75万，省会琅勃拉邦县。

7. 华潘省

华潘省是老挝东北部的重要省份，东部与越南接壤，面积

① 各省人口数据来自老挝国家统计局公布的2010年老挝人口数据Population[DB/OL]. [2011-09-03]. http：//nsc. gov. la/index2. php? option=com_content&view=article&id=37&Itemid=38&lang=en.

16 500平方千米，人口约31.8万，省会北桑县。北桑县是老挝东北部的重要山城，是上寮地区通向越南的重要关口。

8. 川圹省

川圹省位于老挝东部，与越南接壤，面积15 880平方千米，人口约27万，是老挝东北部的交通要冲，水路、陆路均可通至万象、琅勃拉邦及越南，省会孟北县(旧称丰沙湾县)。

(二)中寮3省1市

1. 万象省

万象省位于老挝中部偏西地区，其西南部与泰国接壤，面积15 727平方千米，人口约48万，是近年来老挝经济发展较快的省份，省会坡洪县。

2. 万象市

万象市是老挝的首都、唯一的中央直辖市、全国最大的城市，是老挝的政治、经济、文化和军事中心，辖区面积3 920平方千米，区内人口约76.87万。万象市位于东经102°31′、北纬17°58′，海拔170米，北临万象省，南临湄公河，隔河与泰国廊开府相望。万象市交通运输方便，全市公路总长1 200多千米，市区公路四通八达。近年来，万象市又新建了一些郊区公路，陆路交通更加方便。在距市区20千米处建有老挝与泰国间的第一座跨湄公河大桥——老泰友谊大桥(泰国称廊开大桥)。该桥由澳大利亚政府提供3 000万美元无偿援助修建，连接老挝万象市和泰国廊开府，1994年建成通车。大桥全长1 170米，桥宽12.7米，梁高2.6~6.1米，桥面除双向单行车道和人行道外，还预留有铁轨铺设位置。万象市水路运输比较发达，通过湄公河向北可至琅勃拉邦、会晒和中国云南省的景洪，向南可达凯山·丰威汉、巴色等重要城镇。万象市是老挝全国的航空运输中心，其西北郊建有老挝最大的机场——瓦岱国际机场。机场主跑道长3 000米，可供大型客机起降，既有万象市飞往老挝各省省会的国内航班，也有飞往周边国家首都或重要城市的国际航班。

3. 波里坎赛省

波里坎赛省位于中寮北部地区，西接泰国，东邻越南，面积14 863平方千米，人口约26.45万，是中寮地区主要的经济、文化中心，为老挝中部重镇，省会北汕县。

4. 甘蒙省

甘蒙省位于老挝中部蜂腰地带，西接泰国，东邻越南，是老挝重要的商品和贸易中心，面积16 315平方千米，人口约37.55万，省会他曲县。

（三）下寮5省

1. 沙湾拿吉省

沙湾拿吉省位于下寮北部，东接越南，西邻泰国，是下寮重要的经济、文化中心，面积为21 774平方千米，人口约90.64万，省会凯山·丰威汉县（旧称沙湾拿吉县）。

2. 沙拉湾省

沙拉湾省东北部与越南相接，西部与泰国接壤，面积10 691平方千米，人口约36.67万，省会沙拉湾县。近年来，该省经济发展迅速，尤其与泰国的经贸往来日益密切。

3. 占巴塞省

占巴塞省位于下寮西南部，西接泰国，南邻柬埔寨，面积15 415平方千米，人口约65.26万，省会巴色县。该省商业发展迅速，是老挝南部经济、文化最发达地区，发展潜力巨大。

4. 色公省

色公省东部与越南接壤，面积约7 665平方千米，人口约9.79万，省会拉玛县。

5. 阿速坡省

阿速坡省位于下寮东南部，南接柬埔寨，东邻越南，是下寮地区重要的农产品贸易地区，面积10 320平方千米，人口约12.73万，省会撒玛奇赛县(旧称阿速坡县)。

在划定上述行政区划后，老挝再没有对其行政区划进行过大的调整，但是为满足军事斗争准备的需要，通过军事特区维护国家安全与稳定，1984年，老挝曾建立过唯一的军事特区——赛宋本特区[①]，以控制和清剿苗族反政府武装。赛宋本特区位于琅勃拉邦、川圹、万象和波里坎赛4省交界处，下辖赛宋本、普恩和塔托3个县。该特区于2007年撤销，赛宋本和普恩县重新划归万象省，塔托县重新划归川圹省。

二、重要城市

老挝经济比较落后，大部分城市沿湄公河分布，规模普遍较小。除万象市以外，其他城市多以农业或商业为主，基础设施落后，城市建筑分散，交通发展水平较低。老挝的重要城市是老挝主要的交通枢纽、商品集散地和贸易中心，除万象市外，还有琅勃拉邦、巴色、凯山·丰威汉、他曲和北桑县等。

① 赛宋本特区2005年人口约为3.9万。

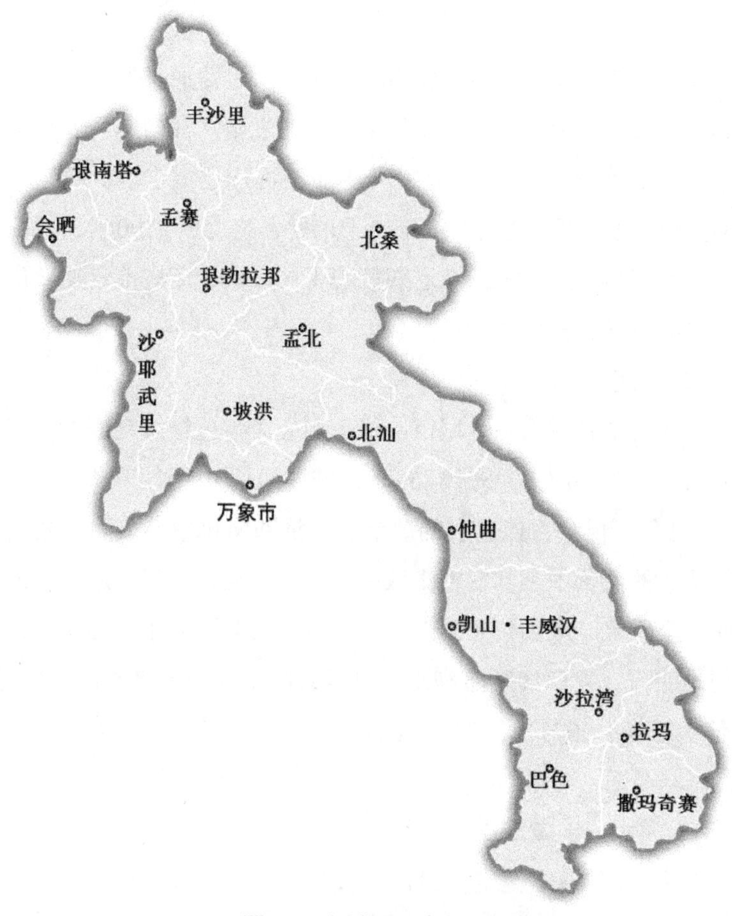

图1-3　老挝重要城市分布简图

（一）琅勃拉邦县

琅勃拉邦县是老挝第二大城市，位于老挝北部南康河与湄公河交汇处，东经102°15′、北纬19°53′，海拔287米，形状近似“L”，平均海拔290米，城区沿湄公河左岸延伸，地势平缓，面积近10平方千米，人口约6万，是老挝的千年古都和佛教中心，1995年12月被联合国教科文组织评定为世界文化遗产。同时，琅勃拉邦是老挝上寮重镇，是老挝北部对外经济贸易中心城市和最大的商品集散地。

琅勃拉邦交通不发达，但不算太闭塞。水路通过湄公河向南可通航至万象、巴色与老柬边境的地区，通过南乌江向北可通航至中老边境。陆路有1号、5号和13号等公路可达老挝全国。航空建有琅勃拉邦机场，位于东南市郊约2千米处，跑道长1 100米，可以起降一些民用和军用飞机，有定期航班飞往万象，还有不定期航班飞往上寮部分省的省会。

（二）巴色县

巴色县是老挝第三大城市，位于湄公河与色顿河交汇处，东经105°48′、北纬15°07′，海拔854米，城区面积10平方千米，人口约6万。巴色不仅是占巴塞省的政治、经济和文化中心，而且是老挝南部重要的商贸中心和物资集散中心。巴色交通便利，通过湄公河往北可至万象、琅勃拉邦等地，南可抵柬埔寨，往东经陆路可达越南胡志明市，往西经陆路和水路可至泰国东部的主要城市；13号、16号、18号、20号、217号等公路在此交汇，公路可达老挝全国各地。

（三）凯山·丰威汉县

凯山·丰威汉县是老挝第四大城市，位于湄公河东岸，隔湄公河与泰国东部重镇穆达汉府相望，东经104°45′、北纬16°33′，海拔140米，城区面积12平方千米，人口近10万。凯山·丰威汉是老挝下寮重要的粮食产区和商贸中心。湄公河在此被誉为凯山·丰威汉的交通生命线，往东南可达巴色县、孔县等重镇，往西北可达万象市以及老挝北部各主要城市。陆路交通主要依靠9号和13号公路，它们是凯山·丰威汉与外地交往的两条交通干线。通过13号公路向北可达中寮和上寮地区，向南通往下寮各省；通过9号公路可达越南沿海城镇，并可连通越南的铁路和公路干线。另外，老挝第二座跨湄公河大桥也位于此，桥长1 600米，宽12米，同泰国穆达汉府相连，2006年建成通车，属日本银行的国际合作基金援建项目。

（四）他曲县

他曲县位于13号公路和10号公路交汇的湄公河东岸，隔他曲河与泰国东北重镇帕侬府相望，东经104°48′、北纬17°24′，海拔146米，城区面积4平方千米，人口约4万，是中寮地区重要的交通枢纽和商贸中心，也是甘蒙省的经济与文化中心，距万象市和凯山·丰威汉县都不超过50千米。老挝第三座跨湄公河大桥位于此，桥长1 423米，宽13米，总造价6 000万美元，由泰国政府融资援建，2011年11月11日建成通车。大桥的建成进一步促进了老泰两国的双边贸易、物流与交流合作，对老挝综合国力的提升起到了积极的推动作用。

（五）北桑县（旧称桑怒县）

北桑县位于会芬高原北部一个峡谷中，东经104°07′、北纬20°40′，海拔994米，城区面积1平方千米，人口约1万。北桑县是老挝东北部的重要山城，是通往越南的重要关口。北桑县主要的交通运输线是6号公路，通过6号公路与7号、13号公路相连，并与越南北方公路相连。北桑县机场有飞往万象等地的航班。

另外，丰沙里县、琅南塔县、会晒县、孟北县、孟赛县等也是老挝的重要交通枢纽。其中，丰沙里县已开通至枭乌、中国景洪等地的陆路运输，是北部极其重要的交通枢纽。会晒县位于湄公河东岸，与泰国北部重镇清孔隔河相望，通过湄公河向北可达中老边境，向南可达万象市、巴色等地。距会晒县6千米处正在修建老挝第四座跨湄公河大桥，长470米，宽14.8米，连通泰国北部的清莱府。大桥造价约4 000万美元，泰国政府和中国政府各出资50%，属于中国援建的昆曼公路项目，大桥于2010年6月动工，合同期限是2012年12月10日竣工，施工时间30个月。这座大桥是贯穿湄公河地区南北公路体系的最后一个连接，建成后，昆曼公路将全线贯通，将有助于老挝加快从内陆封闭型国家向内陆开放型国家的转变，有助于老挝的经济建设和全面发展。

三、人口

老挝是中南半岛国家中人口最少的国家。老挝人民民主共和国建立后共进行过三次全国人口普查。1985年3月第一次人口普查结果显示老挝全国人口总数约为357万；1995年3月第二次人口普查结果显示老挝全国人口总数约为457万；2005年3月第三次人口普查结果显示老挝全国人口总数约为562万，其中，男性约280万，女性约282万[①]。老挝国家统计局网站公布的数据显示，2010年老挝人口总数约为625.62万，其中，男性约313.31万人，女性约312.31万人[②]。老挝全国80%的人口分布在湄公河沿岸及平原河谷地区，20%人口分布在山区。人口密度约为每平方千米27人，在高山地区每平方千米人口不足2人，地广人稀，是亚洲地区人口密度最小的国家。老挝人口主要为本国人，外来人口主要是华侨、越侨和泰侨，有50多万人。

老挝人口出生率为26.13%，人口死亡率为8.13%，人口自然增长率为2.2%(2010年)，平均寿命62岁，其中，男性平均寿命为

① Population[DB/OL]. [2011-09-03]. http：//nsc. gov. la/index2. php? option=com_content&view=article&id=37&Itemid=38&lang=en.

② 国际货币基金组织“世界经济展望数据库”公布的2010年底世界各国人口数据显示，老挝人口总数约为644.3万，在全世界排名第100位。根据美国中央情报局的统计，截至2011年7月，老挝人口总数约为647.72万，在全世界排名第104位，其中，男性约321.36万人，女性约326.36万人，城市人口占33%。

60.5岁，女性平均寿命为64.4岁。老挝人口的年龄中位数[①]是21岁，人口结构偏年轻型。男女性别比例约为1∶1。孕产妇死亡率为58/万(2008年，世界排名第20位)，婴儿死亡率59.46/千(2011年，世界排名第36位)。15岁以上人口的识字率约为73%，男性约为83%，女性约为63%[②]。

表1-4　2010年老挝人口年龄、性别结构统计(单位：千人)[③]

年龄段	女性	%	男性	%	合计	%
0～4	454	14.5	472	15.1	926	14.8
5～9	342	10.9	345	11.0	687	11.0
10～14	365	11.7	374	12.0	739	11.8
15～19	367	11.7	383	12.3	750	12.0
20～24	310	9.9	310	9.9	620	9.9
25～29	248	7.9	240	7.7	488	7.8
30～34	205	6.5	198	6.3	403	6.4
35～39	173	5.5	166	5.3	339	5.4
40～44	160	5.1	158	5.1	318	5.1
45～49	129	4.1	127	4.1	256	4.1
50～54	108	3.4	107	3.4	215	3.4
55～59	86	2.7	80	2.6	166	2.7
60～64	60	1.9	55	1.8	115	1.8
65～69	47	1.5	41	1.3	88	1.4
70～74	33	1.1	29	0.9	62	1.0

① 年龄中位数指将全体人口按年龄大小的自然顺序排列时居于中间位置的人的年龄数值，也称中位年龄或中数年龄。年龄中位数反映了人口年龄的分布状况和集中趋势。

② The World Factbook：Laos[DB/OL].[2011-09-03]. https：//www. cia. gov/library/publications/the-world-factbook/geos/la. html.

③ Population[DB/OL].[2011-09-03]. http：//nsc. gov. la/index2. php? option=com_content&view=article&id=37&Itemid=38&lang=en.

续表

年龄段	女性	%	男性	%	合计	%
75岁以上	45	1.4	38	1.2	83	1.3
总计	3 132	100.0	3 123	100.0	6 255	100.0

2008年11月，老挝六届国会六次会议审议确定，老挝只有一个民族即老挝族，下分49个少数民族，分属老泰语族系、孟—高棉语族系、苗瑶语族系和汉藏语族系。老挝的官方语言是老挝语，属汉藏语系壮侗语族壮傣语支，是一种孤立型语言，其文字与泰语文字大同小异，是在梵文和巴利文的基础上逐渐演变而来的。但是，仅有50%多一点的老挝人口使用老挝语，其他人则使用各种少数民族语言，尤其在农村地区①。由于老挝曾是法国的殖民地，仍有许多老挝人在政府和商业中使用法语。随着老挝加入东盟，近年来越来越多的老挝人开始学习英语。

老挝居民多信奉佛教。根据2005年的人口普查②，约有67%的老挝人口信奉南传上座部佛教，约有1.5%的老挝人口信奉基督教，约有31.5%的老挝人口信奉其他宗教，如伊斯兰教③、婆罗门教、原始宗教等。南传上座部佛教一直是老挝社会的一支重要力量，历史上曾被尊为国教，对老挝社会生活的多个方面都有重要影响。南传上座部佛教、山区民族普遍信仰的泛灵论与鬼神崇拜和谐共存。基督教主要限于万象地区，传教工作受到政府管控。伊斯兰教主要限于与缅甸交界地区。

---

① Laos[EB/OL].[2011-09-03]. http：//en. wikipedia. org/wiki/Laos#cite_note-51.

② The World Factbook：Laos[DB/OL].[2011-09-03]. https：//www. cia. gov/library/publications/the-world-factbook/geos/la. html.

③ 仅有不到0.1%的老挝人口信奉伊斯兰教。Tracy Miller. Mapping the Global Muslim Population：A Report on the Size and Distribution of the World' s Muslim Population[EB/OL].（2009-10-07）[2011-09-05]. http：//www. pewforum. org/Mapping-the-Global-Muslim-Population. aspx.

2010年5月，老挝《经济社会报》报道，据老挝社会福利劳动部劳动技能和就业司司长透露：老挝全国劳动力人口达300多万，其中经济领域200多万，占78.5%；非经济领域70多万，占21.5%。失业4万多人，占劳动人口1.3%。用工单位在各领域的分布情况为：农业领域约2 982个（2%）；工业领域15 068个（9.9%）；贸易行业62 595个（41.2%）；服务行业71 261个（46.9%）。

根据老挝《2011—2015年经济—社会发展第七个五年规划》，到2015年，预计老挝人口将上升至690万，人均寿命将达到67岁，男性达到68岁，女性达到66岁。新增加劳动力大约276 828人（平均每年增加55 365人），其中农业约209 669人，工业约14 272人，服务业约52 431人；用工单位将增至227 856个。到2015年将使从事农林业的劳动力从目前占人口总数的75.1%减少到70%以下，从事工业、建筑业、矿业的劳动力由目前的5.5%提高到7%以上，从事服务业的劳动力由目前的19.5%提高到23%以上。失业率将被控制在2%以下，女性劳动力在社会总劳动力中的比例提高到40%以上。

到2015年，老挝政府将努力把贫困率控制在19%以下，贫困家庭的比例控制在11%以下。在教育方面，使98%的公民能够接受到小学教育；使从小学一年级能够读到五年级的比率达到95%；15~24岁公民的识字率达到99%。在医疗卫生方面，将孕产妇死亡率控制在0.26%以内；将一岁以下的婴儿死亡率控制在0.45%以下；将五岁以下儿童的死亡率控制在0.7%以下；将五岁以下儿童的体重不达标比率和身高矮小比率分别控制在20%和34%以内。确保80%以上的公民能够使用到干净的水源，60%以上的公民用上厕所。至2015年，全国至少建成700个文明村，建成10万户文明家庭，在首都万象至少建成4处公园，各省至少建成1处公园。

第二章　历史简况

老挝历史悠久，根据考古资料证明，最迟在5万至4万年前，老挝地区就已有人类居住。1353年，老挝历史上第一个统一国家澜沧王国建立。18世纪初期澜沧王国分裂为三个王国，并于1779年起，先后被暹罗、法国征服，沦为属国或殖民地。1945年10月老挝宣布独立，1946年法国再度入侵。1950年老挝爱国力量重建伊沙拉阵线，成立了以苏发努冯亲王为总理的寮国抗战政府。1954年7月法国被迫签署《关于恢复印度支那和平的日内瓦协议》，法国从老挝撤军，不久美国取而代之。1956年至1964年间，老挝爱国阵线与中立及右派势力二次组建联合政府，但均遭破坏。1973年2月，老挝各方签署了《关于在老挝恢复和平与民族和睦的协定》。1974年4月成立了以梭发那·富马为首相、富米·冯维希和仑·英锡迈为副首相的第三次联合政府和以苏发努冯亲王为主席的政治联合委员会。1975年5月，在老挝人民党的号召下，全国各地纷纷展开了声势浩大的夺权运动，宣布推翻旧政权，成立人民革命政权。同年12月，老挝爱国阵线在万象召开了老挝全国人民代表大会，宣布废除君主制度，成立老挝人民民主共和国。

第一节　古代部分（史前—1893年）

一、史前社会

自20世纪30年代以来，西方及老挝考古学者在老挝境内发现了一系列的古人类活动痕迹。1936年，法国考古学家E. Saurin在老挝华潘省普勒依洞发现了处于中石器时代的人类骨骼化石，据考证距今已有5万~4万年的历史；在万象省万荣县北部20千米处帕洪洞中也发现了距今约1万年的石斧；老挝考古学家2004年在甘蒙省很本县坡赛村帕芬洞发现了距今约6 000年前的人类骨骼化石；在琅勃拉邦境内南乌江河畔、湄公河沿岸发现了距今约5 000年前的岩画；1989年，海恩（D. Hein）在老挝发掘了万象的西萨塔纳克（Sisattanak）窑址；1994年11月，日本考古学者新田荣治（Nitta Eiji）在查尔平原进行了试掘，在石瓮下面发现了人骨、牙齿、铁刀和泥制纺轮；此外，1995年11月到1996年1月，瑞典研究生安娜·卡伦（Anna Kallen）和安娜·卡尔斯托姆（Anna Karlstrom）发掘了老帕克（Lao Pako）遗址，该遗址位于距万象40千米的南俄河，也就是老挝一侧的湄公河河岸上，出土了陶罐、铁渣和冶炼炉的通风管残片以及两个泥制磙子，与泰国班那迪（Ban Na Di）和班清（Ban Chiang）出土的相似，根据陶器的形制和碳素年代测定，遗址的年代被断定为大约公元1—500年。上述考古资料显示，最迟在4万~5万年前，老挝地区就已有人类居住，并且据研究，史前社会在老挝地区的原始居民主要是美拉尼西亚人、尼格罗人和印度尼西亚人。[①]

二、老挝古国

根据老挝古籍《乌朗卡塔》[②]记述，约在佛历1世纪（公元600年前），在今色邦菲河汇入湄公河之河口南岸15千米的地方，出现了一个叫西科达奔的王国，该国君主拍雅南它胜会同邻近的四个属城即勐弄汗銮（今泰国沙功那空一带）、勐弄汗诺依（今泰国乌隆一

① 申旭、马树洪：《当代老挝》，成都．四川人民出版社，1992年版。

② 《乌朗卡塔》，是一部用“坦文”撰写在贝叶经上的讲述上座部佛教传播史的作品，约成书于16世纪，共有5卷，共250页，现收藏于万象国家图书馆，1969年曾用老挝文出版。其内容主要是一些有关佛教在金地国传播的传说故事。

带)、勐因塔巴它那空(今老挝南部和柬埔寨地区)以及勐珠拉尼(红河注入北部湾河口一带)共同建造了拍依塔。此后约在佛历2世纪(公元400年前),由国王马忽卡坦马拉沙迁都至湄公河西岸帕侬村,并改国名为勐马忽卡那空。马忽卡坦马拉沙死后,传位至娘腾瓦布帕,后再传至拍雅苏米达坦玛翁沙,拍雅苏米达坦玛翁沙统治时期,勐马忽卡那空一度兴盛,管辖领域南边到达占巴塞和乌汶。但在拍雅苏米达坦玛翁沙死后,接替王位的拍雅鲁它腊王不理朝政,人民生活困苦,西科达奔国逐渐衰败,后逐渐被南边兴起的吉蔑王国所吞并。

根据老挝著名学者马哈西拉·维拉冯考证,西科达奔国为柯姆族(吉蔑族)在中南半岛建立的两个王国之一,其地界从今万象省地区直到柬埔寨。[①]而从地理、建国年代及族属等来看,西科达奔与中国古代史籍中提到的堂明(道明)倒是十分吻合。如3世纪末年陈寿所撰《三国志》卷六十《吕岱传》中记载:"岱既定交州(公元225—231年),复进讨九真,斩获以万数。又遣从事南宣国化,暨徼外扶南、林邑、堂明诸王,各遣使奉贡。"[②]《新唐书·真腊传》也写道:"真腊,一曰吉蔑,本扶南属国。去京师二万七百里。东距车渠,西属骠,南濒海,北与道明接,东北抵驩州。"[③]据推断,林邑在真腊东北,即今越南中部,堂明(道明)在真腊北,即今老挝的中寮一带,与《乌朗卡塔》所说的西科达奔国在今色邦菲河汇入湄公河之河口——泰国帕侬一带的地理位置十分吻合;从建国年代看,《乌朗卡塔》提到的公元前600年因没有史实依据,不足为信,但《乌朗卡塔》同时还提到西边有一未参加修建帕侬塔的堕罗钵底国。而据

① 马哈西拉·维拉冯:《老挝史》,万象.老挝教育部,1957年版。
② 景振国:《中国古籍中有关老挝资料汇编》,万象.万象出版社,1997年版。
③ 景振国:《中国古籍中有关老挝资料汇编》,万象.万象出版社,1997年版。

考据，堕罗钵底国约公元6世纪初在湄南河流域兴起，因此西科达奔国在公元6世纪前就已存在是确定无疑的，与《新唐书·真腊传》中的道明在时间上也大致吻合。从族属上看，根据唐朝张鷟撰写的《朝野佥载》记载，真腊国与“道明者，亦属国，无衣服，见衣服者共笑之。无盐铁，以竹弩射鸟兽自给”[①]的风俗相同，由此可知道明（堂明）为柯姆族（吉蔑族）所建国家。

此外，根据中国史书记载，在公元7—9世纪时，在老挝中南部还出现一个文单国，即《新唐书·真腊传》记载：“陆真腊或曰文单，曰婆镂，地七百里，王号笪屈。”对于陆真腊的方位，自1962年黄盛璋先生发表《文单国——老挝历史地理新探》认为文单即万象以来，得到了中国学者的广泛认可。而根据老挝古籍《乌朗卡塔》记述，今老挝万象地区原为蛮荒之地，约在佛历225年（公元前320年），勐马忽卡那空国属城勐依汗銮一个叫陶坎邦的拍雅（头领）随父迁居至会篙辽（距万象8千米），陶坎邦有一女，名叫因它沙旺弄霍。陶坎邦原想将她嫁与勐马忽卡那空王拍雅苏米达坦玛翁沙，但却遭到了居住在当地弄坎特村（现老挝万象塔銮一带）一个叫布里占的农夫抢婚，陶坎邦无奈，只得将女儿嫁给布里占，把弄坎特一带也交与布里占管辖，并按照布里占的名字定都城名为勐占它布里（meang chanthabouri）。勐马忽卡那空国君主拍雅苏米达坦玛翁沙在收下布里占的大量贡品后，也原谅了布里占，且将因它沙旺弄霍赐婚与他，并将南卡定河以北的土地划作其管辖领地。后来人们根据勐占它布里城是一座有城墙围护的城池的情况，逐渐将勐占它布里简称为vieng chan（vieng，即指有城墙、栅栏围护的城池），而vieng chan与汉语音“文单”则十分相近。

① 景振国：《中国古籍中有关老挝资料汇编》，万象.万象出版社，1997年版。

12世纪以前，整个老挝地区基本上是属于吉蔑人的势力范围。虽然老泰族先民早已迁入老挝地区，并建立了一些属于本民族的部落国家，但始终都未能摆脱吉蔑人的控制，直至12世纪末叶，吉蔑人的势力在中南半岛急剧衰弱，泰佬人才迅速崛起，并建立了一系列的国家。在老挝地区有孟斯瓦、老告、牛吼、盆蛮、哀劳，等等。其中尤以琅勃拉邦的孟斯瓦最为强盛。[①]

三、澜沧王国

澜沧王国是老挝历史上第一个统一的封建主义国家，由法昂于1353年创建，至1707年澜沧王国分裂，共经历354年。

1316年，孟斯瓦国王陶朗卒，其子陶坎丰即位。陶坎丰有2子，长子名昭法廖，即法昂之父；小儿子名昭法坎晓。法昂出生于1316年。[②]1337年，因被大臣阴谋陷害，法昂被国王放逐，连同养父、养母及33名佣人顺湄公河南下，流落至里皮，后在吴哥国王的扶持下，逐渐得以立足。1349年，当知道父王去世，王位由王叔昭法坎晓继承后，法昂在吴哥国王的帮助下，率军北上，首先攻占了湄公河下游沿岸的大小城池，如勐沙格，勐披迈、占巴塞、勐南洪（巴卡定）、勐盘（川圹）等，因考虑到尚未有十足的把握拿下实力强大的万象，法昂决定先绕开万象城，继续挥师北上降服了北部南马河、黑河、红河流域的华潘、勐天、西双楚泰、勐莱（莱州）等，然后沿南乌江南下，进逼勐斯瓦。昭法坎晓多次出兵抵御，但都被打败，最后无奈服毒自杀。勐斯瓦王国大臣和百姓打开城门，迎接法昂进城。1353年，法昂王即位，梵文尊号为“宋勒帕昭法昂愣喇陀拉尼

① 申旭、马树洪:《当代老挝》，成都．四川人民出版社，1992年版。

② 关于法昂的身世，有多种版本，一说生于1316年，一说生于1328年。传说法昂出生时嘴里长了33颗牙，宫里巫师认为有损社稷，于是将其流放至老挝南部，后被吴哥国王收养，并将其女娘乔嫁与法昂。

西萨达腊卡纳虎”，意为“百万大象土地之君主”，老挝语俗称“澜沧”，即“百万大象”，并改勐斯瓦为“川铜”，史称“澜沧王国”。

为实现统一所有佬人居住地域的雄心壮志，1354年，法昂率兵西进，攻占了北部湄公河流域的勐巴本、勐巴塔、勐混，并降服了西边最大的都城——清盛王国及其附属国，于1356年挥师返回川铜。在征服西部疆域后，1356年法昂再次出兵，率军南下相继攻占了湄公河中部流域柯叻高原的万象、万坎、黎勉等都城，并迫使暹罗割地求和。至此，澜沧王国疆域东接安南南部（今越南）、东南连占婆（今越南中部）、南接真腊（今柬埔寨）、西邻暹罗（今泰国）、西北及北部与缅甸、中国接壤，在当时的中南半岛上雄极一时。

1357年初，法昂王返回万象，时值雨季。法昂王于是下令在万象驻营，并举行盛大庆功仪式，封功行赏，任命军政长官。法昂将全国设置为六个“垦勐”（Khean Muang），下设“匡勐”（Kheag Muang）和“勐”，并在重要关隘设立“勐栏”（Muang Dan），任命了各级、各地“昭勐”，初步确立了一套封建统治制度。[①]1359年，应皇后娘乔的建议，法昂王请求吴哥国王派高僧到老挝传播上座部佛教，吴哥国王于是请摩诃波沙曼多和摩诃提婆楞伽（Mahadevalanka）两位长老，率领二十位比丘，三位通达三藏学者，携珍贵金铸佛像“勃拉邦”一尊及三藏圣典、菩提树芽枝等前往老挝。从此，上座部佛教在老挝地区得到广泛传播。而法昂在王后娘乔去世后，变得颓废消沉，不理朝政，幕僚们于是将他废黜流放到勐南，由其子陶温航继承王位，即桑森泰王（1374—1417年）。桑森泰王执政时期，是澜沧王国的繁荣和发展时期。桑森泰王进一步健全了国家的统治机构，他把国人分为3个等级：即贵族、平民和奴

① 蔡文欉：《老挝》，北京. 世纪知识出版社，2008年版，第89页。

仆。贵族分为六等：昭帕耶、帕耶、披阿、献、闷、坤，按级别大小担任各级官吏，称“昭孟”。他还进行了一次全国人口调查，当时佬族人口为30万。这些措施巩固了国家的统一，促进了社会经济的繁荣。此外，在外交方面他还积极发展同中国的友好关系，曾多次派出使节访华，4次接待中国来使。[1]1417年，桑森泰王去世，时年60岁，其子兰坎登王即位。兰坎登王执政时期，澜沧王国国内政治稳定，国力得到进一步提升，但在对外关系上，却与越南黎朝交恶，这对其后几十年的老越关系产生了严重的影响。在兰坎登王死后，由于桑森泰王妹妹娘娇皮蒙帕干政，掌握了王室权力，王位人选由其喜恶随意指定，澜沧王国经历了一个短暂的内讧时期，仅短短25年间就更迭了七位国王，国力受到了很大削弱。1440年，旺布里国王即位，他是桑森泰和大城（今泰国）公主的儿子，又称猜也查卡帕——范福王，在其执政时期，镇压了万象帕耶赛慕尼王的叛乱，澜沧王国得以平稳发展。至1479年，越南黎朝圣宗黎灏率大军入侵老挝，破川圹，陷川铜。并强占了盆蛮地区，在此设置镇宁府，向越南称臣纳贡。

范福王之后，苏万纳版朗王、拉森泰王、松普王等相继执政，但都没有多大作为。澜沧王国度过了一个平缓发展时期。

此后，维苏腊国王（1500—1520年）和其子波提萨拉腊王（1520—1550）相继执政。在他们统治时期，澜沧王国再度兴盛。而此时老挝的封建社会已进入发展阶段，封建等级制度进一步完善。最高一级称“帕色拉”，即国王；第二级为“色纳”，即国王的顾问；第三级称“阿玛”，为各级官吏；最下一级为“约特”。各级官吏按贵族等级获得相应的田地作为自己的俸禄，这种制度被称之为“萨迪

① 据《明实录》记载：“永乐二年四月，设老挝军民宣慰使司，以土官刀线歹为宣慰使。”“刀线歹”即“桑森泰”。

那”。老挝封建土地制度分为国有土地和村社土地，即土地所有权属于国王，交由村社占有使用。实行农奴式的“贡滥”剥削，地租和赋税合二为一。同时，寺院占有大量的土地，在老挝社会中起着举足轻重的作用，[①]尤其是波提萨拉腊王还下令国民只能信奉上座部佛教，禁止信奉和祭拜鬼神。

1550年，波提萨拉腊王在驯象表演中不幸意外身亡，被分封到清迈的长子赛耶塞塔提腊王在击败其同父异母的弟弟澜尚后，登上了王位。在其在位期间，曾于1563年和1570年两次击败了缅甸东吁王朝的侵略。考虑到首都川铜紧邻缅甸，且四面环山，地理位置狭窄，而此时缅甸的势力十分强盛，容易受到攻击。于是，1560年赛耶塞塔提腊王决定将首都从琅勃拉邦迁到万象，并在万象大兴土木，修建了王宫、寺院及著名的塔銮。此外，赛耶塞塔提腊王还新建了玉佛寺，以供奉其从清迈带来的一尊绿宝玉佛（该玉佛在1778年被泰国军队战胜掠走，现供奉于泰国大皇宫玉佛寺内）。而在迁都时，赛耶塞塔提腊还决定将川铜交由僧团首领管理，并把“勃拉邦”佛像留在川铜，以作为镇城国宝，这也是“琅勃拉邦”城名的来历。

1572年，赛耶塞塔提腊去世，由于其子诺蒙亲王年幼，外戚森苏林自立为王，澜沧王国又一次陷入了内乱。1574年，缅甸人第三次对澜沧王国发动了进攻，并占领万象，森苏林逃走，澜沧王国臣属缅甸。此后，昭玛哈乌巴拉王、森苏林、帕耶那空诺王等先后执政。直至1594年在缅甸支持下登上王位的帕诺娇固曼王趁缅甸战败于暹罗，实力受到削弱之际，宣布澜沧王国脱离缅甸，恢复独立。

此后，帕沃拉翁沙王、昭乌巴尧瓦拉王、帕昭版提菩提散王、

① 申旭、马树洪：《当代老挝》，成都．四川人民出版社，1992年版。

昭东坎王先后执政。1633年，苏里亚旺萨击败所有对手，登上王位。在他当政期间，对内先后将其兄弟及子女放逐到各地，如将兄长昭松普放逐到勐会等等，以避免王室内乱，同时也采取一些政策促进农业生产，积极发展手工业等；对外与越南黎朝联姻，并与邻国缔结了一系列协定，明确地划定了王国的边界。这些措施使老挝重新获得了和平与繁荣。此外，苏里亚旺萨王还非常重视发展上座部佛教，大力提倡学习佛经，并使当时的老挝一度成为东南亚佛教的中心，泰国和柬埔寨的出家人都纷纷到万象进修学习佛教知识。国家的和平安定，同时也促进了文化上的繁荣昌盛。这一时期成为老挝古代文学的繁荣时期，并产生了一批至今仍使老挝人民引以为豪的优秀文学作品，如:《信赛》、《陶洪》、《占塔卡》、《卡拉吉》等。

在苏里亚旺萨王执政时期，首次出现了西方人到老挝进行访问的情况，即1641年荷属东印度公司的万斯托夫（Herit Van Wusthof）及意大利人黎利亚（Jean Marie Leria）于公元1641—1647年曾到万象等地访问，苏里亚旺萨王还曾在塔銮广场接见了万斯托夫一行。

1690年苏里亚旺萨去世之后，老挝又长期陷入了国家分裂和外国侵扰的危机中。由于他唯一的儿子因犯罪而被其处死，两个孙子景基萨腊和英塔松因年幼而不能执政。因此，引起了王位继承权的争斗，并导致了澜沧王国的分裂。大臣帕耶蒙占攫取了王位，并意图强娶丧夫但有孕在身的公主帕娘苏芒卡为妻，以名正言顺地取得王位。但帕娘苏芒卡不从，在鹏萨湄寺高僧约乔的帮助下逃往老挝南部，并生下王子诺卡萨亲王。而帕娘苏芒卡的长子昭翁洛逃到越南的勐盘普孙，6个月后昭翁洛在越南的支持下率军攻杀了蒙占，四年后昭翁洛又被那空拍侬的长官南塔腊杀死。

1698年，苏里亚旺萨侄儿赛翁会在越南军队的帮助下，攻占万象，杀死南塔腊，登上王位，王号“帕昭赛耶塞塔提腊二世”，任命其同父异母兄弟昭农为副王，统治琅勃拉邦，并将勃拉邦佛迁往万象供奉。

四、澜沧王国的分裂

1707年，因惧怕赛翁会迫害而逃到勐鹏和勐盆的景基萨腊和英塔松率军攻占琅勃拉邦，接着向万象进军。赛翁会见势不敌，忙向暹罗阿瑜陀耶王朝请求帮助，在阿瑜陀耶国王调停下，双方正式承认以南腾河为界，各自建立国家。澜沧王国正式分裂为两个国家，即琅勃拉邦王国和万象王国。1713年，苏里亚旺萨的外孙诺卡萨亲王在老挝南部又建立了占巴塞王国。此外，当时在老挝地区还存在着一些小的侯国或邦国，如：川圹、孟新、乌怒等。他们之间相互敌视，纷争不息，使各方都日渐衰落，不得不依附邻近的暹罗（泰国）和越南。[①]

（一）万象王国

1730年赛翁会去世后，昭龙接替王位。1735年，传位于昭细利本雅散，昭细利本雅散执政时期，与暹罗交恶。1778年，暹罗派兵攻陷占巴塞，接着征服万象，暹罗军队在万象大肆洗掠，并将玉佛和勃拉邦佛像劫走，运往泰国。1782年，昭南塔胜在暹罗的扶持下登上王位，并将勃拉邦佛像归还。昭南塔胜执政14年后因被控与越南勾结而被杀害于曼谷，昭英塔翁接替王位，执政6年卒。1804年，昭阿努王在暹罗的支持下，即位为万象国国王。昭阿努励精图治，一心想恢复澜沧王国的独立与统一。他表面上对暹罗国王百依百顺，处处表达忠心；暗地里却招兵买马，不断积蓄力量，意图起兵反抗暹罗的统治。1826年，万象国王昭阿努起兵，但因实力悬殊，

① 申旭、马树洪:《当代老挝》，成都．四川人民出版社，1992年版。

抗争坚持两年后被暹罗军队镇压，昭阿努被俘。暹罗痛恨昭阿努王的行为，于是派军队焚毁了万象城，十万居民被掳至泰国，并将万象改属为其一个省，不再任免国王，万象成为一座荒城，直至19世纪末法国殖民主义者入侵老挝。

（二）琅勃拉邦王国

景基萨腊执政至1713年，由昭翁诺接替。1726年，因与景基萨腊分裂而逃往勐盆的英塔松起兵攻打琅勃拉邦，夺取了王位，执政至1750年，由其子昭索递卡接替。昭索递卡执政期间，越南和缅甸军队都曾先后攻占过琅勃拉邦。至1771年，被缅甸军队掳走的昭索递卡弟弟昭苏里亚翁沙王在缅甸的支持下率军返回琅勃拉邦，逼迫昭索递卡交出了王位。昭苏里亚翁沙王执政两年后，欲攻打万象，万象昭细利本雅散王向缅甸求助，迫使昭苏里亚翁沙王退兵。后苏里亚翁沙王见缅甸势弱，又与暹罗结盟。1778年，苏里亚翁沙王派兵随暹罗攻打万象。却不曾想暹罗的意图是征服整个老挝，在攻陷占巴塞和万象后，暹罗又强迫琅勃拉邦国王接受其宗主权，苏里亚翁沙王气急而死。此后，作为暹罗属国的琅勃拉邦王国先后经历了昭阿努吐拉、昭曼塔都拉、昭苏卡胜、昭南塔拉、昭翁坎等王。1893年老挝沦为法国殖民地后，昭坎苏、昭西沙旺翁、昭西沙旺瓦塔腊先后执政，直到1975年老挝人民民主共和国成立。

（三）占巴塞王国

占巴塞城最初为占婆人所建，后被高棉人占领并改名为占巴城。1638年后，昭苏塔拉萨、娘袍、娘盆等相继为王。1709年，娘盆将占巴城交给与苏里亚旺萨之女帕娘苏芒卡公主一同逃到南部的高僧约乔管理，而约乔鉴于自己出家人的身份，于1713年将王位传给诺卡萨亲王，并改城名为占巴塞。1733年，昭赛耶古曼即位，在其统治期间，与万象王国和暹罗交恶。1778年，暹罗攻陷占巴塞并将昭赛耶古曼掳往曼谷，占巴塞王国沦为暹罗附属国。此后，帕维赛卡梯耶翁沙王、昭诺蒙王、昭玛诺依王、昭拉萨布育王、昭晖王、昭纳王、坎雅王、坎苏王在暹罗的支持下先后即位。直至1904年，暹罗在法国的威胁下被迫放弃了对包括占巴塞在内的湄公河左岸地区的主权。此后，昭拉萨达奈王、昭本翁王在法国的控制下先后执政。

第二节 近代部分（1893—1954年）

一、法属时期

19世纪下半叶，法国在其完成对柬埔寨与越南的完全占领后，便开始了吞并老挝的行动。不断地向暹罗施加压力，企图把老挝抢夺过来，并入“法属印度支那联邦”。1886年，法国在琅勃拉邦设立领事馆，为法国势力进一步渗入老挝打开了门户。1893年4月，法国以两名法国人被暹罗驱除出境以及法国驻琅勃拉邦代表马西在沿湄公河南下时突然自杀为借口，分兵3路入侵老挝。在入侵过程中，与暹罗驻甘蒙太守拍约发生冲突，法军军官格罗古兰在枪战中被打死，即“拍约事件”。法国遂以此为借口，于同年7月派遣军舰驶入湄南河，向曼谷开进，7月13日闯过北榄要塞，将军舰停泊在法国驻曼谷使馆附近，并将炮口对准了王宫。7月20日，法国向暹罗发出最后通牒，要求把湄公河东岸的包括琅勃拉邦在内的全部领土都割让给法国，并赔款300万法郎。

暹罗在法国的武力威胁下，被迫接受了法国的要求。1893年10月3日，法、暹双方在曼谷签订了《法暹条约》（又称《曼谷条约》）。该条约的主要内容有：暹罗割让湄公河东岸的老挝领土给法国；划湄公河西岸25千米和巴丹孟、安谷尔两地为中立地带，法暹双方均不得驻军；向法国赔偿军费300万法郎。从此，老挝由暹罗的属国变为法国的保护国，被并入“法属印度支那联邦”，一直到1954年。这一段时期，称“法属时期”，是老挝沦为法国的殖民地阶段。而1893年，也成为老挝近代史的开端。

1904年，法国又强迫暹罗签订条约，暹罗放弃了对占巴塞地区和琅勃拉邦王国部分地区的主权。同年4月，在斯科特—巴维拉会谈中，英法双方同意以湄公河为界，把暹罗划为英法势力范围的缓冲国。即湄公河东岸的老挝领土划归法国，以西则为英国的势力范围。法国通过这一系列条约协议巩固和扩大了其对老挝的统治。

（一）法国的殖民统治

法国把老挝并入法属印度支那联邦后，为便于统治，在政治上主要采取“以老治老”、“分而治之”的手段对老挝实行殖民统治，老挝的封建制度在形式上被保留下来。老挝全国被划分为上寮和下寮两部分，上寮为琅勃拉邦王国，属于法国的保护国，由国王管理；下寮包括万象以南的领土，属于法国殖民地和法属印度支那联邦的一员，由法国人直接实施管理。1895年，法国把上寮划分为7个省，下寮划分为5个省。1908年，法国殖民统治者又将全老挝合并成10个省，并设立了统一的殖民统治机构，各省下设县、区、乡、村四级行政机构。行政管理工作由本地籍官员在相对应的法国行政官员的监督下进行。此外，还健全了法院、监狱、密探局、宪警队等威慑镇压机器。

法国对老挝的统治以掠夺和剥削为主要目的。从法国侵占老挝到第一次世界大战末期，是法国殖民经济政策发展的第一阶段。这一时期，主要采取霸占土地、征收捐税等形式，疯狂地对老挝人民进行经济掠夺与压榨。法国殖民主义者强迫老挝人民负担各种繁重的捐税和劳役。税目竟达100种以上，除了各种税收以外，每个老挝人每年还要为法国殖民主义者当60天的苦力。从第一次世界大战结束至第二次世界大战前夕，是法国殖民经济政策发展的第二阶段，在这一时期，法国的经济政策，除了继续实行第一阶段的暴力掠夺外，也开始进行一些开发和经营。他们利用老挝廉价的劳动力，开采矿山、开辟种植园、设立一些加工厂、修筑一些便于运输资源的公路和建立运输公司等。由于法国在老挝开办的工厂、矿业的目的是为了进行原料掠夺，且数量少、规模有限，也没有建立与之相配套的其他企业，因此，老挝的工业没有得到多大发展。相反，还遏制了老挝民族工业的发展；而法国资本家开辟种植园，则掠夺了大片土地，农民纷纷破产。

法国殖民主义者的另一个基本政策，就是在文化上的愚民同化政策。在法国殖民者统治的60多年间，老挝社会几乎完全停滞不前，文化衰落，甚至连老挝的语言、文字都遭到歧视。而且为了培养老挝学生的亲法思想，法国殖民当局规定：中、小学课程必须全部用法语讲授。在这期间，学校里的老挝语教学基本上处于停顿状态。至1954年，老挝全国只有1所中学、5所小学。在国外的大学毕业生仅10人，95%的老挝人是文盲。此外，法国殖民当局还规定，老挝公务员在公务活动中只准讲法语。法语成为老挝的官方语言，在社会上，很少见到用老挝语出版的书籍和报刊。为了麻痹人民的斗志，法国在老挝各地还设立了许多赌场和鸦片烟馆，竭力提倡赌博、酗酒、抽鸦片等堕落的风俗习惯。

（二）反法斗争

法国殖民主义者的残暴统治，激起了老挝人民的强烈反抗。在法国占领老挝的60年间，反法斗争持续不断。1901年1月，在下寮的沙湾拿吉地区爆发了富马都领导的拒绝向法国殖民者纳税与服劳役的反法武装起义。起义逐渐蔓延到下寮的湄公河地区，1902年4

月，起义军一度攻占沙湾拿吉县，对下寮殖民当局和驻军形成巨大威胁，但由于力量对比悬殊，起义于1905年失败。

1911年，继富马都起义后，下寮波罗芬高原老听族系拉芬族人民在头人昂克欧和库马丹的率领下，开展抗捐税斗争，并很快发展成为大规模的武装起义。起义军多次打败法军的进攻，迫使敌人不得不进行和谈。在谈判中，昂克欧被法国留守使冯德勒使用诡计杀害。库马丹继续领导起义军战斗，并不断扩大战果。起义军的力量也不断发展壮大，其活动范围和影响逐渐扩展到下寮的沙拉湾、沙湾拿吉、阿速坡等省及其他地区。直到1936年，法国殖民者从越南调来一部分军队增援，才把这次武装起义镇压下去。

在下寮地区老听族系人民起义的同时，为反对征收鸦片烟税和徭役制度，1918年，上寮地区川圹、桑怒（今华潘省）、琅勃拉邦3省的苗族人民在巴寨的领导下，也展开了规模浩大的反法武装起义。1919年至1920年，起义扩大到琅勃拉邦与川圹等地，并一度攻占殖民军控制的川圹县。法国殖民当局交替使用重兵镇压与政治欺骗手段，才使这次起义于1922年失败。

除了这3次规模较大的武装起义外，这一时期，比较著名的反法武装斗争还有：1916年，卢族人民在昭华芒新王领导下起义；1920年，在万象爆发了教师库坎领导的抗法运动；1930~1940年间，波宁和丰督锡矿工人要求增加工资的罢工斗争，以及阿速坡拉芬族的斗争、桑怒省人民的斗争、丰沙里善园人的斗争，等等。虽然这些斗争都失败了，但它们唤醒和锻炼了老挝人民，为后来的老挝独立运动打下了基础。

二、日本侵占老挝

第二次世界大战爆发后，日本为达到其建立包括东南亚在内的

“大东亚共荣圈”的目的，于1940年9月22日，强迫法国签订了《关于日军进驻印度支那的决定》。同年12月9日，双方又签订了《共同防守法属印度支那地方军事协定》。根据协定，日本保留了法国在老挝的行政机构，日本给琅勃拉邦朝廷委派一名最高顾问；同时委派一名高级顾问代替法国最高行政官员。老挝处于两个帝国主义国家的共同统治下。

1945年初，随着第二次世界大战临近结束，为了解除后顾之忧，1945年3月9日，日军先发制人，发动政变，逮捕了驻老挝的法国官员，解除了法军武装。3月17日，日本通过西贡电台广播宣布琅勃拉邦王国以独立王国的名义加入“大东亚共荣圈”。

同年8月，日本宣布无条件投降，第二次世界大战结束。老挝人民要求国家真正独立的呼声日益高涨，纷纷起来进行革命斗争，从日本法西斯手里夺取政权。统治阶级之中的有识之士积极顺应了这一历史潮流，1945年9月15日，琅勃拉邦王国副王兼首相佩差拉不顾国王的反对，在万象宣布老挝的统一和独立。10月12日，老挝临时政府成立，宣告老挝独立，宣布实施临时宪法。随后又继续解放了琅勃拉邦、川圹等省。

三、法国重返老挝

老挝人民刚从日本法西斯手里夺得政权，法国殖民者不甘心在东南亚地区的失败，又卷土重来，再一次侵占老挝。从1945年11月开始，前来镇压的法军逐渐向新政府军步步逼近。1946年3月，法国军队占领中寮重镇他曲，制造“他曲惨案”；4月21日，法军进攻万象，24日，万象陷落；5月13日，法军占领琅勃拉邦。

法国重新占领老挝后，再次奉行其“以老制老”、“以战养战”

的政策。宣布西萨旺·冯为国王，任命与法国合作的占巴塞文翁亲王为首相。同时大肆搜刮老挝人民的人力和物力。在法国控制的一些地区，税额比1945年以前竟增加了20倍，下寮农民一年粮食产量的4/5被其征收；还到处抓壮丁，借以补足他们日益消耗的兵力。除此之外，还继续推行其宗教政策，力图控制佛教界，以达到控制老挝人民思想的目的。

1947年1月，老挝进行普选，梭发那·富马亲王担任新的内阁首相。1949年7月19日，老挝王国政府同法国政府在巴黎签约，正式确定老挝为法兰西联邦内的独立国家。1953年10月，又签订《法老友好联合条约》，再度确定老挝是法兰西联邦内的独立国家。但国防、财政、外交等大权仍然掌握在法国手中。

老挝人民逐渐看清了法国殖民者的真面目，为了争取国家的真正独立，老挝人民纷纷起来进行抗法斗争。从1946年至1950年，在全国开展了广泛的游击战争。1950年，各地爱国力量举行全国人民代表大会，组建了以苏发努冯亲王为主席的新的伊沙拉阵线①，并成立了以他为首的寮国抗战政府。到1953年，伊沙拉部队②已解放了华潘全省和川圹、琅勃拉邦部分地区。1953年12月，在中寮战役中，伊沙拉部队解放了甘蒙省的大部分和沙湾拿吉省的一部分，使法国军队陷入被分割状态。其上、中、下寮之间的联系也被切断。而解放区的面积已达4万多平方千米。到1954年，随着印度支那半岛人民要求独立呼声的日益高涨及法国殖民主义者在印度支那半岛战争中的节节惨败，法国不得不在1954年《关于印度支那问题的日

① 1956年扩建为“老挝爱国阵线”，1957年改名为“爱国阵线党”，1972年恢复原名，1979年改名为“老挝建国阵线”。

② 1950年组建，后改名“寮国战斗部队”(即“巴特寮”)，1965年改名为“老挝人民解放军”，1982年改名为“老挝人民军”。

内瓦协议》上签字，承认老挝的独立和领土完整。从此，老挝进入现代史时期。

第三节 现代部分（1954—1975年）

一、第一次联合政府

1954年，在日内瓦召开了解决印支半岛问题的十四国会议。中、美、苏、英、柬、老、越南民主共和国及南越等国参加了会议。会议于7月21日达成了在老挝停战的协定。其主要内容有：(1)承认老挝的主权、独立和领土完整，双方于1954年8月6日上午8时(当地时间)在全国范围内同时停战；(2)法国在规定的期限内撤军以及禁止一切增援部队和军事人员从境外进入老挝，但法军可以留下训练王国政府军的1 500名军事教官和3 500名军事设施要员。此外，还成立一个由印度、加拿大和波兰三国组成的“国际停战监督委员会”，负责监察和监督老挝停止各项敌对行动协定的实施。同时，法国也发表正式宣言，承认老挝的独立和主权。

1954年9月，老挝王国政府首相梭发那·富马亲王与巴特寮领导人苏发努冯根据日内瓦会议达成的协定，双方进行谈判。但美国却趁法国撤出老挝之机，意图取而代之，美国一方面拉拢英国、法国、泰国、菲律宾、澳大利亚、新西兰、巴基斯坦等国组织一个名为“东南亚集体防务条约组织”的军事集团，并把老挝置于这个组织的“保护范围”之内；另一方面，在老挝国内大肆扶持亲美势力，策划政变，将梭发那·富马赶下台，由一贯亲美的卡代·敦萨索里特取而代之。卡代上台后，一方面和巴特寮谈判，另一方面却派王国政府军进攻巴特寮战斗部队，迫害前抗战人员，并把巴特寮排除在1955年12月25日的立法选举之外，严重地违背了在日内瓦会议上达成的协议。

与此同时，巴特寮也加紧了在北部两省的活动。1955年3月22日，现在老挝人民革命党的前身——老挝人民党成立，凯山·丰威汉任中央书记，统一战线工作指导委员会由苏发努冯任主席。

1956年1月6日~14日，老挝民族统一战线大会在桑怒省召开，并正式宣布成立老挝“爱国阵线”。由于老挝人民党的身份没有公开，所以，至1975年老挝人民民主共和国成立，巴特寮名义上一直由爱国阵线领导。这次大会指出当时全国人民的任务，并为实现这些任务通过了十二条爱国阵线的纲领。主要内容包括国内的和平、独立、中立、民主、统一和繁荣等。

老挝爱国阵线一方面同王国政府进行谈判，表明自己的诚意；另一方面又领导军民进行自卫战斗，粉碎了王国政府军的多次进攻。同时，在王国政府控制区内发动群众起来进行斗争，揭露敌人的阴谋。在“为老挝的和平、独立、中立、民主、统一和繁荣而斗争”的口号下，老挝爱国阵线不但集合了广大劳动人民，而且还争取了各中间阶层和许多在国会、王族里具有爱国思想的上层人士，使卡代政府在政治上受到空前孤立，不得不于1956年宣布辞职。

1956年2月，老挝举行内阁选举，梭发那·富马亲王再度担任首相，王国政府与老挝爱国阵线的接触又一次恢复。双方经过多次谈判，达成了《1956—1957年万象协议》，确定建立联合政府、实现国家统一的原则。12月18日，双方在万象发表联合声明，进一步明确了完成老挝统一的愿望和措施：(1)王国政府和爱国阵线组成民族联合政府，使老挝达到民主、和平的统一。(2)承认老挝爱国阵线的合法地位。(3)在行政、军事方面将丰沙里和桑怒两省置于王国政府的统治之下。1957年11月，联合政府组成，梭发那·富马亲王任首相，老挝爱国阵线有两名代表参加：苏发努冯在内阁中任公共工程部部长；富米·冯维希任文化教育艺术部部长。

第一次民族联合政府成立后，老挝爱国阵线利用自己的公开合法地位，在全国范围内扩大了活动。1958年5月，在国民议会增补20名议员的选举中，老挝爱国阵线和盟友——和平中立委员会获得了13个席位，使得老挝爱国阵线势力大增，从而引起了右派势力的恐慌。他们组织了“保卫国家利益委员会”，在美国的支持下，强迫梭发那·富马亲王于1958年8月宣布辞职。由亲美的培·萨纳尼空组成新政府，老挝爱国阵线的代表被排除在新内阁之外。第一次联合政府宣告破裂。

二、第二次联合政府

在美国支持下的培·萨纳尼空政府组成后，大肆搜捕、杀害爱国战士和爱国阵线干部，并于1959年解除了已经成为国家军队一部分的巴特寮战斗部队的武装；7月逮捕了老挝爱国阵线的16名领导成员；8月26日，美国国务院发表关于增强老挝军队的声明，并立即向老挝空运军用物资。同时，美国的顾问、专家大批进入老挝，帮助王国政府扩充军队，建立军官学校、警察学校、别动队学校等。老挝爱国阵线及时改变了斗争方向，高举民族、民主的旗帜，维护老挝的和平与独立。既在全国范围内展开政治斗争和自卫游击战，又利用日内瓦协议和万象协议，向全世界人民揭露美国和培·萨纳尼空政府的阴谋。与此同时，巴特寮战斗部队的一部分武装在突破了王国政府军的包围之后，也安全地撤到根据地，随后在全国掀起了广泛的抗美救国斗争运动。

1960年8月9日，王国政府军第二伞兵营营长贡勒上尉发动军事政变，推翻了当时执政的昭·宋萨尼特—富米·诺萨万政权。贡勒是希望老挝得到真正的和平与中立而采取的行动，同时也表示了他对美国干涉老挝的不满。政变成功以后，贡勒要求国民议会信任梭发那·富马首相。富马政府上台以后，宣布奉行和平、中立和民族和睦的政策，受到了老挝爱国阵线的欢迎和支持。但富米·诺萨万不甘心失败，在美国的支持下，于1960年9月组成以文翁亲王和诺萨万为首的“革命委员会”，并向贡勒领导的政府军及巴特寮战斗部队进攻，同年12月16日，攻占万象。王国政府转移到康开，梭发那·富马流亡柬埔寨，由贵宁·奔舍那代理首相职务。

富马流亡到柬埔寨以后，立即发表声明，对美国支持的极右派给老挝局势造成的混乱进行了揭露。1960年12月底，富马分别给各国驻金边的使节写信，希望召开一个关于印度支那和平与稳定的国际会议。1961年11月1日，柬埔寨国家元首西哈努克亲王倡议召开的日内瓦会议得到有关国家的热烈响应。同时，在老挝爱国军民的联合反击下，富米军队在战场上节节失利，被迫同意召开这次会议。同年5月3日，老挝王国政府军、巴特寮战斗部队、富米军队停火；5月16日，中、苏、美、法、英、老、柬、泰、缅、越南南北两方、印度、波兰、加拿大等14国参加的日内瓦会议正式召开；6月19日至22日，老挝王国政府首相梭发那·富马亲王、老挝爱国阵线主席苏发努冯亲王、沙湾拿吉文翁亲王在瑞士苏黎士举行会谈，并发表联合公报，宣布三亲王已就未来的临时联合政府的政治纲领和当前任务达成了协议。

扩大的日内瓦会议休会后，富米—文翁集团仍施展各种手段阻挠联合政府的成立。并在美国的支持下，多次发动对爱国阵线的进攻，老挝爱国阵线奋起反击，在军事上给予富米—文翁集团以沉重打击，迫使富米—文翁集团不得不回到谈判桌前。1962年6月12日，老挝三亲王关于组成临时联合政府的协议正式签字。23日，以梭发那·富马为首相、苏发努冯和富米为副首相的老挝临时民族团结政府正式成立。7月21日，扩大的日内瓦会议举行最后一次会议，一致通过了关于老挝中立的宣言和议定书。老挝人民要求和平、中立的呼声再一次得到国际社会的承认。

但是，老挝人民距离实现这一目的的距离还相当遥远。富米—文翁集团表面上遵守日内瓦协议，但暗地里却极力阻挠联合政府和平中立政策的实施，拉拢分化中立派力量，对爱国进步人士进行恐吓和镇压。外交大臣贵宁·奔舍那、中立派警察上校坎梯·西番通等爱国人士相继遭到暗杀。同时，富米—文翁集团还派遣军队大举进攻解放区。老挝政治形势日益恶化，第二次联合政府处于无法活动的瘫痪状态，只是一个有名无实的组合体。

外交大臣贵宁·奔舍那遇害以后，万象的政治形势险象环生，联合政府中的老挝爱国阵线的代表苏发努冯和富米·冯维希等人不得不离开万象，回到解放区，松散的联合政府实际上已经解体。1964年4月，由美国支持的右派军官库帕·阿贝将军和西浦塔古将军在万象发动军事政变，逮捕了许多大臣，迫使富马亲王改组政府。1964年5月7日，富马在美国和富米—文翁集团的支持下，宣布成立新政府。5月下旬，富马正式决定将苏发努冯负责的经济和计划部及富米·冯维希负责的新闻、宣传和游览部交给其他人管理。至此，新政府的权力已完全掌握在亲美右派集团的手中。

三、第三次联合政府

第二次联合政府解体后，从1964年5月开始，美国开始出动飞机对老挝解放区进行大规模的轰炸，并于7月下旬指使王国政府军向解放区大举进攻。同时，在老挝国内出现多次由美国策划的政变，使老挝内战不断，政局动荡。随着美国对越南、柬埔寨侵略战争的升级，美国也强化了侵老战争。1970年，美国飞机轰炸老挝共达11 872次，1971年为90 059次，并且于1971年2月，美国与南越军队共3万多人在美国空军的支持下，从越南南部侵入老挝，在老挝爱国军民的坚决反击下，美国及其“仆从”向解放区的进攻节节失利。1969年，老挝人民解放军发动了“查尔平原战役”。次年6月，解放下寮重镇沙拉湾。1971年底，收复上寮战略要地查尔平原。1972年1月，攻占了桑通、龙镇等重要城镇。5月，整个波罗芬高原获得解放。7月，粉碎了美国的“特种部队”在老挝南部发动的“黑狮”战役和8月对查尔平原的进攻。至此，老挝爱国阵线已解放了全国三分之二的土地。这一系列胜利，为老挝抗美斗争的结束和内部的和平谈判奠定了基础。

革命形势的发展迫使万象政府和老挝爱国力量举行和平谈判。从1972年10月中旬开始，老挝爱国阵线和万象方面的代表团在万象正式举行谈判。1973年2月21日，双方在万象签署了《关于在老挝恢复和平和实现民族和睦的协定》。该协定规定从2月22日中午起双方停战，并准备组成新的临时联合政府。1974年3月，老挝爱国阵线代表与万象政府就组建临时民族联合政府问题举行了会谈。4月，成立了以梭发那·富马为首相、富米·冯维希和仑·英锡迈为副首相的第三次联合政府和以苏发努冯为主席的民族政治联合委员会。

四、老挝人民民主共和国的成立

第三次联合政府成立前后，老挝爱国阵线已经控制了全国绝大部分地区。虽然这时仍有战斗，但右派势力的军队已无力抵抗老挝人民解放军的强大进攻。1975年5月，在老挝人民党的号召下，全国各地纷纷展开了声势浩大的夺权运动，宣布推翻旧政权，成立人民革命政权。7月底，美国军事人员全部撤出老挝，右派军队、警察基本上被解散。11月29日，国王西萨旺·瓦达纳宣布自愿退位。12月1日至2日，老挝爱国阵线在万象召开了老挝全国人民代表大会，宣布废除君主制度，成立老挝人民民主共和国，并组成了以苏发努冯为主席的最高人民议会和以凯山·丰威汉为总理的共和国政府。老挝从此进入一个新的发展时期。

老挝人民民主共和国成立至今的相关内容参见本书其他章节。

第三章　民族与习俗

老挝是一个多民族的国家。对于老挝民族的研究，已由学界传统的老龙族、老听族和老松族三分法发展为官方确定的版本，即全国由49个民族组成，分属四大语族系，总称老挝民族。老挝民族众多，构成了丰富多样的风俗习惯。老挝语中“风俗”一词可音译为“喜空巴佩尼”，大体可分为三个部分，一是“喜”，是节日方面的习俗，包括十二个节日，即每月有一个重要节日，称为“十二风”；二是“空”，是有关行为规范的习俗，共十四条，称为“十四俗”；三是“巴佩尼”，是有关生活方式方面的习俗，包括生老病死、婚丧嫁娶、生产生活等十九个方面。

第一节　民　族

长期以来，老挝政府对于本国族群的研究很少，对族群的划分与界定不清晰。为筹备1972年召开的老挝人民革命党第二次代表大会，党的纲领起草委员会曾从1965年至1971年对老挝民族的种类和数量进行了长达7年的调查研究与统计，最终形成的研究数据表明老挝有68个民族，并将老挝民族按居住地域划分为三大民族：老龙、老听和老松，分别意为低地平原上的族群、较高地势上的族群以及高山地区的族群，这种三分法一直被老挝国内及老挝研究学者长期用于描述老挝的民族情况。为满足国家发展的需要，老挝政府加强了本国民族的调查与研究，从语言、风俗习惯、宗教信仰等角度进行了重新界定。2008年老挝民族学学者向国会提交了老挝民族调查报告，同年11月，老挝六届国会六次会议审议确定，老挝所有民族总称老挝民族，由49个民族组成，分属老泰语族系、孟—高棉语族系、汉藏语族系和苗瑶语族系，其中老泰语族系有8个民族，孟—高棉语族系32个民族，汉藏语族系7个民族，苗瑶语族系2个民族[①]。

表3-1　老挝民族统计表

语族系	族群	民族	主要分布
老泰语族系	老族	老族	分布广泛，全国各省市均有分布，相对集中于以万象为中心，北起琅勃拉邦，南至占巴塞的沿湄公河左岸的长条地带
	泰傣族群	普泰族、泰族、傣泐族、元族、仰族、色族、泰讷族	华潘、川圹、波里坎赛、万象等省及甘蒙省很本县
汉藏语族系	藏缅族群	阿卡族、兴西里族、拉祜族、西拉族、哈尼族、倮倮族、贺族	丰沙里、琅南塔、乌多姆赛、波乔等省
孟—高棉语族系	克木族群	克木族、巴莱族、星门族、丰族	华潘、川圹、万象等省
		腾族、尔都族、嘎利族	沙耶武里省
	嘎都族群	嘎当族、马贡族、打利族、打哦族、嘎都族、嘎梁族、绥族、巴果族	甘蒙、沙湾拿吉、沙拉湾、占巴塞等省
	巴朗季族群	拉蔑族、比族、叁道族	丰沙里、琅南塔、乌多姆赛、波乔等省
	巴纳利高棉族群	云族、俄安族、打粱族、叶族、巴佬族、哈拉族、欧族、正族、沙当族、亚很族、拉威族、高棉族	阿速坡、占巴塞、色公等省
	怀地族群	都姆族	波里坎赛省
		默依族	华潘省
		嘎利族的一部(语言与沙耶武里省的嘎利族有较大差异)	

① 部分族群及民族名称为编者音译，原已存在民族沿用原来的名称。

续表

语族系	族群	民族	主要分布
苗瑶语族系	苗族	苗族	从老挝北部往南至波里坎赛省地区
	瑶族	瑶族	从老挝北部往南至万象省地区

一、老泰语族系

（一）老族

老族（亦称佬族）是老挝人口最多、分布最广的民族，是老挝的主体民族，有普湾族、嘎楞族、波族、幼族、育族等5个分支。根据1995年第二次全国人口普查[①]，人口为240万人，占全国人口的52.5%，其中女性为120万人。老族多信仰佛教，以男性姓氏传宗接代。老族男子留短发，着圆领衫，穿沙笼。女子穿筒裙，披披肩，留长发并盘成发髻，喜戴金银首饰。老族之所以能够成为老挝民族的主体，不仅在于老族人口众多，主要还是因为老族具有悠久、丰富的文化，文明程度比其他民族高。自古以来，老族人一直以农业生产为其主要的经济生活，具有较先进的生产方式和熟练的生产技术，擅长牧牛耕地、种桑养蚕、植麻织布，而且喜欢傍水而居，大多居住在湄公河及其支流沿岸平原地区，这里土地肥沃，灌溉方便，适于耕种。纵横交错的河道为老族提供了交通运输上的便利，促进了他们对外文化交流和商业贸易的发展。经济上的先进、文化上的发达使老族人逐渐取得了老挝地区的统治地位。他们的先民曾先后在老挝地区建立了越裳国、掸国、文单国、孟斯瓦国等部落国家。到14世纪法昂王在琅勃拉邦建立起了澜沧王国，统一了老挝的整

① 本节中涉及的各民族人口除特别注明外，均根据1995年老挝第二次全国人口普查的数据。

个地区。这表明了老族人已完全取得了当时老挝地区（包括现今老挝和泰国东部、北部地区）的统治。老族人在老挝社会发展中所起的主导作用，使得他们的文化在老挝各族人民中产生了日益广泛和深远的影响。老族的语言和文字也逐渐成为老挝各民族的通用语言和文字，成为了老挝的官方语言和文字。本书中所介绍的风俗习惯、文化、文学等内容亦是以老族为主进行阐述的。

（二）泰傣族群

1. 色族

色族主要生活在波里坎赛省坎格县以及甘蒙省他曲、很本、那盖、臬玛腊县。色族人口为2 745人，其中女性为1 416人。色族有本民族语言，但30%借用老挝语，10%借用越南语。色族人信仰鬼神。男女的婚礼一般由父母决定。房屋格局一般有祭祀房、父母卧室、女儿房、儿子媳妇房等。色族男子穿沙笼，女子穿筒裙。主要的文艺特长有：吹箫、吹笛、吹笙、舞蹈、唱马哈赛喃曲。色族人以从事农耕和畜牧业为主。

2. 元族

元族主要生活在老挝北部，如：沙耶武里、琅勃拉邦、波乔、乌多姆赛和丰沙里等省。元族有两个分支：加龙族和约族。元族人口为26 239人，其中女性为13 312人。元族有自己的语言，语音语调与傣族相近，文字为坦文，与傣文相似。元族信奉佛教，也相信鬼神。男女可自由恋爱和择偶，但往往由女方向男方提亲。元族民居也与傣族相似，为干栏式结构，在房间内活动有一定禁忌，如不许外人进入卧室，不可坐主人的坐垫等。元族人以从事农耕和畜牧业为主，妇女有种桑养蚕、织布和刺绣等传统。

3. 泰族

泰族生活在从老挝北部到波里坎赛省一带，有黑泰、红泰、白泰、泰梅等分支。泰族有自己的文字，特别是黑泰的语言文字更为发达些。泰族文字与古代老挝文相似，少数年长者尚能认识和书写。泰族人信仰鬼神，各家各户设有供奉祖先魂灵的神龛。男性继承父姓，而女性在结婚后随夫姓。泰族有竹竿舞等具有民族特色的艺术样式，乐器以锣、鼓、笛为代表。泰族人以务农为主，主要从事田地种植和畜牧业。从语言和风俗习惯来看，老挝的泰族与泰国的泰族有很大差别，不能等同为一个民族。

4. 泰讷族

泰讷族大多生活在老挝北部，如丰沙里、琅南塔省，泰讷在老挝语中就是北部的泰人之意，原来归入普泰族，现被老挝政府单列为一个民族。泰讷族在中国云南省也有分布，是傣族的一个分支。据2001年调查数据显示，人口为2 354人。泰讷族语言的音调与元族和仰族相似。琅南塔省兴县的泰讷族使用类似坦文的文字。泰讷族信仰佛教和鬼神。重要的风俗节日有“金江节”，意即新年节，于每年一二月之间举行。泰讷族男子穿宽腰的黑裤，裤腿宽松，上衣也为黑色，留长发，用布包头，戴银制臂钏，喜在腿、腰、胸、背上刺青。女子穿黑色的筒裙，上衣衣领绣成多种颜色，但袅乌地区的女子穿宽腰的黑裤，裤腿宽松，上衣长至膝盖。泰讷族女子留长发，盘发并用布包头，束腰，戴耳环，戴银臂钏，并佩戴各种玉珠。

5. 普泰族

普泰族主要定居在甘蒙省的农波、玛哈赛、很本和波拉帕。沙湾拿吉省的普泰族主要分布在品县、色波县、未拉布里，还有一部分生活在占巴塞和沙拉湾省。普泰族的语言没有文字。普泰族人信奉佛教和鬼神。普泰族民居独立建成卧房、厨房和待客房，但相隔较近，常以阳台和走廊进行对接。男子穿着黑色长裤或沙笼，上衣亦为黑色，用布包头，喜在腿和背上刺青。普泰族女子穿筒裙，上衣黑色有条纹，用布缠头，喜戴耳坠和手镯。普泰族以从事农业和畜牧业为主，男子善打铁器，制作陶器和编织，女子善织布。

6. 仰族

仰族主要生活在丰沙里、乌多姆赛、琅南塔和波乔省，人口4 630人，女性2 284人。仰族的语言没有文字，与傣族比较相近。仰族有一个十分严格的禁忌，即严禁外人侵扰家人的卧室，如有外人未经允许进入卧室，将会受到惩罚。仰族以农业和畜牧业为主，手工业主要是纺织。

7. 傣泐族

傣泐族在中国云南省也有分布，是傣族的一个分支，在老挝被当成一个独立的民族，主要生活在丰沙里、琅南塔、波乔、乌多姆赛、沙耶武里和琅勃拉邦等省。人口11.9万人，其中女性为6万人。傣泐语有自己的文字，形体近似坦文，目前主要存在于贝叶经中。傣泐族对佛教的信仰十分严格，同时也相信鬼神。傣泐族社会原先分为六个等级：坡兰、门、先、加、披耶和帕耶。任何人只要在社会上取得一定地位均可获得封赐前五个等级，而帕耶的官衔是世袭的。目前已没有这种等级划分。傣泐族人对同一宗族内的人特别照顾，热情且互帮互助。傣泐族同一家族的人不得联姻。傣泐族人住高脚屋，房间一般严格区分为卧室和客厅两部分。家里都设有神龛，由于须经过神龛才能进入卧室，因而傣泐族人非常忌讳外人进入卧室。此外，还忌讳外人坐主人的座垫，在村口往往建有进村大门，如看到一种菱形编织的图案或捆有柴禾，则禁止进村，如有违犯，将会受到惩罚，如罚款以用来修缮神庙等。傣泐族的重要节日有宋干节（也称泼水节）等，与中国云南西双版纳的傣族风俗极为相近。傣泐族的文化十分丰富，有喃曲、咔曲、民间故事、格言、谚语等等，其中傣泐咔曲、长鼓比赛、风正舞和凤女舞独具特色。傣泐族男子穿黑裤，缠黑色头巾。女子穿带条纹的筒裙，上衣黑色或深蓝色。傣泐族以从事农耕和畜牧业为主。

二、汉藏语族系

汉藏语族系只包括藏缅语族，由七个民族构成。

1. 兴西里族

兴西里族主要分布在丰沙里、乌多姆赛、琅南塔、波乔和琅勃拉邦省，人口35 635人，其中女性17 988 人。兴西里族有许多不同的称呼，如：普诺、布诺、丰沙里人、兴西里、比苏等。有不同的分支，如：普约、达把、班当、加贺、老向、菲、老班、丰顾以及丰谢等。兴西里族语言属于汉藏语系藏缅语族，没有文字。兴西里族信仰佛教和神灵。兴西里族以父姓传宗接代，继承遗产时，大儿子可分得最多的份额，弟弟及姐妹按序按份额分配。传统的兴西里族民居常择山脚或山腰而建，同时又距离河流较近。与傣族高脚屋不同，兴西里族人的房屋不是干栏式结构。前门为日常生活进出时用，后门只在举行仪式时方可进出。兴西里族的民间乐器主要有锣、鼓和笙。不论男女，兴西里族服装均为黑色，但会有各种花纹图案进行装饰。

2. 西拉族

西拉族主要分布在琅南塔和丰沙里省的枭乌地区，人口有1 772人，其中女性882人。西拉族有不同的称呼，在枭乌地区，称为本苏、洼亚、洼特，而在琅南塔称为盛。西拉族的语言属于汉藏语系藏缅语族，没有文字。西拉族人信仰鬼神。枭乌地区的西拉族人没有自己的乐器，而琅南塔乐器丰富，如：笛子、双锣、鼓、六段筒，主要用在葬礼上，而击打双锣和簸箕状的乐器则主要用在新年节庆上。与兴西里族一样，西拉族人的房屋也不是傣族式的高脚屋。西拉族男子穿黑色的宽腰裤，裤腿宽松，穿黑色短袖上衣，扣子自胸口斜下至腰，包黑色头巾。未婚男子不包头，而是留长发，梳成三条小辫子，再把头发竖盘于头上。男子喜戴腕链。女子穿长至脚踝的筒裙，上衣颜色较丰富，主要为黑色、绿色和白色，包头巾，腰间常佩饰银器。西拉族人主要以从事农耕和畜牧业为生。

3. 阿卡族

阿卡族主要分布在琅南塔、丰沙里、波乔和乌多姆赛省，人口66 108人，其中女性3.3万人。阿卡族也称伊果族，有许多分支，如：吉卓、布利、巴那、非、奥马、努贵、鲁马、尔巴、吉比尔、木吉、亚尔、柯、木登、马芒、普夸、比鲁、比索、普商、贡沙等族。阿卡族语言没有文字。阿卡族信仰鬼神，禁忌颇多，如：不得在室外裸体，不得丢弃鞋子，不得将未包装好的生肉直接拿进村子，不得在屋内唱歌、跳舞或谈情说爱，不允许未婚先孕的孕妇在家生育，生育双胞胎或器官有缺陷的婴儿要将其杀死，如弃妇或寡妇死于村中，则必须把村子迁走等。阿卡族继承父姓。阿卡族人热情好客，他们非常希望路人经过村子时能留在他们家中，以尽地主之谊。阿卡族的节庆主要有：八九月份的荡秋千节、一二月间的新年节。

4. 哈尼族

哈尼族主要生活在丰沙里省，人口1 122人，其中女性528人。有许多分支，如：老盛、老理、老亚、老丢、老发、老西和老瓦。哈尼族的语言没有文字。哈尼族人信仰鬼神，如有人去世，必须守灵三天，出殡将死者送至坟地后，要一至五天后才可埋藏。配偶死亡后，另一方须得两三年后才可结婚。哈尼族男子穿黑色的宽腿裤，黑色的上衣，胸口有口袋，包头巾，系棉织的腰带，戴银手镯。女子穿裙脚收窄的黑色筒裙和黑色圆领上衣，衣袖多花纹，颜色多样，包银饰头巾，戴手镯、项圈、耳环，留长发，腰带花纹多样。

5. 拉祜族

拉祜族分布在琅南塔、波乔省，人口14 970人，其中女性7 556人。拉祜族由多个支族组成：拉祜那、拉祜西和拉祜谢。拉祜族的语言没有文字。拉祜族信仰鬼神。男子一般入赘女方家，不继承任何一方姓氏。拉祜族人建房时不喜欢屋脊过直，认为会导致疾病。拉祜族人的乐器主要是笙，但只在新年时吹奏。拉祜族人的服装喜欢以刺绣进行装饰，多在新年时穿着。拉祜族人以种地和畜牧业为生，但不喜欢养黄牛和水牛。

6. 倮倮族

倮倮族与中国彝族同源，是彝族的一个分支，分布在丰沙里省的枭乌地区，人口1 407人，其中女性711人。倮倮族有姓氏，与中国汉族姓氏相近，有骆、唐、李、王、钟、朵、张、杨、刀、者、西、冯和盛。倮倮族传父姓。倮倮语属汉藏语系藏缅语族，没有文字。倮倮族信仰鬼神。一年举办两次节会，即二月的“大金江节”和三月的“小金江节”(新年节)。倮倮族有自己的民族乐器，如：笙、小葫芦丝、稻笛、锣。倮倮族民居不是干栏式结构，一般为一层。男子穿腰宽腿肥的黑色裤子，上衣也为黑色，长袖，圆领，包黑色头巾，喜欢将牙齿染成红色，留长发，梳成小辫子盘在头上。女子穿宽腰收脚的黑色裤子，包各种颜色的头巾，衣扣用各种珠子点缀，戴银制臂钏和耳环等。倮倮族以前主要以种旱地为主，目前转而种水田，此外也饲养牲畜。

7. 贺族

贺族生活在丰沙里省，人口8 900人，其中女性4 475人。一般认为贺族是中国汉族的一支，贺族语言没有文字。贺族信仰鬼神，传父姓，父亲在家庭中拥有绝对权威。贺族只有男子有继承权，且大儿子可得最多份额。父母决定儿女的婚事，结婚一般是女子嫁到男方家。民居为一层，不是干栏式结构。贺族的主要节庆是“金江节”，即新年节。主要民族乐器有：笛子、月琴和二胡。男女均穿黑裤，女子裤脚长至脚部，上衣较长，扣子系在身体一侧，包头巾。贺族人以种地为主，饲养牲畜主要用于驮运。

三、孟—高棉语族系

（一）克木族群

1. 克木族

克木族生活在从北部至甘蒙省的广大地区，有人口50多万。克木族有语言没有文字。克木族信仰鬼神，喜用竹子作乐器，舞蹈有舞剑、竹筒舞等。

2. 巴莱族

巴莱族是100年前从泰国清迈府和兰邦府迁徙来的，主要生活在老挝沙耶武里省沙耶武里县西部，现有人口23 193人。另有一部分巴莱族人生活在泰国东北部。

3. 丰族

丰族也是一个迁徙来的民族，从丰族人在乔迁新居仪式中常唱的歌词可以推断出，他们的祖先是从中缅边境迁徙来的。现在，丰族人分布在华潘省北桑县、华孟县和川圹省农海、卡姆县。现有人口21 395人，其中女性10 841人。

4. 星门族

星门族主要生活在华潘省的香考县，人口5 834人，其中女性2 900人。星门族有多个称谓：布阿、布阿东、艾、老卖，但喜欢被称为星门（山里人）。星门族有语言没有文字。星门族传父姓，男子特别是年长者在家中拥有绝对权威。星门族的房子形似乌龟。星门族有不少禁忌，如屋内禁忌挂白色蚊帐，不得将未包装的生肉直接带入房屋，女婿不得坐老丈人的藤椅和床等。

5. 腾族

腾族是19世纪为躲避战乱而从老缅边境地区迁徙而来的一个民族，目前只居住在琅勃拉邦省万坎县普沙南地区的两个村庄。根据2001年老挝政府对这两个村的调查，腾族只有305人，其中女性148人。

6. 尔都族

尔都族是19世纪初从越南迁徙到老挝的，现主要居住在川圹省库恩县的卡布和腾普村，根据2001年调查数据，有人口225人，其中女性107人。还有一部分尔都族人生活在越南。

7. 嘎利族

嘎利族亦称拉利、育利、沙浪、阿列姆、东梁，嘎利名称的意思为“野人，山人”。嘎利族人生活在甘蒙省的波拉帕县、枭玛腊县、那盖县，波里坎赛省的万通县、坎格县以及沙耶武里的皮昂县。人口739人。甘蒙和波里坎赛省的嘎利族语属于越南—么亨语支，而沙耶武里的嘎利族语则归入孟—高棉语族。两种语言均没有文字。嘎利族人生活在偏远、贫瘠的山区，经常进行迁徙。食物以芋头、野生薯类和水果为主，捕猎也是嘎利族人的传统生活方式。嘎利族信仰鬼神。

（二）嘎都族群

1. 嘎当族

嘎当族生活在甘蒙、沙湾拿吉、沙拉湾、占巴塞和色公地区，人口9.5万人，其中女性4.8万人。嘎当族人自称“布鲁加当”，语言属孟—高棉语族，与嘎利、马贡、绥、打哦、巴果等族的语言相近，没有文字。嘎当族信仰鬼神。主要民族节日是新年节和祭鬼节，常杀水牛祭鬼神。嘎当族具有民族特色的喃曲包括沙呢喃曲和当外喃曲，乐器有笛子、鼓和笙。传统的文化要求男子穿兜裆裤，盘长发，戴耳环，刺青，切断牙齿等，以示勇猛、彪悍。女子穿筒裙，盘发，戴银制或锡制耳环，戴牙环，将牙齿染黑。

2. 嘎都族

嘎都族分布在色公省的嘎勒县、达京县和塔登县，沙拉湾省的劳昂县，占巴塞省的巴宋县、巴姜佳楞苏县。人口1.7万人，其中女性8 600人。嘎都族语言没有文字。嘎都族信仰鬼神。民居一般由多个家庭共同筑建，多个民房围绕成圆形，将一个公共厅堂围在正中，开会、聚会或举行宗教仪式时可在此公共厅堂进行，老挝语将此建筑称为“沙拉官”。嘎都族村中有事不许外人进入时，会在村口大门旁边放置一捆新砍的柴木。嘎都族待客也有特色，常邀请来客一起享受他们的水烟。嘎都族的乐器主要有：锣、笙、笛等。以种地为主，大米和芋头为主食，家中饲养禽类。

3. 嘎梁族

嘎梁族分布在老挝南部，主要在色公省的嘎勒县、塔登县、拉玛县，还有沙拉湾省的沙拉湾县以及占巴塞省的巴宋县。人口1.2万人，其中女性6 000人。嘎梁族分为两个支系：杰族和嘎东族。嘎梁族语言没有文字。嘎梁族信仰鬼神，传父姓，民居与嘎都族相似，也为多个民房围成圆形，中央有议事或仪式大厅(沙拉官)。从前，嘎梁族人喜欢切断牙齿，并以大孔耳垂为美，因而将耳垂穿孔，把很大的东西放置其中，以使孔洞变得越来越大。嘎梁族还以全身刺青为俊美和勇敢的象征。竹编、藤编等是嘎梁族人的主要手工艺。

4. 打利族

打利族主要分布在老挝中部，包括甘蒙和沙湾拿吉两省，此外，在越南广平也有分布。打利族人口21 395人，其中女性10 636人。

5. 马贡族

马贡族是从缅甸和泰国迁徙到老挝的，当前居住在甘蒙、沙湾拿吉省，还有一部分生活在越南。老挝的马贡族现有人口92 321人，其中女性47 219人。

6. 打哦族

打哦族分布在沙拉湾、阿速坡、色公、占巴塞和沙湾拿吉省，有人口30 876人，其中女性15 358人。打哦族的语言没有文字。打哦族信仰鬼神，传父姓，男女可自由恋爱结婚。民居为低矮的干栏式结构，长形，多个家庭共同居住，村寨中有一个“沙拉官”（祭祀用的神堂），用于举办各种仪式。打哦族主要民族乐器有锣、鼓、芦笛、笙等，常见于乔迁新居时。打哦族曾有切断牙齿、纹身、钻耳孔等习俗。

7. 绥族

绥族定居在甘蒙、沙湾拿吉、沙拉湾、占巴塞和色公等省，人口45 498人，其中女性23 285人。绥族的语言没有文字。绥族人曾信仰鬼神，现同时信仰佛教和鬼神。传统上，绥族男子穿兜裆裤，戴银制或锡制的耳环，戴臂钏，盘发，刺青，并有切断牙齿的习俗，但目前已有很大改变。绥族女子擅长织布。

8. 巴果族

巴果族是从越南迁徙来的一个民族，主要分布在沙拉湾省的沙迈县和达哦县，还有一部分生活在越南。老挝的巴果族有13 224人，其中女性6 693人。

（三）巴朗季族群

1. 叁道族

叁道族主要生活在琅南塔和波乔省，人口2 213人，其中女性1 153人。叁道族的语言没有文字，也使用老挝语、傣语、元语、比族语和克木语。叁道族信仰佛教和鬼神。长子或长女赡养父母并可分得遗产的大部分。房屋结构为干栏式，内部装饰与傣族房屋相似。男子主要从事编制和打铁等手工艺制作，女子织布。

2. 拉蔑族

拉蔑族是老挝的一个外来民族，但在老挝居住时间久远，已无从考证其渊源。拉蔑族现有人口16 740人，其中女性8 872人。

3. 比族

比族在公元5世纪就已在老挝定居，目前主要分布在丰沙里、乌多姆赛和琅南塔省。人口1 509人，其中女性747人。传说比族与克木族原是同胞兄弟，因分象肉和豪猪时产生矛盾而分裂。作为弟弟的比族进入深山老林，学习瀑布的声音、树木摩擦的声音以及动物的叫声作为自己的语言，因此，比族不但懂得自己的语言，也懂得克木族的语言，而克木族人却听不懂比族语言。虽是传说，但反映了比族和克木族的语言和习俗是十分相近的。

（四）巴纳利高棉族群

1. 高棉族

高棉族人生活在占巴塞省的姆拉巴莫县，人口4 000人。高棉族语有与坦文相似的文字。高棉族人信仰佛教和鬼神，寺庙众多。文化艺术种类丰富，有喃曲、咔曲、舞蹈、乐器和雕刻。编制和纺织是主要的手工艺。

2. 俄安族

俄安族主要分布在甘蒙省的波拉帕县、很本县、赛波通县和他曲县。人口1 344人，其中女性687人。俄安族的语言没有文字。俄安族信仰鬼神，只有男性有权继承遗产。目前，俄安族人以种植业、畜牧业、养蚕业、编织业为主要谋生手段。

3. 正族

正族分布在阿速坡省赛色塔、沙那赛县，正族是由巴佬族、云族、亚很族、欧族分化而来的。人口6 511人，其中女性3 342人。

正族的语言没有文字。正族人早先只信仰鬼神，目前同时信仰佛教和鬼神。正族人留长发，盘发，喜戴各种银制或铜制的饰品，如臂钏、脚镯等。正族的民间艺术主要有见面锣、离别锣、月琴、口弦的演奏以及木棍舞等。正族社会由长女赡养父母并继承遗产，但长女有权将遗产分配给其他兄弟和妹妹。

4. 云族

云族原先居住在川圹省石缸平原地区，现主要居住在沙拉湾省的巴宋县、巴姜佳楞苏县、劳昂县，色公省的塔登县以及阿速坡省的沙那赛县。现有人口40 519人，其中女性20 497人。

5. 打梁族

打梁族定居在色公省的达京县、塔登县、拉玛县，阿速坡省的散赛县，占巴塞省的巴宋县，沙拉湾省的劳昂县。人口23 091人，其中女性11 800人。打梁族的语言没有文字。打梁族人信仰鬼神。打梁族人的村庄通常有15~20个房屋，最高达到100个，每住满十年就会迁徙一次。各家各户面向“沙拉官”神堂而建，并将神堂包围其中。男子穿兜裆裤，不穿上衣，往往只披一块布，留长发，盘发于脑后，年龄到15岁时将牙齿切断。女子穿筒裙，耳垂钻孔比男子大，盘发于前额，15~18岁将牙齿切断。

6. 叶族

叶族自古以来居住在老挝色公省达京县一带，到了现代，有一部分人迁徙到越南境内，且人数已超过老挝的叶族人，还有一部分迁徙到老挝阿速坡省散赛县。但老挝民族学学者坎白·云达拉研究指出，叶族是外来民族，是从越南迁徙至老挝的。

7. 巴佬族

巴佬族主要分布在阿速坡省的赛色塔县、撒玛奇赛县、沙那赛县、普翁县和占巴塞省的孔县、巴土喷县、巴宋县和巴姜佳楞苏县。

此外，越南和柬埔寨也有部分巴佬族人。巴佬族人在老挝定居有几百年的时间，自北部经过川圹省的石缸平原一直南下不断迁徙而形成现今的格局。现有人口17 544人，其中女性8 842人。

8. 哈拉族

哈拉族分布在色公省、阿速坡省、占巴塞省和沙拉湾省，人口为16 394人。

9. 欧族

欧族主要分布在阿速坡省的赛色塔县、撒玛奇赛县、沙那赛县以及占巴塞省巴宋县地区，此外，在柬埔寨和泰东北地区也有欧族居住。一般认为欧族人是从老挝川圹省的石缸平原逐渐南下迁徙的。欧族现有人口14 947人，其中女性7 582人。

10. 沙当族

沙当族主要分布在老越边境中的阿速坡省，再具体地说，只在普翁县的怀古、普酿、达乌等几个村子生活。沙当族只有786人，其中女性393人，但却有三个分支：沙当端、加勇和沙当。沙当族的语言没有文字。沙当族村寨围绕敬神用的沙拉官神堂而建，用篱笆将整个村庄围成墙，仅留一个出入村寨的大门。沙当族人穿兜裆裤和有花纹的上衣，盘发，戴臂钏，并有切断牙齿的习俗。但加勇一支却没有切断牙齿的习俗，也不盘发，但戴臂钏、项圈，挂各类珠子，包红色头巾。沙当族女子穿筒裙，盘发于脑后，挂珠子、耳坠等饰件，有切断牙齿的习俗(加勇一支除外)。沙当族曾有在村寨中的沙拉官神堂杀七头牛和一个人以祭祀神灵的陋习。

11. 亚很族

亚很族生活在占巴塞省巴宋县以及阿速坡省沙那赛县，共有人口5 152人，其中女性2 607人。亚很族的语言没有文字，用语与云族、欧族、正族和巴佬族相似。亚很族信仰鬼神。男子穿兜裆裤，女子穿筒裙，男女均盘发，包红色头巾，戴耳环、臂钏、脚镯和各类珠子。亚很族人不织布，但编制手工艺较熟练。

12. 拉威族

拉威族与打梁族本是同一民族，在历史上暹罗势力侵略老挝后，打梁族的一部迁徙到暹罗境内，而后又返回老挝，居住在色公省拉玛县拉威河流域，久而久之，这部分人就被人称为拉威族人。拉威族现有人口538人，其中女性252人。

（五）怀地族群

1. 默依族

默依族是19世纪从越南北部迁徙到老挝的，主要生活在华潘省北桑县班顿村。根据2001年所作的调查，默依族现有人口627人，其中女性294人。

2. 都姆族

都姆族分布在波里坎赛省坎格县、巴嘎定县、波里坎县和万通县。都姆族人自古是从中国云南大理顺湄公河而下，途经越南并最终迁徙到老挝的。1353—1373年间，都姆族人主要居住在占县一带，期间，多次在越南和老挝之间来回迁徙，并由四个兄弟统治这一带。兄长东加兰统治约南、沙欧一带，东楠和东赛统治蒙占一带，而四弟统治万通地区。19世纪 90年代，法国殖民统治老挝时期，都姆族的一部在陶贵的带领下从越南来到老挝占县地区，与先前的都姆族人聚居在一起，基本形成稳定格局。

四、苗瑶语族系

苗瑶语族系只包括苗瑶族群一个族群，分为苗族和瑶族两个民族。

1. 苗族

苗族在老挝语中有两个名称，一是“苗”，一个是“蒙”，苗族人不喜欢被称为“苗”，更喜欢自称“蒙”。(本书根据我国的习惯称谓，仍循旧称。)老挝苗族主要分布在从老挝北部往南到波里坎赛省一带，现有人口315 465人，其中女性157 410人，是仅次于老族和克木族的第三大民族。苗族有许多分支：白苗、花苗、黑苗。原是以衣服的颜色和花纹进行区分的，现今苗族各支系的衣着越来越丰富，并不单一穿着某一颜色的衣服，再以此来区分民族的支系恐怕很难。苗语的文字书写有两套系统，一是拉丁字母系统，二是由苗族人刘风创造的一套系统。苗族人信仰鬼神，传父姓，有李、罗、杨、托、何、王和宋等姓氏。苗族禁止同一家族内的人通婚，重要节日是新年节——金江节，于12月30日举行。苗族文化较丰富，主要乐器有：笙、二胡、笛等。

2. 瑶族

瑶族主要分布在从老挝北部至万象省地区，现有人口22 665人，其中女性11 374人。瑶族有许多支系：勉瑶、蓝靛瑶、白瑶、红瑶等。瑶族女性喜欢将眉毛拔光，视为一种女性美。瑶族支系中的勉瑶和蓝靛瑶的语言有自己的文字，属汉字体系。勉瑶和蓝靛瑶信仰鬼神和道教。瑶族男子在家庭和社会生活中起决定作用，继承遗产。瑶族民居为一层，不是干栏式结构，平时开两扇门，称为男门和女门，男门用于欢迎宾客，女门用于进入厨房，第三扇门不常开，仅在举行仪式时打开。

第二节　传统节会

本节将介绍老挝的“十二风”，即老挝的传统节会。传统节会是传统文化的重要体现形式，在老挝，佛历十二个月份里，每月都有受到重视的节日。除了归入“十二风”的每月节日外，老挝还有诸如塔銮节等重要节日。

一、一月的恕罪节

恕罪节，也称正月节、守斋节，在每年佛历一月份举行。传说有一个和尚乘船沿恒河顺流而下，船只挂住水柳并把柳枝折断，和尚不以为过，然而此后他苦苦修行了一万年也不得道，而且死后转世成了一条大蛇。因此，老挝佛教徒认为，不管多大的过错都不应该漠视，都应该忏悔，反思自己这一年犯下的过错，这便形成了恕罪节。封斋忏悔时，佛教徒找一个和尚不多的寺庙，搭一个简易的帐篷，清心持戒达六天六夜，请求高僧允许出罪方可成为纯洁无过的人。这不是一个群众性的节日，没有老挝一般节日的热闹和欢快，而对笃信佛教的老挝人来说，它关系到自身一辈子的修行，因此，不管有没有意识到自己在过去的一年中犯下什么过错，老挝的佛教徒都要入寺忏悔修行。

二、二月的丰收节

丰收节，也称聚场节，在每年佛历二月份举行。传说有两个兄弟，以种庄稼为生，弟弟勤快，在播种、插秧、收割、晒谷和入仓等各个环节都要布施，一年要布施九次，最后得道成为阿罗汉，得以侍守在佛祖身边。而哥哥懒惰，一年只布施一次，最后没能留在佛祖身边，而只是成为人类中的圣者。因此，老挝人认为施舍稻米是很大的功德，多少都会得到回报，当然诚意和行动的差别也会带来功德的不同。在节日期间，人们把稻谷堆聚到空旷的场地上，堆得越高越能显示丰收，能给农户带来来年五谷丰登的好兆头。主人须请僧侣和亲朋好友参加，由僧侣主持仪式，诵经祈福，亲朋好友围坐于谷堆旁边，举行拴线祝福仪式。仪式结束后，要把受过法事的圣水洒到田地间和耕牛身上，以感谢它们带来了丰收和幸福，把做过法事的稻谷捐献给佛寺，以祈求获得更多的福分。

三、三月的烤糕节和万佛节

烤糕节在每年佛历三月份举行。传说佛教徒本娜塔西烤了糯米糕供奉佛祖，心里却担心佛祖把糯米糕扔给狗吃，让自己白费心机。佛祖知道了本娜塔西的心思，为消除她对佛的疑虑，便派了阿难陀到本娜塔西面前把烤糕吃完。本娜塔西深受感动，潜心修行，终于修成圣者。老挝人以糯米为主食，烤糯米糕供献给佛祖能得到如此功德，自然深受佛教徒欢迎。虽然烤糕做法非常简单，只要把煮熟的糯米捏成团，撒上盐，涂上鸡蛋液，烤好后再注入糖水，烤糕就完成了，但是烤糕献佛的活动却并不简单，须请僧人主持仪式，并请亲朋好友参加以制造热烈的气氛。仪式结束后，才能把烤糕布施给寺庙。僧人们一般还会用一天的时间给主人家和亲朋好友们讲经，人们也把听经当作给自己积功德的机会。

对佛教徒来说，佛历三月十五日（公历2月10日至12日之间）是一个属于他们的神圣节日——三月纪念节，也称“万佛节”或“三月望日僧伽会”。之所以神圣，传说是因为释迦牟尼的1 250个弟子于这一天不约而同地来到他身边，而这也成为释迦牟尼生前与其弟子的最后一次聚会。佛祖释迦牟尼于这一天向众弟子们提出了三条训言：一是不做坏事，二是只做好事，三是保持净心。因而这个节日是佛教徒们净心修佛的大节日，但万佛节与老百姓的烤糕节是紧密联系在一起的，如百姓向寺庙献糕、听经、受佛的洗礼时，两个节日就重合到一起了。

四、四月的吠陀节

吠陀节，也称听经节，在每年佛历四月份举行，可持续到六月份。节会期间，僧侣讲述佛祖的身世经历，主要解说《吠陀经》和《本生经》。据《马来门马来盛》一书记载，佛祖教导人们要善待父母，尊敬僧人，专心在一天之内听完《吠陀经》或《本生经》，才能与佛祖同在。听经日子来临前三天，各村寺庙都要彻底打扫卫生，搭建诵经台，准备好迎接高僧前来诵经。佛教徒和村民们则要给前来诵经的和尚准备好吃住。节日第一天，并不举行诵经听经活动，而是首先要举行经书游行，以迎接经书进村进寺，并护佑听经节过程一切顺利。第二天早上，寺庙和村民要举行盛大的欢迎仪式，迎接来自其他寺庙的僧侣。到晚上才开始举行佛教仪式，有礼佛、接受洗礼、降福等，还会举行传统的文娱活动。第三天早上4点开始举行诵经听经活动，一直持续到晚上才结束，接着人们还会载歌载舞，尽情放松。第四天，人们向僧侣们施斋，举行拴线祝福仪式，并准备宴席答谢欢送僧侣。

五、五月的泼水节

泼水节，也称新年节、宋干节，在每年佛历五月十三日至十五日举行。泼水节是最具有佛教特色的节日，泼水节的来历有两个说法，一是认为五月份天气开始转热，人容易生病，过年时泼水可消暑去病。第二个说法则是来源于一个婆罗门教传说：梵天神迦宾拉蓬与坦玛班顾曼转世变成的青年男子斗智，迦宾拉蓬输了后遵照诺言砍下了自己的脑袋。迦宾拉蓬的七个女儿把父亲的首级供奉在山洞中，每逢年末将其取出，用水泼洒清洗并祈愿父亲在天之灵能够享受一丝凉爽。久而久之，人们觉得这是一项很好的仪式，每到年末辞旧迎新之日，便用花儿浸泡的香水相互泼洒，寄意洗涤污浊晦气，祈愿健康福达。

新的一年，人们总想能摆脱过去一年的晦气，换来全新的前景。于是，水是新年的主题。十三日是每年的最后一天，老挝全国上下，从国家机关办公场所，到寺庙、学校以及每家每户都要大搞卫生，并准备好香烛、浴佛的香水。下午3点，僧人敲锣打鼓以为传号，让人们集中到寺庙中等候拜佛、听经、浴佛。浴佛是这一天最主要的活动，寺院会搭建一个平台，将佛像恭恭敬敬地请到台上，人们用钵、杯子等把准备好的用花儿浸泡过的香水慢慢倒洒在佛像身上，在此过程中禁忌用手触摸佛像。在浴佛的同时，老挝人还会用香水给和尚及德高望重的长者泼水，如家中有象牙等神圣物件，也要请出来洗浴，态度要庄重和虔诚。人们相互之间也要泼水祝福，用接受过和尚诵经的水泼洒对方被认为是一种护佑。正式而文雅的泼洒方式是用指尖蘸水，轻轻地洒在对方衣领、手臂等部位，但兴致上来时则没有太多的顾忌，大街上开着车向行人泼水，水枪、水管、盆、桶等通通能派上用场，不管行人是西装革履还是裙裾飘飘，都照泼不误，泼水的场景蔚为壮观，让人在狼狈不堪中体会泼水节文化的独特魅力。

十四日称为“空日”，是介于除夕和新年之间的日子，一般每年有一天，但隔几年会有两天的空日。这一天人们都会停下手头的工作，或休息或探亲访友。下午4点，寺庙的和尚会敲锣打鼓，告诉大家去采摘野花来献佛。吃完晚饭，和尚仍会敲锣打鼓告诉人们集中到寺庙举行听经仪式，之后举行各种娱乐活动。

十五日是新年第一天，人们一早聚集到寺庙中斋僧礼佛，互相拴线祝福。各家各户也会自行组织拴线祝福仪式，以把新年祥瑞之气引入家中。此外，十五日这一天还会举行堆沙塔和放生等活动，这是佛教积德行善的教化内容，与婆罗门教的泼水活动有机地融合在一起，共同构筑丰富多彩的新年文化。十五日下午是集中放生的时间，人们希望通过放生，给动物一个脱离痛苦、囚禁和死亡的机会，给予它们自由。堆沙塔一般是在寺庙中斋僧礼佛完成后于下午1点至2点间进行，人们把沙子堆成塔的形状。4点左右，人们把花儿装饰在沙塔四周。到晚上，人们手捧鲜花围着沙塔举行祈愿求福仪式，很晚才各自散去。

六、六月的高升节

高升节，也称火箭节，在每年佛历六月份举行。高升节源自于婆罗门教的求雨风俗。火箭节的来历存在着两种说法：一是传说有一个名为瓦沙塔拉那铁帕布的雨神，掌管人间刮风下雨等大权，如人类做事讨得了他的欢心，他就满足人们的愿望，按农时下雨；如违了他的心意，他便多年不下一滴雨。瓦沙塔拉那铁帕布喜欢人们给他供奉火，人们只有以火祭拜，他才会降雨。火箭节便是人们向其供奉的方式。第二种说法是：在人类主宰生灵之前，雨神因嫉恨蟾蜍王的声望而多年不给人间降雨，造成生灵涂炭。在蟾蜍王的领导下，动物最终战胜了雨神。雨神不得不同意每年按时节要求降雨，但需要放射火箭作为信号。等到人类成为万物的主宰，也继承了这个节日和仪式。放火箭之前，人们会举行火箭游行等活动，游行过程中人们常常载歌载舞，有的穿着奇装异服，有的化装成小丑的模样，以吸引众人的目光，整个现场气氛非常热闹。

佛祖的生日、悟道日和涅槃日都在六月十五日，佛教徒们把这几个节日合在一起纪念，称为“吠舍佉节”(也称维沙迦节、卫塞节)。因此，这个月份对佛教徒来说非常重要，把火箭高升作为与佛祖沟通的方式也乐于为佛教徒们接受。因此，很多人认可高升节也是一个佛教的节日，在放完火箭的晚上，人们还要聚集到一起，拜佛、听经、参加拴线祝福仪式。第二日早晨，人们还会到寺庙中虔心斋僧拜佛。

七、七月的清洗节

清洗节，也称驱邪节，在每年佛历七月份举行。佛教认为人的身体总会沾染一些污浊之物，轻者如灰尘，重者如各种瘟疫和邪气，而心灵方面的污垢更为严重，如贪欲、仇恨、忌妒等都不利于人的修行，都必须得到清除，给人们还原一个清净的身心。另外，传说先时天下旱情和洪涝接连不断，瘟疫横行，生灵涂炭，阿难陀把佛祖救世的圣水遍洒天下，才消灭了瘟疫，百姓得以脱离苦海。为感谢佛祖的大恩大德，洗去身体和心灵的污垢，人们每年七月举行清洗节仪式。节日当天，家家搭高台，准备鲜花、烛火以及拴线祈福用的物品，请高僧给主人家消灾去邪。

八、八月的入夏节

入夏节，每年佛历八月十五日到十一月十五日，为期三个月，是和尚闭门修行的时期。如果是闰八月，和尚则从九月一日开始入夏节的念经修行活动。传说在佛祖规定入夏节闭门修行之前，和尚终年须出外化缘、讲经、举行佛事活动，不论是雨季还是旱季均不得闲。但是，雨季时出行往往会踩踏庄稼，破坏田地，给老百姓生产生活造成影响，遭到了村民的不满甚至憎恨、谩骂。佛祖知悉后感慨百姓的艰难，遂规定在入夏节的三个月里，僧人须遵照佛祖的指示，只能在寺庙中修行，不得出行。只有发生亲人离世、寺庙被焚等非常事件才可在征得同意的情况下离开，而即便离开寺庙也必须在七日之内回来。由于僧人不得出外化缘，佛教徒就只能到寺庙中布施，同时，看到僧人为了民众的利益而守戒，人们也自愿约束自己的行为，尽己所能给修行的和尚提供生活方面的便利。在入夏节的前两天，百姓就会准备好各种食品、衣物、香烛等，到八月十五日一早，就送到寺庙中敬献给僧人。这天早上将会举行各种佛教仪式，包括斋僧、接受洗礼、听经等。下午，僧人们自己要召开僧侣大会。晚间，人们又聚集到一起，举行秉烛游行等佛事活动。

为表示对佛教徒在入夏节期间清心修行的尊重，普通人在入夏节的三个月内不得结婚。

九、九月的祭鬼节

祭鬼节，也称祭奠节，每年佛历九月二十九日至三十日举行。据佛教《法句经》记述，印度摩揭陀国王频毗娑罗的亲戚吃了僧人的食物，死后入了地狱。以后每当国王供奉佛祖，这些鬼魂就在夜间哄闹滋事，并抢食供奉给佛祖的祭品。于是，国王便在每次祭拜佛祖的同时，也给这些鬼魂准备一些祭品。从此，佛教徒们形成了一项传统，每次祭拜佛祖时也要顺带着祭鬼，包括亲戚的鬼魂以及那些无家可归的孤魂野鬼。另外一种佛教传说讲到，每年九月的最后一天，阎王爷把鬼魂们从地狱中释放出来，他们会在夜里三四点到自家附近找东西吃。因此，人们会在这个时间用荷叶包好饭菜祭祀鬼魂，按照传统祭品要拴在树枝上，以让鬼魂容易看到并取食，但现在人们简化了这一传统，通常将祭品放于自家周围，或田间地头，或寺庙周围，祈祷鬼魂安息，祈望家人平安。实际上人们在祭鬼节时通常准备好三份食物，除了祭祀佛祖和鬼魂外，还要给寺庙的僧人一份，于下午到寺庙中施舍给僧人，并接受听经洗礼。到了祭鬼节，老挝各地会举办各种不同的庆祝活动，包括漂水灯、赛龙舟、敲鼓等。

需要指出的是，少数偏远地区在一月份举行祭鬼节，祭奠祖先的亡灵。人们在巫婆家附近的空地上搭建长长的帐篷，尽一切可能置办酒肉、水果等，节庆过程中各类民间乐器齐登场，期望在热烈的氛围中迎来祖先的魂灵，这些魂灵将附在女巫的身上，日后保佑村民身体安康、无灾无难。节庆会持续三天三夜，到第三天早上，人们纷纷前往寺庙斋僧，举行拴线受福仪式，而后会将沙土撒遍各个角落，意为驱逐邪气保平安。

十、十月的祭祖节

祭祖节，也叫抽签节，每年佛历十月十四日至十五日举行，主要是祭祀佛祖。据佛教《法句经》记述，从前有一正妻与小妾互不相容，通过生死轮回没完没了地相互杀害，在佛祖的劝导下，一人被安排守护良田，成为土地鬼。人们在感谢土地鬼的同时也对佛祖心存感激，于是把十月作为专门祭祀佛祖的节日。每到十月十四日，各家各户以及寺院打扫房屋，迎接节日的来临。特别是农民更为重视这个节日，毕竟它关系着这一年能否风调雨顺，五谷丰登。

祭祖节之所以也叫抽签节，是因为有这样的活动：人们将准备好的食品、香烟等祭品放在一个大托盘里，写上自己的名字，如果哪个和尚抽到了自己家的签，他们就把这些供品直接献给那位僧人，以给死去的父母、亲人积蓄功德。这个节日除了斋僧外，还有漂水灯、敲鼓以及各种比赛活动。

十一、十一月的出夏节

出夏节，每年佛历十一月十五日举行。自八月份入夏以来，僧人已有三个月不得出行。为使僧人们能够交流佛法，沟通心得，进行批评和自我批评，同时也有机会探望家人以及化缘等，自十一月十六日起解除雨季禁行令，允许僧人出行，可在其他寺庙住宿。为庆祝出夏节，十四日至十六日间各地还举行漂水灯、赛龙舟等活动，深受广大群众喜爱，每年老挝国家电视台会全程播放在万象湄公河举行的龙舟大赛，场面十分热闹。

十二、十二月的献僧衣节

献僧衣节，每年佛历十一月十六日到十二月十五日期间举行，为期一个月，主要向僧侣敬献做袈裟用的黄布。据《法句经》记载，有30名左右的僧侣前往拜见佛祖，途中正值入夏节，僧人们只能在当地守夏，直到入夏节结束才匆忙赶路，一路经受风吹雨打，历尽艰辛，最终到达了佛祖所在的地方。佛祖为其虔诚感动，赠予黄布做衣服。自此，雨季后给僧人敬献黄衣成了老挝佛教社会的又一项传统。仪式一般在献衣主人家里举办，主人会准备好七条衣（和尚的上衣）、五条衣（和尚的内衣）、大衣及和尚的八事随身，包括床、褥子、席子、蚊帐、伞、鞋、炊具、针线、饭篓等物品。献衣仪式结束后，主人家还会举行丰富多彩的娱乐活动。如果是"团结式献僧衣"仪式，则集中到一个寺庙中筹备，众人联欢后再将僧衣分散敬献到其他寺庙，路上还要举行浩浩荡荡的僧衣游行仪式，一路上欢歌笑语。到了要献僧衣的寺庙，那里的僧人和村民立即举行佛教仪式，如拜佛接受洗礼、敬献僧衣以及听经等。晚间还要款待远方来客，举行文娱晚会等。第二天，众人还要到寺庙中给当地和外来的僧人布施。只有经过三个月闭门修行的僧人才能接受"善果"，即僧衣，且可持续接受至十二月十五日。

与献僧衣节相联系的还有一个节，称为"献野衣节"，但不属于"十二风"中所说的节日，没有限定的时间段。据素怛缆藏记载，先前佛祖不同意僧人们接受村民敬献僧衣，但同意僧人去墓地捡拾寿衣，经过清洗后做成僧衣。佛教信徒们便把衣服和布匹丢放在坟地中，通过这种方式献给僧人。

十三、塔銮节

塔銮节不在"十二风"中，但其重要性不亚于任何一个节日。相传塔銮是存放佛祖骶骨的地方，历来受到佛教徒的膜拜。塔銮始建于公元3世纪的阿索卡·马哈腊国王时期，16世纪60年代赛塔提腊王时期得到进一步修缮，基本形成如今塔銮的规模。虽一度遭受侵略浩劫，塔銮总能得到重建，成为老挝民族屹立不倒的精神象征。

塔銮节从每年佛历十二月十三日开始，为时四天。第一天万象市市民们聚集到一起，举行声势浩大的游行活动，将制作的宫殿模型运送到西孟寺供奉，晚间举行晚会庆祝活动。第二天，市民们在各自村中寺院集中，将宫殿模型恭送至塔銮寺。第三天早晨，佛教徒和市民们集中到塔銮寺回廊，举行佛事活动，下午举行各类体育活动，晚上举行秉烛绕塔求福仪式、燃放烟花以及文艺晚会等活动。第四天早上七点，昂德寺和音邦寺会互送宫殿模型，晚上举行佛事活动和文艺活动。

作为老挝佛教的标志，塔銮是老挝人心目中最神圣的地方，一年一度的塔銮节也就成为佛教徒们心驰神往的圣地。老挝国家领导人每年都要参加塔銮节胜会。老挝政府把塔銮视为佛教兴盛、民族团结的重要因素，在塔銮的政治地位、佛教地位乃至塔銮的修缮方面都加以大力扶持，特别在塔銮节期间，老挝政府把传统节日习俗文化与经济建设有机地结合在一起，在继承和发扬传统文化的同时，举办国际商品展览会，极大地提高了塔銮节的知名度和影响力。

第三节 风俗习惯

如第二节所述，老挝的风俗习惯除了有“十二风”传统节日外，还有“十四俗”，以及生老病死、婚丧嫁娶、生产生活等有关生活方式的十九个方面的习俗。

一、十四俗

（一）针对平民的十四条行为规约

第一条：当稻谷丰收、果实成熟时，不可急于自己先取食，须先献给德高望重者以给自己积功德，而后才能自己享用。这一条要求如今已变宽松。

第二条：不可欺诈，不可制造使用假币，不可粗言秽语。

第三条：众人齐心协力给寺庙和自家房屋建筑围墙或篱笆，在房屋四周建造祭神台。

第四条：进屋前先洗脚。

第五条：每月7、8、14、15日，祭拜房柱、灶炉女神、梯子女神、门神以谢恩典。

第六条：每日睡前，须先给丈夫洗脚（现今多不遵行）。

第七条：每到斋日，要为自己的丈夫、父母长辈敬献鲜花、香烛等；每到布萨日（佛教仪式节日），要为和尚敬献鲜花香烛。

第八条：每月望日和最后一天作为斋日，要请和尚到家中念经做法，保佑家人平安。

第九条：和尚来化缘时，不可让和尚过久等候，布施时不可触碰和尚的身体或钵体，布施时不可穿鞋、打伞、用布遮盖头部、抱小孩及手执武器等。

第十条：和尚因犯错而受“别住”处罚（罚其独处，反思悔过）结束后，要为和尚献上鲜花、香烛以及八事随身（和尚日常用品）。

第十一条：和尚经过时，要坐下，行举手合十礼，方可交谈。

第十二条：不可踩踏有德的和尚的身影。

第十三条：不可将吃剩的饭菜献给和尚，也不可留给丈夫吃。

第十四条：不可在斋日、入夏节、出夏节以及新年时发生性行为。

可看出，“十四俗”具有浓厚的佛教性质，以风俗的形式制约人们的行为，虽不具有法律强制性，但却深入人心，这也体现了僧人在社会生活中享有极高的地位，同时也反映出浓厚的夫权意识。随着社会的发展，男女平等意识已渐为大众所接受，女性完全从属于男性的风俗已被废除，“十四俗”的部分内容在现实生活中也不再存在，但“十四俗”作为一个完整的概念却还是得到了保留和继承。

（二）针对王族的十四条行为规约

第一条：为王者，欲委他人以重任，必先考察其人品、能力，不可听信甜言，不可迷于媚语。该听则听，不该听则不听。封受官爵者必胸怀坦荡，廉洁奉公，不欺压百姓。

第二条：为王者，必使下属团结同心，不可尔虞我诈。须以自身之智慧、德行树立威信，使属下敬畏，使百姓安居乐业。

第三条：为王者，每到新年时，须请玉佛、勃拉邦佛及其他佛像沐浴更新，以鲜花香烛供奉，听经守斋满七天七夜。各寺庙须充满热烈欢乐的气氛，体现对佛教的热情，堆沙塔，供奉水陆天诸神，方可风调雨顺、五谷丰登。

第四条：为王者，每到新年时，须请僧侣将南方之水恭迎至北方，请南北的和尚相互往来交流，请主神遍访各地，护佑百姓，国家方可强盛。让百姓给和尚洒泼香水，以求安居乐业。

第五条：为王者，每到新年时，须召集众臣、乡绅等向帝师和皇帝请安，须恭请高僧举行浴佛仪式。

第六条：为王者，每到新年时，须召集各级官僚在佛祖、法王和僧王面前宣誓效忠国家。

第七条：为王者，每年七月起，要好生供养城王守护神，以免遭受鬼魅的骚扰。

第八条：为王者，每年八月起，要组织和尚念经三天，祭拜八方神灵和龙王宗亲。而后要绕全城念经，鸣放礼炮、遍撒沙粒以驱除邪气。

第九条：为王者，每到九月末，须得提醒民众举行祭鬼仪式，以祭奠逝去的先祖和亲人。命各级官吏组织祭拜守护一方平安的龙王十五族宗亲，方可国泰民安、五谷丰登。

第十条：为王者，自十月望日起，须得提醒民众祭拜各路神仙和祖先，过祭祖节。

第十一条：为王者，每到十一月望日，须得给完成闭门修行达三个月的和尚提供自恣（和尚进行自我忏悔并善意批评他人）的场所，并在场所树立界碑，自恣活动结束后要拔掉这块界碑，国家才可兴旺发达，各级官吏方能团结一心、勤于政务。晚上，还要提醒民众去漂水灯，祭拜龙王十五族宗亲，方可保国泰民安。

第十二条：为王者，每到十二月一日，要召集达官贵人欢聚首都琅勃拉邦，陪同皇帝观看赛龙舟和参拜西坦玛索加腊寺，僧侣和民众也会自发加入到浩浩荡荡的游行大军中，以壮皇威。（这一条显然已经过时，但从中可看出“十四俗”是发端于古代王国时期的，仍可感受到其曾经的辉煌。）

第十三条：为王者，要仁心博爱，遵行五戒、八戒，有四无量心，即：慈、悲、喜、舍，以仁义泽及官吏下属，不可行为恶劣，如：猎杀生灵、沉迷女色、乱伦败德等。

第十四条：为王者，须得以广阔的仁德将十四项无上的财富集于一身，即：国之耳（指聪明过人的遣外使节）、国之眼（指学富五车的文人）、国之核（指智慧超众的高僧）、国之门（指各种武器）、国之根（指可预知祸福的星相家）、国之茎（指经验丰富的前辈、老者）、国之梁（诚实的国民）、国之墙（指战无不胜的勇士）、国之界（指理国安邦的大臣）、国之檀（指仁德之王）、国之觉（指有良心的大商巨贾）、国之心（指医术高明的大夫）、国之宝（指领地和良民）以及国之云（指腾云驾雾救百姓于水火的神仙）。

现如今，老挝已废除君主制，针对王族的“十四俗”似已无存在的根基，但作为一个老挝文化的整体，它仍然具有顽强的生命力，其俗规似可自然转移到对当今政府的期待上，因为其中的弘扬佛教文化、体恤下属和民情等思想与当代的政府管理理念是相通的。

二、生活习俗

（一）拴线祝福习俗

拴线祝福习俗可谓是家喻户晓，深入人心，举办这一仪式的原因多种多样，可以说但凡有一项生活的变化均可进行拴线祝福，如：升迁、贵客临门、辞旧迎新、出国或远行、参军入伍、乔迁新居、儿女满月、生日、新婚大喜、病愈出院时，等等。仪式的主要目的是祝贺与祝福，也可为那些遭遇磨难的人进行招魂。

举行仪式时须置办一个大的拴线祝福席。祝福席多为竹子所编，可放在桌上，或放在铺了地毯的地面上。祝福席里的摆设主要包括：“玛兵”（常把芭蕉树砍下一段，插上花和香等东西，有时把钱币一张张叠成一定形状，缠绕其上制作而成），置于祝福席正中，人们常把棉线的一头系在“玛兵”上，另一头向外连接周围的人，意将福运传至每个人身上；鲜花、两只煮熟的鸡、两个煮鸡蛋、米饭、点心、饭篓、芒果、水、白酒以及用于拴在手上的棉线等。仪式上，祈祷师念祝福词或招魂词，人们把“玛兵”上系着的棉线另一端相互连到周围的人手里，坐在后面的人可将手轻轻放在前排的人的肩上（一般为同性之间，如前后两排为异性，则女性的手可主动放在男性的肩上，但男性不可主动将手放在女性肩上），共同接受祝福。念词结束后，祈祷师首先给仪式的主角拴线，然后按身份地位的高低或按辈份顺次给在座的人拴线。在座的人每人都要给主角拴线，往往在棉线上系上一定数目的钱，以表达心意。人们相互之间也要给对方拴线，拴线时最好把祝福的话说出来。拴线仪式的举办也有时间上的考究，一般是早上10点至12点，不可超过12点。如果是下午举行，则是4点开始。

（二）乔迁新居习俗

乔迁新居前，要先找准良辰吉日，筹备好吃喝，约好祈祷师，再给亲戚朋友传话。到迁新居当天，主人在新房楼梯旁准备好一个大缸，盛满水以给客人上楼洗脚时用。然后分成两组，一组是两位老人，坐在楼梯正中央迎候，另一组有十几人（人数越多越好）肩挑背扛吃穿等日常用品，甚至抱着小猫小狗浩浩荡荡从远方而来。接近新房时，领头的便戴上一个大帽，背上一个挎包，挎包里装有金银、手镯、佛像、护身辟邪物件以及钉子、锤子、凿刀等。队伍并不急于上楼，而是先绕房子转圈，并逐一回答老者的各种问题。待这一环节过后，领头的第一个上楼，用楼梯旁的水洗好脚才进屋，其余人马随后鱼贯而入。领头的拿出锤子和钉子，走到屋内的镇魂柱旁，选好一个地方钉好钉子，把挎包挂在钉子上，随即在主人铺好的床上躺下，用被子把头和脚蒙住，打呼噜假装睡觉。众人学鸡打鸣将其唤醒。主人便拿出祝福席，邀请亲戚好友进行拴线祝福仪式，而后招待大伙吃喝、唱歌、跳舞，尽情联欢。

（三）坐月子习俗

老挝人一般把出生、出家、婚姻和丧葬四个方面的文化生活视为最贴近生活、最能体现老挝基本文化内涵的部分。

一直以来，由于医疗条件有限，老挝新生儿存活率很低。如何保障新生儿和产妇的生命安全成了老挝社会非常重视的问题。自从妇女怀孕时起，孕妇就会得到非常细心的照顾，不再从事重体力劳动。妇女生产后，若是头胎要坐30天的月子，二胎、三胎可适当减少坐月子的时间，分别减少到25天和20天左右。不管天气多热，在产妇和新生儿的周围都要有火炭天天烘烤，饮用水和洗澡水也必须是温热的。坐月子时最能体现老挝文化特点的要属坐月子的仪式，在坐月子开始和结束时都有专门的仪式：新生儿出生后，家人要请僧人或祈祷师主持驱邪仪式，驱除威胁母婴生命安全的各路鬼魅；月子结束时，要给母婴举行拴线仪式，宣告母婴的健康和顺利。产妇坐月子期间，也有很多禁忌，如不得在产妇房间内吵架滋事，不得饮用产妇的饮用水，不得使用给母婴烘烧的炭火点烟等。在坐月子期间，如果产妇产生怕鬼心理，则需要大家彻夜轮流守护，这不仅反映出婆罗门教和佛教对老挝民族的深远影响，也反映了老挝社会对自然神秘力量的敬畏心理。

（四）婚礼习俗

老挝人把结婚视为一个人真正成熟，有能力走进社会独立生活的标志，结婚是人生的第三个重要阶段，排在出生、出家之后，因此老挝人非常重视结婚仪式，形式和程序比其他习俗更为复杂和烦琐。婚礼一般要办两天两夜，第一天是“热身礼”，先把各项准备工作做好，并答谢亲朋好友，晚上彻夜狂欢。第二天才是真正的婚礼，婚礼当天男女双方须先在自家举行拴线祝福仪式，如果是早晨举行仪式，忌讳超过中午12点，如果是下午举行仪式，则不能超过5点，特别忌讳太阳落山后举行。

婚礼一个重要的仪式是迎亲，老挝语称之为“女婿游行”。迎亲队伍在拴线仪式结束后即出发前往新娘家，新郎按传统风格打扮，穿兜裆裤，佩宝剑，手拿甘蔗和鲜花（象征保卫爱情和创造甜蜜美好的新生活），走在队伍的最前面。为体现男方家的诚意和身份，迎亲队伍会制造隆重热烈的场面和气氛，一路敲锣打鼓，鸣放鞭炮，载歌载舞。迎亲队伍到新娘家门前时，不能马上进家门，而是要派老者先“叫门”，以表达男方对女方的真心。进门后，证婚人先宣读允许结婚的正式文件，出示结婚证书，然后便举行拴线祝福仪式和感恩仪式。感恩仪式是婚礼上的一项重要程序，过程也非常复杂，新郎新娘要感谢双方父母养育之恩，双方家长要宣讲老挝的“十二风”、“十四俗”，强调夫妻互敬之德，提醒双方尊敬老人。各项仪式结束后，主人便盛请来宾愉快用餐。在宾客用餐过程中，新郎新娘会敬酒答谢，同时有乐队演出，主持人会根据来宾的地位，邀请他们上台跳老挝的传统舞蹈——喃旺舞，整个婚礼洋溢着温馨甜蜜的气氛。老挝的婚礼不仅仅是一个仪式，它使人深切感受到老挝最纯朴、最传统的文化底蕴。

（五）丧葬习俗

老挝人的葬礼颇为繁杂，包括洗礼、守灵、出殡和安葬四个重要的部分。

人死后，亲人先要给死者擦洗更衣，并在口中放入金子，让死者干干净净地走向另一个世界的同时，期望其能享受荣华富贵。如果死者是佛教徒，则要把死者的双手合到一起，拇指系到一起，状如礼佛，但在放入棺材之前，则要解开双手，与身体自然平放。

老挝的守灵有两个阶段，一个阶段是安葬前，死者尚存放在家中，亲人和朋友前来悼唁；第二个阶段是安葬后还须守灵一段时间。各阶段的守灵时间没有严格限制。守灵期间，除了最近的亲人外，不必通知也不邀请一般的亲戚朋友，但知情的亲人都会主动前去悼唁。老挝人认为在守灵阶段，人们相互帮助，没有私心杂念，是自己对过去所犯错误进行赎罪的机会，因此，村里人会自觉前去死者家帮忙烧水做饭、跑腿传话或陪伴家属一起守灵，同时会尽自己的能力，给死者家送去大米、钱或其他物品。死者家属每天晚上会备好简单饭菜，让陪伴守灵的人食用。但一些地区的人认为吃葬礼上的食物是一种禁忌，甚至是罪过，并不食用。

老挝社会认为人的一生如有三次大的送行或称亲友游行才是完美的，第一次送行称为“那迦游行”，即送男子出家为僧；第二次送行是迎亲；第三次就是“出殡游行”。老挝人不会把葬礼安排得太过悲伤，而是尽量在祥和甚至是欢乐的气氛中给死者送行，因按佛教的说法，人死后是去往西方极乐世界的，而不是毁灭。一些大户人家的出殡队伍非常讲究，和尚走在最前面，家属陪同棺木跟在后面，远近亲人则紧跟其后，村里人和穿着白衣的尼姑[①]走在队伍的后面。老挝语把坟地称为“巴沙”，直译为“慢山、慢林”，顾名思义是希望人健康长寿，从而往林地、坟地送行的时间来得慢些。在出殡过程中忌讳快步或跑步前进，因为这是死者与家属阴阳两隔的最后相处时间，希望到达坟地的时间越慢越好，以寄托最后的哀思。人们在出行途中遇到出殡队伍也被认为是一种吉兆，而非晦气。

安葬一般有两种形式，一般推行火葬，第二种为土葬。老挝人认为正常死亡者才可以升天堂，火葬是升天堂的简捷途径；而非正常死亡则要下地狱，土葬能很直观地与地狱联想到一起。但一些少数民族安葬的形式遵循传统风俗，如苗族人死后都是进行土葬。火葬一般在寺庙里举行，没有条件的也可在野地里举行。在火葬前，和尚会举行法事，为死者的灵魂进行超度。火葬时不是全封闭的，有一个开放的焚烧台，在棺木下面放上柴禾，浇上汽油和香料。点火后，焚烧台上的某个机关会把烧出的彩烟旋转着喷向天空，给人一种死者的灵魂已升上天堂的感觉。这时，家属还会向四周丢撒钱币，捡到的人被认为是幸运和有福气的。

（六）驱邪习俗

驱邪仪式来源于婆罗门教，老挝人通过驱除邪气给自己和家人带来运气。老挝人认为人的一生很难避免撞邪，撞邪有多种表现，如生病、车祸、夫妻不和、诸事不顺等等，也有的邪气会以前兆的

① 在葬礼上出家也被视为吉利和积德的象征，因此一些临时出家的女子会主动加入到出殡的队伍当中来。一般火葬结束后，和尚便可举行法事，给这些短时间出家的女子还俗。

方式提醒你，如做怪梦、飞鸟掉落眼前、野鹿挡道等。有的卜卦大师（老挝语称为“婆罗门大师”）会直言相告某人将有恶运，要求当事人必须破财消灾。当事人往往就必须请卜卦大师或和尚举行驱邪仪式。

驱邪须由卜卦大师或和尚选定时日，当事人则须准备好各种供品和驱邪用具，如：请神酬金（或称驱邪费）、香烛、大米（染成白、黑、红、黄等颜色）、鲜花、酸汤、甜汤、香蕉、甘蔗、烤鱼、小旗子等，将这些物件装进一个有九个小匣子的小箱子（可简单用芭蕉茎叶包装制作而成），然后就可以开始念咒或念经以驱邪。

（七）出家习俗

出家是针对老挝男子而言的，老挝男子一生中至少要出家一次，接受佛祖的教诲，才会被社会认可为成熟、可信任的人。男子出家的时间不限，少则几天，长则可终身为僧。按照出家时间的长短，受封的和尚等级也不一样。出家十年以上可称为“沙弥”，二十年以上称为“比丘”。许多女子出嫁时，要看男方出家时间的长短，出家时间长，品德的可信度相对会高些。女子也可出家当尼姑，穿着白衣，但在老挝不是普遍现象，多为临时出家。

在古代，除了接受品德修养的修炼外，寺庙里也传授与时代相符合的文化知识，在文化教育非常落后的老挝，寺庙教育是难得的受教育途径，出家时间长短也在一定意义上证明学历教育的高低。这就使得和尚相当于知识分子，受到社会的尊敬。现今，社会承担了更多的教育责任和义务，寺庙对人们出家也提出了更高的要求，即出家为僧必须有一定的文化。正式出家为僧时，要带上袈裟、和尚的“八事随身”到寺庙，并广为通知亲人朋友前来参加“统一行圣礼”仪式，在寺庙方丈或住持的主持下完成由俗人到和尚的转变。在为僧一定时间后，可以随时还俗，并且依据为僧时间长短，还俗后还会封予一定的封号，如沙弥还俗称为“香”，比丘还俗后封为“提”、“1~3级和尚”等。和尚还俗后将会受到社会极大的尊重，认为他们学识渊博、仁爱善良。

除了入寺为僧时的“统一行圣礼”仪式，寺院生活中还有一个仪式十分重要，即“浴僧”仪式。这个习俗源于婆罗门教，于每年雨季和旱季之交（相当于公历的4至6月份）进行。浴僧仪式由出家僧人的家人组织操办，事先要通知亲人朋友前来，准备好布施给和尚的东西。浴僧礼由四位老者穿着白衣，扮成婆罗门，每人手里拿个大勺将纯净的圣水浇到和尚身上，祝愿修行的和尚净心、无邪。仪式期间，会邀请德高望重的和尚前来念经并给接受沐浴的和尚拴线祝福。

（八）赛龙舟和漂水灯习俗

赛龙舟和漂水灯是老挝的一个体育运动传统风俗，由于各地地势不同，河流季节水量差别较大，因而全国举办龙舟比赛的时间也不一样，从佛历九月到十二月不等。首都万象在每年佛历十一月十六日举行，而琅勃拉邦、万象、沙湾拿吉、甘蒙等省在佛历十一月中旬至十二月中旬举行。赛龙舟已成为老挝社会一个重大的体育赛事，但并非单纯的体育竞赛，而是融入了民歌民乐等娱乐元素，使体育赛事更富有生机和活力。除了划龙舟的竞速比赛，龙舟选美也是一项重要内容。

漂水灯在老挝发达地区，如首都万象市常在佛历十一月望日（相当于公历10月中旬）举行，部分地区则在祭祖节时同时举行。传说佛祖到龙宫访问，得到了众龙的热情接待。离别前，龙要求佛祖在大海边留下了足印，以便日后敬拜。人们为了能够参拜佛的足印，每到入夏节或出夏节时便漂水灯，希望水灯能带着自己的崇敬之心，顺水而下，流到传说中留下佛的足印的大海边。水灯一般用芭蕉叶做成船状，里面放上鲜花、香烛、点心和煮熟的糯米等。

（九）沐浴感恩习俗

为感谢对自己有恩的人，如生身父母、亲戚朋友、受人爱戴的父母官、年长者等，人们往往要通过给他们泼水或沐浴的方式表达心意。主要有两种方式，一是准备好一个大桶或大缸，让恩人直接在里面洗浴；二是如新年节泼水时一样，只把鲜花圣水轻轻地洒在恩人的身上。

（十）洗浴佛像习俗

洗浴佛像的习俗一般在每年佛历五月至六月举行。除了寺庙中的佛像，还包括破败的旧庙中的佛像、山洞中的佛像等等，但凡能找到的都要请出来洗浴。在确定浴佛的日期后，要提前向亲戚朋友发出请帖，准备好浴佛用的圣水、香烛、鲜花、供品，并准备好宴席以答谢宾朋。浴佛当天，人们跟随和尚于中午11点前赶到浴佛地点，开始举行仪式：拜佛、祭祀、念经、放射火箭等，然后才将佛像请下来，用泡了鲜花的圣水给佛像洗浴，洗浴完毕后再送回原处。

（十一）忏悔习俗

忏悔和谢罪的对象主要是父母、师长、和尚、老人、前辈等，一般分为四种情况：一是新年时忏悔，为一年来有意无意间犯下的过错请求父母、老者的宽恕；二是结婚成家时忏悔，向父母和家族的老者请求宽恕自己成年以来的言语冒犯和不敬；三是儿媳或入赘的女婿忏悔，向家中长辈请求宽恕自己违犯风俗、冒犯长辈等行为；四是向和尚忏悔，这是最具有代表性和最重要的忏悔方式。在每年入夏节前一天，人们聚集到寺庙的佛事中心厅，整个早晨或下午都在这里向和尚忏悔，请求高僧的宽恕，如果有沙弥，也得要求他们的谅解，以消除一年来造下的罪孽，同时，让伤心、痛苦、失望不再纠缠，请求解脱，重新开始新的生活。

（十二）互助习俗

老挝谚语说："船行靠水，虎威靠林"，人不是孤立地生活在社会当中，也不可能总依靠一己之力创造美好生活，总要寻求他人的帮助，也要热情给他人提供帮助。如在农忙时节，各家总有忙不过来的时候；建新房等集体劳动时，往往需要求助于村里人。村里人也会积极协助，并尽量减轻对方的负担，他们总是带上一个饭篓，准备好一天的饭菜，不让主人家为自已操心，这也体现了老挝人热情无私的品质。长期以来，这种团结互助精神也演变成为老挝社会的一个美好风俗。

（十三）供奉村神习俗

供奉村神的习俗源于婆罗门教，各村在村头或村尾高大茂盛的树下建有神龛，并指派一位年长者作为护卫神龛的首领，领导村民举行各种仪式。供奉一般集中于每年佛历七月举行，在进入农时准备耕种之前，负责神龛事务的首领会提前两三天通知各家各户，以便准备好酒肉等各种供品。到祭拜那天，人们列队前往神龛，在神龛前铺上芭蕉叶，将各种供品摆放好，上好的供品可直接放在神龛供台上。村民在首领的指挥下一起向村神祭拜，祈祷村神保护村镇平安，祈福风调雨顺、五谷丰登。每年高升节时，人们也会把要进行比赛的火箭拿到村寨的神龛前祭拜，以求平安，并在比赛中取得佳绩。

（十四）击鼓、敲钟和击铃习俗

击鼓、敲钟和击铃习俗在老挝民众，特别是佛教徒生活中具有十分重要的意义。这几样东西的敲击意味着村寨里发生了重大的事件，如：火灾、猛兽进村、暴乱、召集会议、报时、娱乐联欢等，其中，鼓的使用率最高，使用范围最广，按使用场合和时段不同可分为：法鼓(寺庙里的报时大鼓，中午11点整击打)、贡坎鼓(入夏节里下午四点击打的鼓)、召集会议鼓、报险鼓、奏乐鼓、高升节击鼓等。如果寺庙里没有法鼓，可以用大钟和大木铃替代；如果村里没有寺庙，没有法鼓、大钟和大铃，则可以用梆子代替击打。

(十五)开耕习俗

开耕时，要先祭拜神灵以求保佑，这个神叫做开耕保护神。对农民来说，祭拜开耕保护神的仪式非常重要，它关系到一年的收成。人们相信星期四是祭祀的最佳时间，把烟酒、香烛、煮鸡蛋、鲜花等放在篮子里，前往田间地头供奉神灵的棚子进行祭拜。祭拜后便回家牵来耕牛，扛上犁，在田里犁上一圈结束开耕仪式。人们在插秧时也要选择好日子，一般还是星期四。插秧当天，一大早人们会从七块荒田里找来九棵长得茁壮的野稻秧，在自家的田里种上，随后在田里铺上几张芭蕉叶，把带来的供品放上，请出守护神饱餐一顿，以便日后好好看田护稻。种好田五六天后，人们还要举行仪式，请来亲戚朋友吃上一顿团结餐，庆祝插种成功，并再次祈祷丰收。

(十六)旱季休整习俗

老挝进入旱季后，人们基本完成稻谷的收割任务了。人们常常聚集在村头或寺庙前的空场上，举行各种各样的活动，以休养身心。如畅谈天下大事，讲民间故事，吹笙唱歌；举行各种佛事活动，或利用晚间进行纺线、搓绳子等轻体力劳动。旱季休整是一项传统的习俗，显得较为松散，主题不鲜明，因而目前日益被人们淡忘了。

(十七)旱季祭神习俗

这一习俗与旱季休整相近，主要区别在于本习俗主题单一而鲜明，就是祭神，包括祖先神、天神、村神、城隍神等。仪式时，往往在村寨空地上搭建一个高台，由一个通灵的巫婆全程主持祭神仪式。人们奏乐唱歌达三天三夜。目前，这一习俗只在农村边远地区存在，城市里将其当作一项迷信落伍的活动，大部分人已不关注了。

（十八）信奉鬼魂习俗

老挝人相信人死后变成鬼魂，祖先死后的鬼魂仍能对家人进行管教。这一习俗出现的目的是对人们进行管教，想让人们敬畏祖先，更主要的是在前辈、长者仍然活着的时候要言听计从，尊敬他们。这一习俗也随着佛教的影响而逐渐消退。

（十九）摘花献佛习俗

这一习俗没有任何仪式，每年佛历五月到六月，寺庙会选择合适的一天，在下午三四点时，敲锣打鼓告诉村民一起到林中采摘鲜花来献佛。采花过程中，还会进行读书、讲故事、唱民歌等娱乐活动以及踢藤球、击打陀螺等体育活动。五六点时，返回寺庙。晚间，在和尚的主持下，村民在寺庙里举行秉烛游行，祈祷佛祖保佑。人们把采来的花儿分成三份，一份留在寺庙中献佛，一份留在家中，一份送给没有时间去采花的人家。这一习俗虽没有什么正式的仪式，却深受人们喜爱，认为它是增进人们之间感情，创造和谐氛围的有效方法，但是现如今却越来越淡出了人们的视野。

三、其他习俗

“十二风”、“十四俗”以及“巴佩尼”生活习俗的十九个方面的内容是老挝传统风俗的主要内容和代表，此外，还有一些习俗在老挝具有重要意义。

（一）征兆习俗

老挝人非常相信征兆，常把生活中出现的各种现象视为某种征兆，其中最为老挝人津津乐道的是梦兆。老挝人认为梦是人的灵魂出窍，提前看到了要发生的事情，相信利用梦兆能规避灾祸，或给自己带来财运。如梦见了一串数字，一定会用这串数字来买彩票，期望借此发财；如梦见大水、污水或游泳都是不好的征兆，则要提醒自己不要出门；动物的叫声，特别是鸟的叫声更是不得不注意的征兆，如听到雕的叫声预示着将要出现让人伤心流泪的事情，人们必须模仿雕的叫声才能避免出事；如听到斑鸠的叫声，则不能睡觉，要彻夜不眠以保持警惕，因为斑鸠常在晚间出来摄走人的魂魄等等。

（二）禁忌习俗

老挝人的禁忌文化也比较丰富，综合反映了各种宗教信仰的影响和人们对自然力量的敬畏。相对而言，虔诚的佛教徒所持的禁忌要多一些，如过午不食，不食“十肉”（即人、象、虎、豹、狮、马、狗、蛇、猫、龟）等。普通人进入佛殿前必须脱鞋，不得把和尚禁吃的食物如狗肉、马肉、酒等带入佛寺；在重大节日进入寺庙时，男性不得穿短裤，女性不得衣着暴露，而以穿筒裙为美德；头是人最神圣的部位，不能随意触碰，即便是对小孩子表示亲近也不能触摸其头部。

具体到各个民族，其禁忌内容也不尽相同。如老族对河水的使用十分严格：上段河水为饮用水，中段只能给男性游泳、洗澡，妇女只能在下段洗澡。老族人会在屋前放置饮用水，方便过往行人取水饮用，但在取水时，须用主人预留的勺子舀水，而不能使用自己的器具直接舀水；进入老族人的房屋之前要脱鞋，外人不得进入内室。进屋后，一般席地而坐，坐时不能将脚对着他人。对男性的要求宽松些，可盘膝，也可两脚放在侧边，女性则必须并膝后将双脚放在侧边；老挝人忌讳大声说话，更不喜欢在公共场合大声叫嚷；别人谈话时，不能从谈话人之间穿行而过，女性尤其如此。如果空间狭窄必须经过，要低头弯腰走过，并致歉意。

老挝的泰族忌讳外来女性或自家的孕、产妇直接进入住房，必须通过晒台才能进入。房屋前部有一根安放神位的屋柱，上面往往挂着一根木制阳具模型，为泰族人的崇拜物，外人或晚辈不得靠近、触摸，更不能有亵渎的言语或行为。在入正门处有楼梯，但仅供男性或年长的女性上下楼使用。

老挝的苗族人喜欢自称“蒙”或“赫蒙”，在称谓上不喜欢别人称他们为“苗”。老挝苗族有些排外，所以一般深居高山丛林中，不喜欢受到外界的打扰。家里人有事时，就在门口插上树枝，表示外人不得入内；婴儿满月前外人不得进入屋内；遇到丧事、祭祀等活动，未经主人允许，外人不得随便闯入。

老挝的瑶族规定在春节期间祭虎三天，不得出门，外人也禁止进入寨内；忌食狗肉、牛肉；忌讳挂白色蚊帐等。

（三）服饰习俗

老挝对具有民族特色的服饰文化非常重视，在东南亚国家里，老挝对传统文化的保护和继承是有目共睹的。老挝的服饰文化主要体现在妇女的着装上，社会对妇女的着装要求庄重典雅而不保守极端，如筒裙要有腰有脚，穿着筒裙时要使用腰带，裙脚要有装饰图案，以显庄重；筒裙不可过短，也不可过长，裙腰齐于肚脐，裙脚齐于脚踝；不可过分裸露。在重要的节日、集会或婚礼上，妇女要盘发并使用披肩。老挝社会对男性服饰的要求较为宽松，一般在家可穿沙笼（仅为一块布，兜系在腰间即可）或宽松的裤子；参加重要集会时穿兜裆裤和无领衫，这是一套比较正式的服装，男子结婚时所用的新郎装通常也是如此。

第四章　宗教信仰

大部分老挝人特别是老族人都是虔诚的佛教徒，只有其他少数民族部分信仰基督教，克木族祭祀祖先，苗族信奉精灵及自然，多数泰族相信鬼神。此外，还有婆罗门教和伊斯兰教。由于佛教的特殊地位和影响力，其他宗教在老挝没有很大的生存发展空间，或已被佛教融合，或仅在少数民族内或者某些地域小范围存在，没有产生太大的影响力。婆罗门教和鬼神教与佛教融合得比较和谐，部分内容已分不清你我，有些内容虽毫不相干但却也相安无事地共同存在和发展。伊斯兰教和基督教则相对比较独立。

第一节　佛　教

一、起源和传承

老挝澜沧王国建立以前，老挝族人没有真正成为这一地区的主人，而是先后被泰族人和吉蔑人统治。人们讨论老挝佛教时，一般却只讨论澜沧王国建立后的佛教，这是不全面的。实际上，佛教早在澜沧王国建立之前就已长期在老挝这块土地上存在和发展了，至于具体时间却有不同观点，由于没有文字材料佐证，目前尚无定论。老挝国内的学者认为大约2200年前，印度阿育王派高僧到金地弘法，佛教即开始在老挝传播；中国学者一般确认公元6世纪前佛教已在老挝传播，但没有更早的史料证实佛教在老挝的存在。《旧唐书·真腊传》记载，包括今老挝中、下部的真腊“国尚佛道及天神，天神为大，佛道次之”。公元七八世纪，大乘佛教从中国云南传入上寮地区，但当时老挝社会婆罗门教和鬼神教仍占统治地位，佛教并不兴盛。由于老挝社会文化教育落后，人们对任何宗教的传播都普遍采取兼收并蓄的态度，对各宗教的教义没有加以严格甄别，不排斥任何说教，形成了独具老挝特色的佛教与婆罗门教和鬼神崇拜混杂以至融合发展的奇观。

1353年后，老挝佛教在婆罗门教和鬼神崇拜的重重压力下脱颖而出，最终确立在老挝社会的思想统治地位。这一阶段的佛教传播开始有历史记载，也有文物古迹流传至今。这一年法昂王统一老挝，建立澜沧王国。由于法昂王早年是在吉蔑国（现柬埔寨）流亡的，受到过佛教思想的熏陶，又是在得到吉蔑国王的支持下才回到老挝取得政权的，同时其笃信佛教的妻子为吉蔑国公主，这都在很大程度上影响着法昂王对佛教的态度，加之这一时期吉蔑国的佛教发展达到了相当的高度，将佛教引入老挝是顺理成章的。在法昂王的请求下，吉蔑国王派遣两位长老，率领二十位比丘，三位通达三藏的学者前往老挝弘法。同时，派遣五千人为佛教的护持者，留在老挝。法昂王营造了热烈的佛教发展氛围，并以王权加以强力推动，正式颁布王令将佛教定为国教，开启了一个轰轰烈烈的佛教发展时代。

老挝佛教在法昂王后得到了长足的发展，桑森泰王开始兴建佛寺，维孙纳腊王更是发动群众全面修建佛寺，特别是在促进佛教文化方面发挥了极大作用，一批与佛教有关的著作和译作大量涌现，如《昆博伦的故事》、《娘丹黛》、《陶亨陶江的故事》等。泼提沙腊王颁布法令，禁止信仰鬼神教，大兴佛寺，佛教的地位进一步得到加强和巩固。其间佛教文学得到了很大发展，出现了《玉佛的故事》、《琅勃拉邦佛的故事》、《镶金佛的故事》、《昆博伦的故事（二）》等著作。赛谢塔提腊王将万象设为首都，兴建的西沙吉寺、塔銮寺一直保存至今。苏里亚旺萨时期是澜沧王朝最辉煌的时期，老挝与外国的佛事联系增多，修建了很多佛教学校。文学作品主要有《信赛》、《休沙瓦》、《祖父教孙子》、《四棵占巴树》等。1690年，苏里亚旺萨王朝结束，澜沧王国进入动荡时期，并于1778年沦为暹罗的属国。佛寺被毁，玉佛被掳，暹罗人还有针对性地清除老挝文化印记，甚至焚烧万象全城，老挝文化至此陷入没落。

1893年，老挝沦为法国殖民地。法国的管理体制、文化教育全面影响老挝。大量文物被掳至法国，老挝的文化又经历了一次浩劫。1954年，法国退出老挝，美国将势力延伸到老挝。为有效控制和影响老挝，法国和美国都不约而同地采取了宗教入侵的策略企图消灭佛教，向老挝输入基督教。这段时期，老挝佛教受到了极大的压制和摧残。但佛教在老挝人心中的根基是牢固的，隐忍退让的佛教徒们并没有在外来宗教的强大压力面前屈服，他们自发组织起来，反抗西方殖民主义文化的侵犯，抵制基督教的传播。在这种艰难的环境下，佛教在老挝王国政府时期（1945—1975年）还是被定为国教（王国宪法第七条），显示了老挝佛教的生命力和战斗力。老挝佛教虽然无法从殖民当局获得支持，但由于长期积累起来的文化习俗和学校教育等资源仍然是老挝社会不可或缺的宝贵财富，有力地支撑着老挝社会的发展，使得佛教仍然能在逆境中艰难前行。

老挝人民民主共和国成立后，坚持无神论的老挝人民革命党综合考虑到老挝的社会和文化特点，对佛教进行了有效的继承和发展。虽然佛教不再是国教，但并不影响其重要性。佛教的节日完整地保存了下来，与佛教相关的风俗习惯已成为主导老挝民众传承社会文化、弘扬道德风尚的主要推动力量。政府对佛教的支持和鼓励也是有目共睹的，万象市的塔銮佛塔成为老挝国徽的重要组成部分，国家领导人每年都参加塔銮佛法盛会，每年拨款对塔銮进行修缮，并兴建塔銮周边的佛寺建筑群，全国各地的佛寺也如雨后春笋般地涌现出来。这一系列举措极大提高了佛教在老挝社会的地位，同时也使佛教在促进社会和谐稳定方面发挥了更为积极主动的作用。

但由于老挝经济发展落后，对佛教的保护和推动还有很多不足。2010年1月，老挝第一所佛教大学在首都万象破土动工，预计耗资4 500万美元(约合3亿人民币)，所需资金全部由社会募捐所得。一些与佛教相关的文物古迹仍露天存放，没有得到有效保护，对佛教遗产保护是一个重大损失。[①]

二、主要教义

公元七八世纪，大乘佛教从云南传入老挝后，影响不大，未能在与婆罗门教和鬼神教的竞争中取得优势。14世纪中叶，上座部派佛教传入老挝，属于上座部大部派。1941年，上座部法相应部从泰国传入老挝，与大部派并存。但法相应部在老挝的影响不大，仅在下寮地区流行。当前老挝佛教主要经典共有15部，即《经藏》五部:《长部》、《中部》、《相应部》、《增支部》、《小部》;《律藏》三部:《分别部》(又称《经分别》、《经分律》)、《健度》、《附篇》;《论藏》七部:《法聚论》、《分别论》、《界论》、《双论》、《发趣论》、《人施设论》、《论事》。[②]这些佛经把对人的训导、教化作为主要目的，阐明人生诸多苦难的客观性、必然性和因果关系，又强调通过修炼能够达到解脱，修炼的方式则既有积极奋进的正面因素，也有屈从忍让的负面因素，对老挝社会生活也产生正反两个方面的影响。这些佛经所教

① 阿伦·西拉达拉昆:《老挝文化》，万象. 老挝国立大学，2001年版。

② 蔡文欉:《老挝风情录》，北京. 世界知识出版社，2008年版。

导的主要内容有：

（一）阐明人生实质及升华之道，归结为“四谛”

“四谛”即“苦谛、集谛、灭谛、道谛”。“苦谛”认为人生的过程是受苦受难的过程，生、老、病、死不可避免，不能选择，人在自然规律面前无能为力，实是一种苦难。而忧悲恼、怨憎会、爱别离、欲不得等因人的各种欲望不能满足而产生的情绪波动则更是一种无尽的煎熬和折磨。“集谛”解释人生诸苦的原因，认为由自然规律导致的生、老、病、死虽是一种苦，但非由人为因素引起，是上天之意，因而必须忍受，也不必寻找什么途径规避。而贪欲是导致苦的根本原因，人贪欲无度就会使自己陷入极度的苦痛当中不能自拔。这是老挝佛教对苦的来源的一个比较概括的归纳，上座部佛教关于苦的理论还有“十二因缘说”、“业报轮回说”等，老挝佛教并没有完全排斥，只是在佛法宣讲时没有刻意强调而已。“灭谛”指消灭一切苦，最终达到涅槃以超越生死轮回。贪欲即是苦的来源，无欲无求便可脱离一切苦，修成“无生果”。“道谛”寻求涅槃解脱之路，必须从行为举止、话语言谈、思想意念三方面对自身加以规范和约束。

（二）远离业障

业障主要强调因果报应，是老挝佛教教化众人行善，不得作恶最为突出和重要的一项内容，强调必须“耻对业障，畏怯业障”。“因果报应”理论深入人心，对他人的警戒力和对自身的警醒力都很大，因为老挝佛教宣扬“善有善报，恶有恶报”，而且强调今生今世的“现报”，只要做了坏事就必然遭受报应。老挝佛教虽然也宣扬转世轮回说，但并不强调因果报应也能后世轮回，因此劝人向善的效果更为立竿见影。

（三）广积功德

与佛教总的教义一致，老挝佛教认为功德是消除罪过，净化心灵，使人慈悲向善，最终灵魂得到升华的必要途径，获取功德不需

要太高的门槛，凡人只要虔心向佛，一心行善即可积累功德。可通过三种途径获得功德：施舍、持戒和净心。施舍又分物施（行善）和法施（劝善）两种，前者主要是捐钱捐物，斋僧礼佛，而后者则主要是强调行善理念的传扬，教导他人行善将获得更大的功德。老挝在家修行者要守五戒或八戒，七至十七岁的沙弥要守十戒，满二十周岁的和尚要守227戒，但都不要求吃素，只忌食人、象、虎、豹、狮、马、狗、蛇、猫、龟等“十肉”。但在实际生活中，教徒们也并不完全遵照此要求，狗、龟等动物并不在禁止之列，老挝甚至有“上等肉为狗肉，上等鱼为鳝鱼”的谚语，也体现了老挝佛教戒律较为宽松的特点。净心则强调去除贪欲、仇恨和私心杂念等各种不利修行的意念，潜心向佛，净化心灵。

（四）自我完成

老挝佛教严格遵循上座部佛教的教义，探索的主题是人类内心烦恼的呈现、形成原因以及解脱之道，期望通过修行超脱生死，达到涅槃境界。上座部佛教的根本教法是以自我完成为目标的四谛八正道，认为如果证得四谛八正道的话，则可完成自我的人格。由于这种教法是被认为仅以自己的完成与救渡为理想，一般认为“自我”意识比较强。但实际上，上座部佛教也指出，阿罗汉并不一定是只顾自利的独善者，也可能从事教化救济世人的工作。从当前老挝佛教的现状来看，我们也看到，上座部佛教在强调自我修行的同时也不忘规劝世人向善，也有积极渡人的一面。[①]

三、对社会发展进程的影响

当前，老挝虽然也有基督教、伊斯兰教等宗教，但信众极少，佛教在老挝可谓一枝独秀。因此，佛教的影响力自然地渗透到了老

① 蔡文欉:《老挝风情录》，北京．世界知识出版社，2008年版。

挝社会生活的方方面面，特别是在文化方面的影响是其他任何宗教都无法比拟的。

(一)对政治的影响

老挝佛教一直主张与世无争，淡然世外，不谋求政治地位，更未出现过政教合一的政治体制，但佛教在老挝的政治地位可谓无冕之王，其精神影响力是历任统治者都无法漠视的。实际上，从14世纪中叶起，封建统治者就非常重视佛教的无形统治力，往往要亲自出家，接受佛教教育，身体力行做一个拥护佛教的统治者，树立佛心治国、仁政爱民的形象。为加强对佛教的控制和利用，依照政治管理体制的级别序列，在僧侣中划分等级，在佛教界建立一套完整的行政管理机构，设立僧王、僧首相、僧大臣(分为管理、教育、建筑、宣传、财政诸部)。在地方上设置省、县、乡各级僧长和村寺住持。[①]同时，寺院在国家资助下规模越建越大，僧侣的生活虽仍然清贫，但衣食无忧，生活水平高于平民。这样，佛教拥有了与政治一样的权势和威严，僧侣获得了众人敬仰的特殊地位。

随着老挝国内形势和国际形势的发展变化，老挝佛教也在寻求自身的长远发展，灵活地加以应变。老挝佛教界不乏有识之士，在积极弘扬佛法、积德扬善的同时，逐渐把眼光放到拯救国家危亡、捍卫民族荣誉上面来。特别是20世纪中叶，老挝面临内忧外患，佛教无法置身度外，同时也与其倡导的国家安定、民众安生的精神相吻合，佛教积极参与到为民族存亡而奔走的行列中来。在反抗法国殖民主义和美国干涉的漫长历史时期，佛教一方面要抵制基督教的侵袭，维护佛教的独立和尊严，另一方面也积极支持进步政党和团体的武装反抗活动。在老挝爱国阵线的感召下，老挝佛教人士利用佛教的强大影响，积极宣传维护民族独立和尊严的进步思想，甚至

① 蔡文欉:《老挝风情录》, 北京. 世界知识出版社，2008年版。

参与到爱国阵线中，参与抗法抗美的组织领导，为老挝获得独立并最终成立人民民主共和国作出了杰出贡献。1975年12月老挝人民民主共和国建立后，在老挝建国阵线的指导下，中央、省、县、村四级领导机构中都有一定比例的佛教干部参与建国阵线的工作。老挝政府也非常注意利用基层佛教力量，大力扶持佛教的发展，在寺院建设和人员培训方面给予大量经费支持。在老挝佛教联合会的领导下，全国佛教会议每五年召开一次，主要总结五年中的佛教工作情况，商议如何更好地为社会稳定和经济发展服务，制订下一步工作计划。①

20世纪90年代初，老挝发生过为数不多的几次反对执政党的政治运动，主要以大学生为主，部分佛寺和尚也被利用，引发社会动荡，对人民革命党的领导造成了极为不利的影响。通过这一系列事件，老挝人民革命党清醒地认识到：佛教是一股强大的力量，引导得好与否，将对政治产生巨大的推动或破坏作用。特别是对于老挝这个佛教传承了几百年的国家而言，要把坚持无神论的社会主义与佛教和谐地融合起来，坚决避免对立和矛盾，而应该因势利导，引导其健康有序地发展。老挝人民革命党领导下的老挝佛教虽然没有法律名义上的国教地位，但从其对政治的影响力来看，其他宗教无法望其项背，这种政治影响力虽然不如其他国家的伊斯兰教等直接控制政治生活，但其潜移默化的内在动力是任何政治势力都无法轻视的。

（二）对语言文学的影响

佛教文化经过几百年的锤炼，已经成为老挝的主流文化，全方位影响到老挝的社会生活，佛教对老挝的语言和文学也产生了重要

① 中共中央对外联络部课题组：《老挝人民革命党处理宗教问题的探索与实践》，载《当代世界与社会主义》2006年第4期。

的影响。

初传至老挝时，佛教经文由巴利语和梵语书写，而当时老挝本身没有文字，人们必须学习巴利语和梵语。随着佛教的发展，老挝语大规模接受了这两种语言的形体和词汇。在现今的老挝语中，巴利语和梵语词汇是数量最多的外来语，掌握这两种外来语词汇量的多少是衡量一个人知识水平的一个重要标志。

佛教对文学的影响更为深入。老挝的文学基本可以分为佛教文学和世俗文学。14世纪中叶，佛教刚传入老挝时，佛教文学即随着佛经的传播而诞生。当时传诵最广的是《佛本生故事》，收有550篇关于释迦牟尼佛祖修成正果前的转世情景的故事，曾经有人从中选出10篇，称为《十戒》，作为佛教布道讲经之用。此外，还有描写神灵圣贤的故事，其中最流行的是《吠陀神——因陀罗》。名著《瓦三敦》讲述佛祖释迦牟尼的身世和成佛经过，其中的佛教故事每年都被僧侣引用以讲经布道。佛教文学以因果报应、生死轮回为主题贯穿了整个老挝文学史，影响到作家的整体思维方式。这些文学作品以翻译为主，由作家自主创作的作品也明显带有借鉴的痕迹，佛教思想始终体现在作品的主题中。以《四棵占巴树》、《普迦辛》、《玛哈维》等为代表的散文体文学亦取材自佛教文学，直接反映佛教僧侣的精神生活，被认为是老挝文学的初春。故事集《休沙瓦》由刻在贝叶上的十卷经文改编而成，其中以格言、警句的形式体现了佛教的精深教诲。《陶西吞》、《玛诃索德》等佛本生故事从形式到内容都对后世的老挝文学产生了极大的影响，其长篇叙事诗的创作方法成为澜沧王国鼎盛时期文学作品的主要创作形式，其精彩的内容和曲折的情节也为众多文学作品所引用，成为后世作品取之不尽的再创作素材。

世俗文学也受到佛教思想的影响，《娘丹黛》、《祖父教孙子》、

《因梯央教子》等文学作品教导为人处世的道理，彰显善恶有报的主题，其中都蕴涵着佛教思想的精髓。在法国和美国势力影响时期，老挝的文学极力模仿西方，但内容空洞，追求奢靡之风，最终并未形成气候。而在革命战争时期及解放后，革命文学也得到了一定程度的发展，但规模和质量都有一定的局限性。

（三）对社会文化的影响

佛教对老挝民众的文化生活影响深刻，人民群众生活中的点点滴滴无不折射着佛教的影子。

老挝每个月都有节日，而每个节日都与佛教有不解之缘，“十二风”、“十四俗”[①]是老挝文化中最典型的风俗习惯，对老百姓行为举止等方面的要求非常详细。“十二风”节日中有的与佛教直接相关，有的与婆罗门教、鬼神崇拜相关，但人们在过节时却往往不加区分，不在乎其中的性质差别，往往都遵照佛教的程序庆祝和操办。如高升节其实是发射火箭升天以求雨的节日，原本是婆罗门教的仪式，但现时的老挝往往由和尚主持仪式，已融合成为佛教文化的一部分。

“十四俗”分为两个部分，即王家贵族遵从的习俗和老百姓遵从的习俗。现今老挝已不存在王室，“十四俗”成了全国人民共同遵从的习俗，这十四条俗规中大部分是明显与佛教有关的，也有些可能留有婆罗门教的影响，如第七俗和第十三俗中可以看出丈夫与妻子的地位不平等，第五俗则还有鬼神教的痕迹。

佛教在教育方面作用重大。在很长的历史时期里，人们只有在佛寺里才能进行学习和研究，佛寺是实际意义上的学校和研究机构。佛经中有许多关于文学、哲学、医学、农业、气象、教育等方面的专章，这就使得佛寺承担了重大的社会教育责任，佛教成为老

① 详见本书第三章《民族与习俗》。

挝教育和文化的传承者。

（四）对思想道德的影响

佛教各方面的道德规范有几百年的积淀，已深入人心，成为人们行为处事的自觉行动。老挝人一生中必须出家一次，时间长短不限，但出家时间越长被认为受到的道德锤炼越牢靠，会更获得大家的信任和尊敬。佛教的道德准则主要可以概括为：与人为善，诚信待人，与世无争等，进一步归结起来，还可以高度凝练为一个“善”字。这些道德规范在人们出家时即受教育，在重大节日讲经时，在平时父母教导儿女时，都会不断加强道德教育，甚至在出现各类不道德和不法行为时，众人也会引经据典，利用佛教的道德规范加以制止。佛教“善有善报，恶有恶报”的教义是道德标准得到有效执行的根本驱动力，由于老挝社会以佛教徒为主，善恶有报的思想观念已深入人心，其约束力并不亚于法律，成为维护社会稳定的一种无形力量。

第二节　婆罗门教

公元前1500年，婆罗门教产生于印度，先于佛教诞生700年。释迦牟尼最初也是婆罗门教徒，但他认为婆罗门教无法解除人生的痛苦，而出家苦寻解脱之道，最终创立佛教。婆罗门教传入东南亚时，一大批婆罗门教徒首先迁徙到高棉。当时高棉王国的势力颇大，婆罗门教也借其影响扩大到老挝和泰国等国，在佛教传入之前影响了这些国家相当长的时间。而在佛教传入老挝后，婆罗门教逐渐退出历史舞台。但婆罗门教的消失是一个自然的转化和消化过程，而非被消灭，佛教的宽容和兼收并蓄把婆罗门教的精华保留了下来，成为佛教体系中的一部分。现今老挝已没有多少人认识婆罗门教的本来面目，主要原因是婆罗门教与佛教有太多共同点。

婆罗门教的教义与佛教很相近，也教导人们今生要多行善举，来世获得好报。婆罗门教的修行中有自我折磨的苦行，如咬舌头、绝食、窒息等，认为自我折磨的程度越高，越能获得梵天的同情，期望自己能被带到梵天身边。现在的万象市街头不时仍能看到有人在烈日下一步一跪拜，有婆罗门教的遗风。婆罗门教的很多习俗实际上仍然在现今的老挝社会存在，只是人们习惯性地误解为佛教的内容。如由高僧主持的高升节，人们认为发射火箭升天能求雨，就带有婆罗门教的内容。老挝社会最流行的在婚礼上、灾病时、建房时等举行的拴线仪式、招魂仪式、祈愿仪式原本都是婆罗门教的仪式，但现今常由佛寺僧侣主持。老挝佛教徒笃信良辰吉日，也不是佛教的原有内容，而是受婆罗门教的影响。此外，老挝佛教与婆罗门教还有很多共同点，如相信生死轮回；相信如果人的一生都始终完美，没有恶行，将可以脱离生死轮回的束缚，达到涅槃境界；相信善有善报，恶有恶报的因果报应。

婆罗门教与佛教也有很多不同，第一，婆罗门教相信多神，认为万物有灵，万物皆可成神，而佛教不相信有神，不相信任何超自然力量的存在，但老挝人包括佛教徒对神秘的大自然往往有恐惧和崇拜心理，这是受到婆罗门教影响的，当然也有鬼神崇拜的因素。第二，婆罗门教遵守等级森严的种姓制度，人的社会地位差别非常悬殊。佛教则宣扬众生平等，人与人之间没有等级差别。现今的老挝社会找不到种姓制度的痕迹，说明佛教对这一制度的剔除是彻底的。总体而言，老挝婆罗门教的无形文化已被佛教吸收或湮没，但有形的文化遗迹还有一处留存，那就是老挝的两处世界文化遗产之一，南部的占巴塞省瓦普寺，寺中有个祭台状的大石头，上面凿有两个恐怖的人形凹槽，据说是婆罗门教用幼儿幼女祭祀天神的地方。婆罗门教有以牲畜或人祭祀天神的传统，而佛教反对杀生，更不会杀人，这也是两者根本的不同。婆罗门教中比较野蛮的教义没有被佛教吸收，也没有以文化习俗的形式传承下来。

第三节　原始宗教

老挝比较原始的宗教是鬼神教，鬼神教在老挝现代社会已不具有独立的形式，但部分内容还在社会生活中散布留存。由于没有系统的教义，一般认为只是一种盲目的崇拜。主要流行于老挝北部山区，但老挝国人信仰的佛教中也夹杂着部分鬼神教的内容，可能与老挝社会文化发展水平低，各种文化在传播过程中以讹传讹有一定关系。

一、鬼

老挝人认为鬼分两种：生鬼和熟鬼，生鬼指的是那些仍有生命但靠欺骗他人赖以为生的形同行尸走肉的人，熟鬼指的是死亡后灵魂转化的鬼。生鬼是受人唾弃的，人们敬畏的是熟鬼。这些鬼有：

（一）贡亏鬼

贡亏鬼是一般的鬼，因叫声似“贡亏”而得名，这类鬼没什么名分，多为游魂野鬼，人们不对这类鬼举办任何仪式。

（二）家族鬼

家族鬼包括七辈子的族人变成的鬼，这些鬼可通过托梦向自己的宗族人提出要求以满足自己的需要。家人死后成鬼，灵魂仍在，满足人们缅怀亲人的心理。每年祭拜祖先，也符合人们孝敬先人的传统，因而这一条信仰生命力很强，很多地方把祖先与佛祖放到同等重要的地位加以供奉。老龙族人实行火葬，富有人家把骨灰存放在寺庙中，一般人家把骨灰存放在自家庭院中，每家庭院都立有一个骨灰塔，专门用于存放祖先的骨灰，并供奉灵位。每逢节庆或先祖忌日，便于此烧香供养，以示悼念。相对山神和村神的护佑众人，家神的保佑更具针对性，更有亲切感，毕竟血浓于水，所以老挝人对家神的崇敬更为用心，相信孝敬家神能给家人带来平安健康，如有怠慢则可能给家人招来灾祸，因而一旦有不顺的事情或身有不适，家人首先想到的就是是否做了什么对不起祖先的事儿，赶紧上供表示歉意，以求祖宗原谅。

实际上，老挝祖先崇拜分为对人类共同祖先的崇拜和对家族祖先的崇拜。老挝人认为人类的始祖叫“布耶”(男性)和“亚耶”(女性)，相当于《圣经》中所说的亚当和夏娃，来源于老挝的神话传说。布耶亚耶的形象是长头发、塌鼻梁、大嘴巴，既有当今东南亚人的面部特征，又有原始人的特点。在一些重要的仪式或戏剧演出中，还能经常见到布耶亚耶的表演，旅游区也常有布耶亚耶的木偶售卖，说明老挝人对人类始祖的纪念和崇拜还十分热情。

(三)土地鬼

据佛教《法句经》记载，从前有一正妻与小妾互不相容，通过生死轮回没完没了地相互杀害，在佛祖的劝导下，一人被安排守护良田，成为土地鬼。人们为求风调雨顺，五谷丰登，每年都要祭拜土地鬼。

(四)琵琶鬼

琵琶鬼是一种厉鬼，人们的病灾祸难都是琵琶鬼在作怪，最为人们所惧怕，也要祭祀以求免灾。

此外，还有一些恶鬼，在人们发泄怒气或骂人的时候时常会提到，如瘟鬼、横死鬼、饿鬼等，也是鬼神文化的一部分，虽不受祭拜，却也常用以警示他人不要做恶，以免被恶鬼缠身，这是早期社会规范人们行为的精神力量，具有一定的积极作用。

二、神

与鬼相对的是神，神是天生的，人死后一般不能成神。神一般具有保护人类和大自然的功能。老挝的自然神种类繁多，几乎所有自然物都被赋予神的形象，在日常生活中最为人们所熟悉的主要是与水、土地等有关的自然神灵。

（一）雨神

雨神的形象比较抽象，人们只是相信有一个操纵降雨的神存在，但并没有如雕像、图画之类可瞻仰、供奉的形象。在民间传说里，人间生灵在与雨神的斗争中取得了最后的胜利，在需要雨水时要向天空发射火箭告知雨神，这就是老挝高升节的由来。虽然雨神的地位并不崇高，甚至沦为人类可命令的神，但人类需要雨毕竟仍有求于雨神，高升节火箭求雨仪式仍是一种对自然神的崇拜。

（二）河神

河神的代表形象是那迦，是一种亦蛇亦龙的神，一般认为是老挝人心目中的龙的形象。这个形象比较鲜明，深入人心，在老挝大大小小的寺庙中都有那迦的形象，寺庙屋檐、楼梯两侧一般都有那迦的雕像，墙壁上也能见到那迦的画像。人们相信崇拜那迦能带来风调雨顺、五谷丰登。20世纪60年代，美军在老挝湄公河流域抓到了一条长达十余米的怪物，并公布了十几名士兵抱着该怪物的照片。老挝人认为那就是他们的龙——那迦，这一事件非但没有损伤老挝人对那迦无所不能的崇敬感，而且更加相信保佑他们平安的龙就生活在他们这块土地上。据称每年八月份的一个晚上，在老挝中部湄公河一段会从水底释放出奇特的光，如从水底射出的火箭，让人叹为观止。老挝人认为是水中的那迦在活动，这就给那迦平添了一层神秘色彩，强化了老挝人对那迦的膜拜之情。

（三）土地保护神

土地保护神没有鲜明的形象，该神是人转世后受佛祖指派而成的神，因而在老挝人意识里可能不太神秘，人们在供奉土地神时只需在房前屋后、田间地头或村寨路口摆放食物、鲜花等，祈求土地神保佑免受天灾虫祸。

（四）树神

树神或称树精，一般在树大林茂的地方都存在树神，不然不足以保护大树和森林。

（五）山神

在村寨附近要建一个小房子以供山神，求得山神对村子的庇护。

（六）天神

天神包括名山大川的保护神、城隍庙里的守护神等，深受群众敬畏和膜拜。

老挝地广人稀，多河流山川，森林覆盖率曾高达80%，这使人们在大自然面前显得极为渺小，大自然的力量显得强大而又神秘，这就给鬼神崇拜的产生创造了很好的生长条件。佛教在老挝较成体系，许多佛教活动早已成为民众自觉参加的活动，而把祭祀鬼神的活动与佛教相联系甚至相融合，既符合两者均具有消灾祈福的共同点，也让鬼神崇拜有了可操办的程序和仪式。再者，佛教中也有天堂地狱以及神鬼的说法，这就使得两者的交叉影响和相互融合显得顺理成章，人们无意追究其中的差别。

第四节　其他宗教

除了以上提到的宗教，老挝还有一部分人信仰伊斯兰教和基督教。

相对佛教来说，老挝的伊斯兰教教徒少，活动范围小，影响面有限，而且穆斯林文化与老挝文化之间有一定的隔阂，相互间沟通交流有限，可相互吸收融合的成分不多，整个老挝对伊斯兰教的了解并不广泛。老挝的穆斯林可分为三个部分，主要为外来人口，第一部分是从中国云南进入老挝的汉族人(在老挝称为贺族)；第二部分是从印度泰米尔到老挝的穆斯林，他们主要从事商业贸易；第三部分是住在老挝高原山区的农村穆斯林，这部分人在老挝居住的时间比较长，已无从查证他们由何而来。伊斯兰教平时的宗教活动不是很活跃，基本上只在穆斯林之间传播，无法渗透到老挝族人内部。在首都万象市内的贾玛清真寺每周五举行礼拜活动，参加活动的主要是马来西亚、印度尼西亚等伊斯兰国家驻老挝的使馆工作人员以及万象的穆斯林居民，规模较小。[①]

基督教是带着优越感和侵略性传入老挝的，最早可追溯到19世纪末，法国殖民主义侵入老挝时即把基督教传入老挝。基督教认为自身才是最优秀的，其他宗教都是落后、愚昧的，甚至是对人的压迫。它认为佛教等不能救赎人们的罪过，认为老挝人对佛教、鬼神教、婆罗门教等的信仰只会全盘接受，不加甄别，具有盲目性。基督教认为只有基督教才能救赎众生，只有上帝才是真实和唯一的救世主，人们所崇拜的一切神灵都是虚假的。针对佛教在老挝的影响力，基督教在传播自己的教义时，并没有完全保持中立和客观的态度，而是具有一定的攻击性。如基督教认为佛教不知人的罪孽从何而来，罪孽将会造成何种后果，又该如何摆脱罪过。认为罪孽乃人自作孽，不服从上帝即为罪孽，作孽的代价是死亡，而只有上帝能原谅人的罪孽，只有上帝才能指明摆脱罪孽的途径，拒绝上帝的人最终都要落入地狱。这就把基督教与佛教等宗教对立起来，激化了社会矛盾，遭到了老挝社会特别是佛教界的强烈反对和抵制。同时，

① 李晨阳:《老挝的伊斯兰教》，载《世界宗教文化》2002年第4期。

从基督教强调凡人必须信奉上帝的角度来看，也不如佛教宽容，佛教从不要求人们必须信奉其任何教义，更不提如不信奉佛教将会付出什么代价，不给人施加任何压力，给人一种轻松的宗教氛围。

基督教主要在国外的老挝人之间传播，特别是美国、法国等老挝侨民，原先信奉佛教的也有很大一部分转为基督教，这主要是受所在国政治和社会文化的影响。老挝国内信仰基督教的并不多，主要是在西方受过教育的知识分子中间和部分少数民族地区传播。基督教初传老挝时，也很难在信仰佛教的老族人地区打开局面，只好在少数民族地区另辟途径，主要通过救济生活物资、建学校、建医院、免费提供社会服务等收拢人心，树立基督教的仁爱形象。当前，随着老挝社会开放性的日益提高，定居国外的老挝人逐渐回国，他们的思想和信仰也在很大程度上影响国内的亲属，再加上这些影响得到了外国政府的支持和推动，从而使得基督教的影响有所扩大。但总体而言，基督教的规模还远不能与佛教相提并论。

第五章　文学艺术

老挝是一个多民族的国家，在长期的劳动生产和社会生活中，老挝各族人民创造了丰富多样的文学艺术形式，既包括深受印度佛教文化影响的长篇叙事诗、诗体小说、散文体小说、纪事体散文等文学作品，又有充盈着鲜明的民族文化特色和时代特征的咔、喃、喃旺舞等文艺形式。

第一节　文　学

老挝民族文学历史悠久，按历史发展脉络，可分为古代文学、近现代文学和当代文学。

一、古代文学

老挝古代文学史以澜沧王国建立为界分为两个时期。

澜沧王国建立以前为第一个时期。这个时期的老挝文学主要是古代民间口头文学。口头文学是老挝各族人民在劳动生产和社会生活中创作的，具有形式多样、内容丰富等特点。在形式上有神话故事、历史传说、传奇故事、寓言、民歌民谣、谚语等；在内容上主要是描绘了劳动人民辛勤的劳动和朴实的生活，反映了劳动人民对真、善、美的追求和对假、丑、恶的憎恨。老挝口头文学是无字文学，至今仍未发现任何文字作品。

澜沧王国时期是老挝古代文学蓬勃发展的时期，这一时期的文学主要是佛教文学和世俗文学。

（一）佛教文学

澜沧王国建立后，为巩固其统治，统一臣民的思想、意识和行为，法昂王从吴哥王国引入上座部佛教。随着上座部佛教在老挝的传播，佛教文化对老挝社会各方面都产生了深刻的影响，老挝佛教文学应运而生。老挝佛教文学作品多以歌颂佛陀、描述佛陀逸事为主要内容，其中影响最为深远的是《佛本生故事》。

《佛本生故事》又称作《佛本生经》或《本生经》。《本生经》共分为十三章，叙述了佛陀547个前生故事，其中在老挝影响最大的是第547号故事——《维先达腊本生》。《维先达腊本生》是在15世纪由老挝僧王玛哈提帕銮翻译整理而成，现存两个老挝文版本：一是万象版本，称作《维先达腊本生故事赋》，由近代老挝著名学者玛哈西拉·维拉冯校订而成；另一个版本是琅勃拉邦版本，称作《大世赋》[①]或《维先达腊本生颂》，由高僧坎占·维拉吉达特拉整理。两个版本情节相同，都是讲述释迦牟尼前世维先达腊王子彻底布施的故事。维先达腊王子将自己所有的东西都布施给穷人，连卫国神物白象也布施给他人，结果自己与王妃、两个儿子被国王和臣民放逐，在途中又应要求将两个儿子布施给贫穷的婆罗门，将王妃布施给因陀罗大神的化身婆罗门，最后国王知道了儿子的情况后，派人将儿子全家迎接回国，实现了全家团圆的美好结局。《维先达腊本生》故事的中心思想是歌颂佛陀乐善好施、慈悲为怀的佛家精神，这一精神受到了老挝人的广泛欢迎和推崇，并对老挝人的心理、思想、行为以及老挝社会习俗等产生了深刻的影响。

《维先达腊本生》在老挝得以广泛传播，与另一个佛教故事《玛莱门玛莱盛》密切相关。《玛莱门玛莱盛》主要讲述一个叫帕玛莱

① 由于维先达腊王子是释迦牟尼成佛前的最后一个前生，所以又被称为“大世”。

的阿罗汉上天碰到来膜拜佛发舍利的弥勒佛，于是便问怎样做功德才能入佛道，弥勒佛回答说在一天之内听完维先达腊这部本生便可以达到。帕玛莱返回人间后，向人们传达了这一法旨。根据这一故事，老挝人相信谁能在一天之内聆听完整的维先达腊故事，就是行了大善，积了大功德。因此在老挝便产生了“听经节”习俗，主要活动就是听讲颂维先达腊这部本生及按照《维先达腊本生》故事情节举办各种活动，如迎维先达腊回城、游干笼献干特[①]等等；而在老挝寺庙的墙上，也大都描绘有该本生故事内容的壁画。通过这一系列活动，《维先达腊本生》故事得以广泛传颂，为大多数老挝人所熟知。

借助《维先达腊本生》故事，上座部佛教乐善好施，强调“赕”的思想及教义在老挝得到大力弘扬和实施。但《维先达腊本生》故事在老挝的传播过程，并不是一个完全照搬印度佛经故事的过程，而是一个根据当地社会政治、经济和文化发展的需要而不断吸收、改造及民族化的过程。首先，在创作形式上，老挝文《维先达腊本生》故事虽然借用了巴利文《维先达腊本生》故事的大部分情节，模仿了巴利文《维先达腊本生》故事的结构模式，但在创作形式上作了不少的改动。如巴利文《维先达腊本生》由“偈陀”[②]构成，每一句偈陀有4句，一句包括8个音节，全书共1 000偈陀，3.2万行。为便于传颂，僧王玛哈提帕銮在翻译的时候，有意将偈陀译成较为通俗的老挝文自由诗体形式，并作了删减，全书共分为13章，940偈陀。其次，在内容上进行了再创作和民族化，使其更加符合老挝

① 干笼、干特是一种布施方式。“干”是指维先达腊本生故事的十三个章节，“笼”是指偶遇，“特”是指颂、讲诵。

② 所谓偈陀就是颂诗，它是所述故事的梗概或关键之所在。描述每个故事的偈陀长短不等，传道弘法的高僧只要记诵若干颂偈陀，就可临场发挥讲明该故事的内容。见梁立基、李谋《世界四大文化与东南亚文学》第248页。

的风土民情和民族文化心理，如增加了不少反映老挝丧葬习俗、生活习俗、饮食文化等方面的内容。

除《维先达腊本生》故事外，为老挝人所广泛熟知的佛本生佛教文学作品还有《陶西吞》和《玛诃索德》。《陶西吞》是从《五十本生》[1]故事里的《西吞本生》翻译过来一个佛本生故事，创作年代约在16—17世纪，属长篇叙事诗，主要讲述佛祖的一个前生——陶西吞，面对困难，英勇斗争，最终冲破重重障碍与心上人娘玛诺拉团圆的故事。《玛诃索德》是一部佛经故事集，包含《追赶老鹰》、《一根圆木》、《一头奇怪的白公牛》等故事，主要叙述佛陀十个前生中最有智慧的一个前生——玛诃索德，他年仅7岁就能连续判明人们难于解决的疑难问题，成为了人们心目中智慧的化身，至今在老挝语中仍保留有“祝您成为一个像玛诃索德一样智勇双全人物”的祝词。作为老挝佛教文学的代表作，《陶西吞》、《玛诃索德》等佛本生故事从形式到内容都对后世的老挝文学产生了极大的影响，其长篇叙事诗的创作方法成为澜沧王国鼎盛时期文学作品的主要创作形式；其精彩的内容和曲折的情节也被众多的文学作品所引用，成为后世作品取之不尽的再创作素材。

除佛本生故事外，老挝佛教文学作品还包括其他一些直接宣扬佛教教义和基本思想的文学作品，如《轮回》、《卡拉那勐率》等。由于这类文学作品不像佛本生故事一样具有精彩的故事情节及内容，大多以直接宣扬宗教思想及教义为主，因而在老挝的流传并不广泛，影响也不大。

（二）世俗文学

澜沧王国建立后，国势渐趋强盛，尤其是16—17世纪，澜沧王

① 《五十本生》故事是在东南亚泰、老、柬、缅等上座部佛教国家广泛流传的佛本生故事集，但它并非源自印度的佛典，而是由清迈一僧人效仿《佛本生故事》用巴利文创作出来的赝品。见梁立基、李谋:《世界四大文化与东南亚文学》，北京. 经济日报出版社，2000年版，第254页。

国多次成功地抵御了暹罗和缅甸封建主义者的入侵，老挝封建社会进入了上升阶段，社会的繁荣稳定也促进了文学的蓬勃发展。作为老挝古代文学的集大成者，老挝世俗文学在这一时期蓬勃发展，文学体裁日趋丰富，出现了寓言、长篇叙事诗、诗体小说、散文体小说、纪事体散文等名目繁多的文学体裁，并涌现出了大量的优秀文学作品。如寓言故事集《娘丹黛》、《休沙瓦》，长篇叙事诗《帕拉帕拉姆》、《信赛》、《陶洪》、《占芭西顿》，诗体小说《祖父教孙子》、《孙子教祖父》、《因梯央教子》等。

从文学作品源流来看，这一时期的老挝古代世俗文学可以分外来作品和本土作品两部分。外来作品主要是指根据印度史诗或寓言翻译改编的作品；本土作品是指老挝作家的原创作品。这两部分作品并没有决然的分野，因为印度作品在进入老挝后都经历了民族化过程，一切外来文化都是被本土文化过滤后而发挥作用的；同样，老挝本土文学在发展中也会有意无意地在文化框架的过滤下接受着外来文化和文学的影响，从印度作品中汲取滋养，二者是相互融合互补的。

1. 改编自印度文学的作品

影响最大、流传最广的作品是叙事长诗《帕拉帕拉姆》(*palapalam*)和寓言集《娘丹黛》(*nangdandai*)。

《帕拉帕拉姆》由印度史诗《罗摩衍那》改编而成，《帕拉帕拉姆》为音译名，意译为《罗什与罗摩》。该改编本约成书于17世纪，在老挝流传非常广泛，几乎每个寺庙都有收藏。1973年，印度学者嗄亥博士曾以万象省南班那宋寺的藏本为基础，并与波喔寺、班洪寺藏本进行比对、整理，最后用老挝文出版。此外，《罗摩衍那》在老挝还存在多个不同的译文，如在孟新地区广泛流传的傣语版本《蓬玛加》和《小兰嘎》，以及收藏于琅勃拉邦王宫的安南语版本《吐拉披》等。

《帕拉帕拉姆》讲述了佛祖的一个前生——帕拉姆的故事。故事分为两大部分，第一部分讲述因阏巴塔城和西萨塔纳城的兴起、哈帕那算和帕拉姆的出生，其中重点讲述哈帕那算强迫堂姐占达做自己的妻子，违背了老挝社会近亲姐弟不能通婚，结婚必须要有求亲，不能强迫他人为妻的风俗，最后失去百姓的敬重，甚至哈帕那算的祖父都为孙子的所作所为感到耻辱而隐居到双持山。第二部分讲述哈帕那算有所悔悟，率全家逃到楞枷岛，但还是恶性不改，继续干出了许多伤风败俗的事情，如骗奸因陀罗之妻苏萨达；欲以欺骗手段，偷抢悉达，但因法力不如昭拉西而没有成功；等等。当帕拉姆成功地完成昭拉西提出的各项条件，娶到悉达后，哈帕那算又密谋杀害帕拉姆及其随从，并设下计谋成功地将悉达骗取到手，但因悉达反抗而一直不能与其成婚。帕拉姆到处寻找悉达，最后历经艰难险阻，终于将哈帕那算杀死，悉达重新回到帕拉姆身边。故事的末尾讲述帕拉姆怀疑悉达的贞洁，导致二人时常发生争吵，但最后双方相互原谅，幸福地生活在一起。

《帕拉帕拉姆》是老挝人民结合自己的社会需要，加以重新构思，并在主题思想、人物形象、典型环境等方面进行再创造的一部具有老挝特色的独立完整叙事长诗。它是根植于老挝民族土壤上的艺术成果，是老族人民在接受印度文化的过程中，受到启发，经过融化后的新的艺术创造。它已经成为老挝人民精神生活中不可缺少的内容，老挝人相信，《帕拉帕拉姆》就是讲述佛祖一个前生的真实故事，在寺庙僧侣也会时常念诵《帕拉帕拉姆》的故事，甚至于一些故事情节也以壁画的形式出现在寺庙的墙上，或被改编成古典舞剧，在老挝人中不断传诵。

《娘丹黛》由僧王玛哈维哈于1507年根据印度著名寓言故事集

《五卷书》从巴利文译成老挝文，后来由老挝现代著名学者玛哈西拉·维拉冯改写成通俗文学。在改写时，作者删去了翻译版本中不合常理的部分，并借用《一千零一夜》的故事情节来替代。全书分为四部，即狮子和牛交朋友、鸟选主、蛙和蛇的故事、鬼选主。主要讲述维玛腊因皇后不忠而大怒。他每天要一个姑娘陪他过夜，但第二天天亮时便将其杀掉。娘丹黛是为国王寻找年轻女子的大臣的女儿，为了制止国王的杀戮行为，便决定进宫服侍国王，她为国王讲了一个又一个的故事，度过了一夜又一夜。国王最后被故事的内容所打动，醒悟过来，娶了娘丹黛为皇后。

在文章的结构方式上，《娘丹黛》采用的是“连串插入式”，即故事中套故事，一个故事引出另一个故事，每个故事既各个独立，又相互串连。同时在每个故事中插入具有激励或警示意义的格言、警句，使故事的主题得到升华。作为一部独立的寓言故事集，《娘丹黛》的情节曲折生动，故事性强，每个故事又都具有现实教化意义，因此受到老挝各阶层人民的广泛欢迎，对老挝文学的发展也产生了很重要的影响。

2. 老挝本土作品

最著名的有以道德教化为主题的故事集，如《休沙瓦》、《祖父教孙子》、《孙子教祖父》、《因梯央教子》等等；以讴歌爱情和英雄传奇为主题的长篇叙事诗，如《信赛》、《陶洪》、《占塔卡》、《卡拉吉》、《娘登温》、《被遮挡的太阳》等等；以历史传说、地方史志为内容的散文作品，如《法昂王的训词》、《坤博隆的故事》、《琅勃拉邦纪事》、《芒芬纪事》、《万象纪事》、《占巴塞纪事》等等。

《休沙瓦》原是刻在贝叶经上的十卷经文，由关芒梯创作于17世纪中叶，后由玛哈西拉·维拉冯首先改编成通俗文学。在创作时，作者仿照《娘丹黛》的创作结构，每列举一条格言都配上一个故事来说明；同时，为增强作品的教化色彩，作者还将《休沙瓦》附会为佛祖给阿难讲经的故事情节，教导人们要深刻理解佛教教义，掌握做人处事的原则，遵守社会风俗习惯和伦理道德，以创造和谐幸福的生活。作品采用韵文体裁，语言通俗易懂，其中不少富有教育意义的格言、警句逐渐变成老挝的民间谚语，为老挝人广泛传诵。

《祖父教孙子》、《孙子教祖父》的作者分别为普塔可萨占和乔东达，创作时间约在澜沧王国苏里亚旺萨时期。《祖父教孙子》的主要内容为教导孩子们要尊敬长辈，要懂得以恩报德，做人要诚实，要按照佛教的五戒要求自己，交朋友要有所选择，要远离色狼、赌徒、酒鬼、好吃懒做者等等。《孙子教祖父》的主要内容为敬告长者要有长者的样子，要使子孙敬畏，否则将被子孙所唾弃。《因梯央教子》则是按照封建主义的观点，教导女儿怎样当好家庭主妇，怎样谈情说爱、洁身自好、守规矩、懂礼仪。

《信赛》由陶邦坎创作于1644年。全诗长达15章，4 000多行。这部长篇叙事诗具有主题鲜明、结构严谨、格律整齐和语言优美等特点，无论写人、写事或写景都表现了高深的艺术造诣，是澜沧王国时期最优秀，也是受百姓欢迎的作品。

《陶洪》根据公元8世纪时期发生在老挝的历史传说“昆壮”的故事改编而成。主要描写巴甘王国（现川圹境内）国王陶洪（昆壮）征服邻国、开疆扩土的英雄轶事。该作品创作年代较早，文中较少出现巴利语、梵语及佛教用语，对人物描写也多使用神化手法，说明当时佛教及印度文学对老挝文学的影响还不深。

史传作品大多数是根据历史传说所创作的。这类作品夸张地描述历史事件，神化历史人物，虽然对老挝国家和地方历史有叙述和描写，但较为简略；而作品的名称，也大都为“××传说”、“××纪事”、“××故事”等。

《法昂王的训词》的作者是老挝澜沧王国的开创者法昂王，据考证是法昂王统一全国后，在万象举行的庆功宴上对大臣所作的训词。该作品的最初版本刻写在贝叶经上，受风化虫蛀已损坏，现有的文本由玛哈西拉·维拉冯收集于《老挝历史》一书。内容主要为一些治国的训导，教导国民要努力创造财富，提高警惕，保卫国家；要求各级首领要爱护部下，体恤民情，不要把老百姓当奴隶；等等。《法昂王的训词》语言简洁，通俗易懂。[①]由于在老挝至今为止尚未发现早于《法昂王的训词》的文学作品。因此《法昂王的训词》也是老挝的第一篇书面文学作品，被视为老挝书面文学的开端。

《坤博隆的故事》是15世纪由僧王玛哈提帕銮创作，经后人多次修改，现有五个版本，即15世纪由僧王玛哈提帕銮创作的第一版，创作于赛亚塞塔提腊王及森苏林王时期的第二版，由僧侣西苏塔希那郎卡创作于1627年的第三版，由赛翁威创作于1708年的第四版以及澜沧王国沦为暹罗附属国后创作的第五版。每一版本都在继承前一版本内容的基础上，根据当时的历史事件，增加了新的内容。故事主要根据民间传说，讲述老挝民族的产生、澜沧王国国王世系事迹等。

《琅勃拉邦纪事》、《芒芬纪事》、《万象纪事》、《占巴塞纪事》采用《坤博隆的故事》的创作方法，根据民间传说来讲述地方历史。

除上述以讲述老挝国家和地方历史为主题的文学作品外，还有一些有关老挝文物古迹历史的文学作品，如《玉佛史》、《佛骨史》等等。

二、近现代文学

1893年，老挝沦为法国殖民地，西方殖民者入侵，老挝的民族

① 张光军:《亚洲人文百科论丛：语言·文学》，北京．军事谊文出版社，2000年版，第189页。

文学遭到了严重摧残，但随着民族觉醒和独立运动的发展，老挝文学进入了一个新的历史时期——近现代文学时期。

（一）进步文学

法国殖民主义者在强化其政治、经济殖民政策的同时，在文化方面竭力推行愚民政策和奴化教育。许多珍贵的老挝民族文学资料在殖民主义者的野蛮劫掠中散失殆尽，老挝民族文化和文学遭到严重摧残。然而殖民地社会的全面形成，资本主义生产方式的引进，也必然伴随西方资产阶级文化的强势进入和影响，从而促进老挝社会文化的剧烈变革。老挝爱国文学工作者和新一代的知识分子，一方面积极拯救和保护民族优秀文化遗产，挖掘民族文学的历史宝藏；另一方面从西方人文主义思想、西方科学民主和自由平等思想中获得启示，从西方资产阶级文学和无产阶级革命文学中汲取思想和艺术资源，在反抗殖民统治、争取民族解放的斗争中探索民族新文化、新文学的发展之路。20世纪四五十年代之交，随着世界反法西斯战争和老挝抗法斗争的不断发展，老挝进步文学应运而生。当时的老挝进步作家和文学工作者有的在作品中抒发热爱祖国，呼吁和平的真挚情感，有的以文学为武器，揭露殖民者的侵略野心，讴歌抗法斗争中的英雄事迹，鼓舞斗争中的人民大众。西沙纳·西山的《爱老挝》、乌达玛·朱拉马尼《占芭花之歌》等都是在老挝人民中广为流传的佳作。

1950年，老挝伊沙拉阵线成立后，非常重视发挥文学宣传和鼓舞作用，于当年创办了机关报《自由老挝》，作为宣传统一阵线路线、方针、政策及与敌人开展斗争的有力工具。1953年，老挝抗战政府决定在各级组织中成立群众文学艺术小组及在县级以下机关中成立诗歌检查委员会，强调文学要为抗法斗争服务，这不仅为老挝进步文学的发展指明了方向，也极大地促进了进步文学的快速、健康发展。老挝进步文学进入快速发展阶段，涌现出一批著名的爱国诗人、作家，如富米·冯维希、玛哈帕蒙、根·郎舍那、宋西·德沙坎布等，他们创作了一批脍炙人口、家喻户晓的文学作品如《救国之歌》、《持久抗战之歌》、《老挝人民之歌》、《老挝土地之歌》、《3月21日的历史》、《两杆火枪》、《老挝越南同欢乐》等等。这些作者大都是老挝伊沙拉阵线的干部战士，作品内容也大都为谴责殖民主义者的侵略罪行，歌颂爱国主义精神和老—越特殊团结友谊，颂扬抗法斗争和伟大成果，宣传伊沙拉阵线的路线、方针、政策，号召人民团结起来反抗法国殖民主义者等。文学创作形式多采用诗歌。由于老挝诗词同歌曲的创作原则及韵律相同，诗歌相通，其中不少诗词被谱成歌曲，在广大爱国民众中被反复吟唱，影响非常大，其中的《老挝人民之歌》在老挝人民民主共和国成立后被定为国歌。

除诗歌外，在抗法斗争时期，老挝进步文学中的散文体小说也得到了一定程度的发展，出现了评论、故事、纪实性文章等。这些作品大都刊登在《自由老挝》报上，内容多为抗法运动中的真实事件的记录，如配图短文《我们的家乡》、《梯西的生活》，英雄事迹纪实性文章《光明永远照耀在正义一方》、《母亲的精神》等。

总的说来，老挝进步文学产生、发展于老挝抗法斗争时期，它从一开始产生就具有了民族主义和爱国主义的特征，并以此为主题。不论是诗歌、小说、纪实性短文，作品大都以反映法国殖民统治下的老挝社会现实、控诉法国殖民者的滔天罪行、歌颂老挝人民伟大的爱国主义精神及其与法国殖民者的英勇斗争为主要内容。虽然作品体裁比较单一，艺术性方面也略显不足，缺乏精雕细琢，但民族主义、爱国主义主题特别鲜明，充满了强烈的战斗性和鲜明的时代感，反映了时代精神，为激发老挝人民的爱国热情，鼓舞老挝人民为拯救祖国而英勇斗争发挥了重要作用，同时也为抗美救国时期老挝革命文学的产生和发展打下了坚实的基础。

（二）王国政府控制区文学和解放区文学

1954年，《日内瓦条约》签定，伴随着法国殖民主义者的撤退，美帝国主义者加紧了对老挝的干涉和侵略。国际上两大阵营的直接对抗，以及老挝国内由美国支持的王国政府和由老挝人民革命党实际主导的爱国阵线两大控制区的形成，对老挝文学的发展也产生了直接的影响和制约。

1954—1975年期间，老挝文学主要分为两个政治区域文学，即王国政府控制区文学和解放区文学。因受战争环境的影响和不同区域政治文化背景的制约，两个区域的文学呈现出不同的面貌。

王国政府控制区文学的基调呈清闲性、消遣性，通俗文学占主流，20世纪60年代以后现实主义文学有所发展，出现了可圈可点的作品。而解放区文学的基调是革命性，“抗美救国”是压倒一切的主旋律。

1. 王国政府控制区文学

20世纪50年代中期至60年代初期，老挝王国政府控制区的文学发展非常缓慢，加之受到泰国文学的影响，这一时期的文学作品大多为清闲性、消遣性的诗歌、散文类等通俗文学，内容主要为爱情小说、家庭小说以及男女调情诗等。

20世纪60年代以后，虽然通俗文学仍有广泛的市场，但随着抗美救国运动的蓬勃发展及人们对王国政府腐朽、落后本质的认识逐渐加深，老挝王国政府控制区的文学有了较大的发展，涌现出一批青年诗人、作家，如《刺竹》创作小组的巴莱、东占芭、东吉、边珠拉门蒂、因提拉以及自喻为苦命作家的辛东、瑟里帕等人。他们运用现实主义创作方法，创作了一批反映王国政府控制区社会现实的诗歌、散文，发表在《刺竹》、《朋根》等报纸杂志上，揭露美国在老挝实施新殖民主义及王国政府卖国、反动的实质，抨击王国政府控制区社会的种种黑暗和不公平现象，描写在西方文化冲击下老挝社会烦躁、彷徨及无所适从的现实，并对遭受苦难及不幸的人们表以同情。最具代表性的作品有东占芭的短篇小说《谁说金钱是上帝》等。

2. 解放区文学

自1955年开始，为反对美帝国主义对老挝的侵略及粉碎王国政府对解放区的进攻，老挝爱国军民在爱国阵线的领导下，开始了长达21年的抗美救国斗争。在这场斗争中，老挝革命文学也得到了迅速的发展，一批老挝革命作家以民族的命运为自己的命运，根据老挝抗美救国战争和革命战争的实际情况，在对王国政府统治区下劳动人民受压迫、受剥削的悲惨生活同解放区人民当家做主的幸福生活作出了对比之后，结合自己的亲身经历，创作出了一大批反映抗战，讴歌革命、讴歌解放区的诗歌、小说、报告文学和回忆录。这些作品深刻地揭露了美帝国主义及其走狗的残暴和罪行，颂扬了老挝各族人民敢于斗争、不怕流血牺牲的革命大无畏精神，从而极大地鼓舞了老挝人民的斗志，增强了老挝人民对革命事业必胜的信心。

这些作品内容丰富，创作题材多样，有的表现被压迫的劳苦大众奋力抗争，不屈不挠地寻求革命真理的过程，如占梯·敦沙万的《生活的道路》(1970年)、坎连·奔舍那的《西奈》等等；有的着力描写战斗生活，再现了老挝革命战士艰苦奋战的情景，如苏万吞的长篇小说《第二营》、塔努赛的《不朽的西通》等等；有的描写少数民族风情，反映他们的斗争生活，如《山雨》、《新生活》等；有的将视线瞄向勤劳、善良而又深受压迫的老挝劳动妇女，以纪实的形式完整地写出了在这场如火如荼的革命斗争中，普通劳动妇女在革命洪潮中的觉醒、反抗、转变以及对革命的贡献，如《离别西番顿》、《生活的火焰》、《三好妇女娘玛》等等。

长篇小说《生活的道路》创作于1970年。作者占梯·敦沙万是老挝现代著名作家。他出身于一个普通的农民家庭。因他家同情革命，接纳伊沙拉干部到家中留宿而导致了家庭变故，只剩他和母亲相依为命。四处奔波之后母子俩受雇于一富人家。艰苦的生活、繁重的劳动使母亲最终因积劳成疾而撒手人世，孤苦伶仃的小占梯受尽了人间苦难。最终，他找到了革命队伍，军旅生涯使他逐渐成长为一名优秀的战士。为铭记革命的恩情，占梯·敦沙万创作了这部小说。小说描写一个深受苦难的少年，为摆脱殖民主义和封建主义欺压，不屈不挠地寻求革命道路，并在革命光辉的照耀下，成长为一名人民解放军战士的经历。小说主人公的成长经历，不仅是作者对自身经历的艺术概括，更是老挝人民为争取祖国解放和民族独立而英勇斗争的缩影。

长篇小说《第二营》是一部以战争为题材的优秀作品，在老挝现代文学史上占有重要地位。小说描写了第二营指战员在极其艰苦的环境下，带领驻扎在战略要地查尔平原地区的巴特寮部队冲破敌人六个营的重重封锁和包围，巧妙地撤回根据地，后又转战南北，屡建奇功的光辉事迹。这部作品被誉为“一曲老挝爱国军民抗美救国斗争的赞歌”，是苏万吞战争题材作品的代表作。

解放区文学作为老挝特定历史时期出现的一种文学现象，其作品在题材、主题方面的处理，人物塑造及艺术表现手法等方面具有鲜明的特色，体现出文学为抗美救国服务的价值定位，且明显带有中国抗战文学影响的痕迹。尽管这些作品有一定的历史局限性和概念化、简单化的倾向，但在民族危急的特定历史时期，它弘扬了文学的正气，提高了民族凝聚力，成为老挝人民民族解放斗争不可或缺的有力武器和精神食粮，其独特的历史贡献值得肯定。

三、当代文学

1975年12月2日，老挝人民民主共和国宣布成立，从此老挝文学进入了一个蓬勃发展的新时期。文学界涌现出许多新作家，他们创作了大量革命回忆录、反美斗争小说，反映人民当家做主的诗歌等作品。

在20世纪70年代中至80年代末这一时期里，老挝在内政外交上强调要加强和维护同越南的“特殊关系”，发展同苏联和“社会主义体系”的团结友谊；在经济上照搬苏联模式，实行农业合作化、工业国有化、商业统购统销、关闭自由市场、限制商品流通和企业吃大锅饭等政策；思想意识上强调要坚持马列主义、维护革命传统、加强社会主义教育及坚持文学为社会主义改造和建设服务等方针、路线。老挝文学作品侧重于发挥政治思想教育功能，突出对过去抗法、抗美救国斗争以及现实社会主义改造和建设生活的描写，主要作品有反映战争题材的《越狱》、《党的女儿》、《黑暗中的光明》、《生命风暴》、《在和平的日子里相见》等，反映社会主义改造和建设事业题材的《邦那之花》、《太阳照在东娘岛上》等。

《越狱》是通舍·科旺沙根据抗美救国战争时期真实的历史事件改编的。1959年7月，在美国的支持下，培·萨纳尼空右派政府将包括苏发努冯在内的16位爱国阵线领导人诱捕，关押在专门的监狱中，并派被视为对右派政府忠心耿耿的青年学生去看守，这其中就有作者通舍·科旺沙。在长达一年的看守中，以通舍·科旺沙为首的9名年轻人逐渐被爱国阵线领导人平易近人的作风、忧国忧民的爱国情怀所感化，他们决心帮助爱国阵线的领导人越狱。在经历了种种困难后，9名年轻看守配合16位爱国阵线领导人成功逃出监狱，安全地回到解放区，他们也光荣地加入了老挝人民解放军。作品以亲历者的讲述，真实地再现了这一历史事件，并成功地塑造了以苏发努冯为代表的这一领袖群体，展现了他们为国家的独立和民族的解放而不懈斗争的伟大风采。

20世纪90年代以后，随着东欧剧变及苏联解体，老挝的内政外交政策也作出了较大调整，开始改变过去完全依赖越南及苏联的做法，采取务实主义，实行革新开放政策，社会意识形态也趋向宽松。文学创作不再是单纯的正面宣传，逐渐趋向多样化和个性化，开始关注人们的个人权利及反映社会现实生活，出现了一些真实反映社会面貌、揭露社会阴暗面的作品，如作品《男子汉》等。在对抗法、抗美救国战争题材的处理上，也倾向于多元化表现，开始关注在战争环境下人的内心世界，展现人们对爱情、幸福及高尚情操的追求，这类作品中最具代表性的是老挝著名作家占提·敦沙万的短篇小说《夜宿密林》，该作品曾于1999年获得“东盟文学奖”。

第二节　音乐与舞蹈

一、音乐

音乐是老挝民族工作生活中不可或缺的重要元素，在婚娶、生日会、入住新居、庆祝丰收等各种聚会场合都起着举足轻重的作用。老挝民间音乐具有通俗易懂、节奏明快、愉悦心情的特点，能调动大众的参与热情，不但人人能跟着音乐尽情起舞，相当一部分人还能即兴就曲赋词，给人们的创造和娱乐留下了很大参与空间。老挝人给人的总体印象是非常乐观的，这与其音乐的大众化是分不开的。

（一）乐器

老挝的乐器基本可分为敲击类、弦类、吹奏类三种。敲击类主要有锣、鼓、木琴、套锣等。老挝的鼓与邻国泰国、柬埔寨和缅甸的鼓相似，但外形稍有差异，象脚鼓为长形单鼓，双头鼓支架较短，尾部开有两个小洞；套锣主要与木琴配合，起调整节奏的作用，可分为高音和低音两种。老挝弦类乐器与泰国、柬埔寨的同类乐器同宗，与中国和越南的近似，主要有胡琴（二弦琴）、诗琴、月琴（四弦琴）。吹奏类乐器大部分由竹管制成，最为常见的是芦笙，是咔、喃两种民歌的主要伴奏乐器，甚至可以看作是老挝人的一个形象代表，有谚语说“住高脚楼，吃糯米，吹芦笙者，老挝人也”[①]。

（二）民歌

老挝民歌有三种主要形式，第一种是称为“圣”的演唱形式，曲调单一，也可以说是一种说唱形式，内容往往是粗俗地调侃两性，一般只在赛龙舟和高升节放火箭时集体说唱，没有得到广泛的传播，发展潜力有限。第二、三种民歌形式主要按地域分为北部、中部的咔以及南部的喃。这三种民歌形式是不受外国文化影响的地地道道的老挝特色，被视为老挝民间文化的精髓。

咔和喃都具有比较固定的曲调，不同的只是演唱的内容。咔是结合演唱、述事、舞蹈在内的一种艺术形式。喃是老挝多种叙事民歌的起源，多以有韵律的三言、四言、五言或七言诗或自由式吟咏、排偶句的杂言诗为歌词，可长可短，由歌手尤其是民歌手根据固定曲调，即景即情编词叙事、说理、抒情，有独唱、对唱、一人领唱众人附和等形式。最为耳熟能详的喃是“梁喃”，意为演唱叙事，

① 布班·沃拉昆：《文化的民族性》，万象．政府出版社，1998年版，第102–106页。

可由30位歌手与5~10位比帕乐队成员共同唱演《罗摩衍那》或其他的古老故事，如：尚信赛、西敦·马诺拉、卡拉吉等，唱演时间通常会达到几个小时。还有两种类似“梁喃”的喃歌形式是“双人喃”和“官喃”。“双人喃”由男女两名歌手进行情歌对唱或逗乐，“官喃”由一个人围绕某一主题或故事演唱，通常还有芦�伴奏。不论喃曲还是咔曲都有多种唱腔，各个地域的曲调都各有特色，老挝最具有代表性的咔、喃民歌主要有：北部的琅勃拉邦通咔、桑怒咔等；中部的傣咔、孔沙万喃、当外喃等；万象地区的娥咔、德喃、龙喃等；南部的马哈赛喃、西潘敦喃、沙拉湾喃等。

1. 琅勃拉邦通咔调

琅勃拉邦通咔调起源于琅勃拉邦，已有七百多年历史，现流行于琅勃拉邦、丰沙里、乌多姆赛和沙耶武里等北部地区。通咔调多在各种民族节日，特别是泼水节的庆祝仪式上演唱，演唱时用琅勃拉邦方言，一般需两人以上表演，一人或二人轮流领唱，另一人或多人附和。常以问答、逗趣的形式，内容广泛，多以爱情题材为主，用语大胆直白，由演唱者即兴发挥。伴奏乐器有木琴、二胡、板胡、扬琴、象脚鼓或单面鼓、锣等。节奏欢快热烈。琅勃拉邦通咔调现已在全国流行。

2. 傣咔调

傣咔调起源于中国傣族民歌，在老挝流行于丰沙里、琅南塔、乌多姆赛三省以及琅勃拉邦和沙耶武里两省北部，傣族聚居区更为流行。伴奏乐器有细管笛、粗管笛、二胡和胡琴。演唱时使用和声是傣咔调的特点，能给演唱带来层次丰富的音乐美感。该曲调又可根据节奏分为快、中、慢三类，内容有情歌对唱和故事讲述等，分别受到青年人和老年人的青睐。

3. 桑怒咔调

桑怒咔调流行于华潘省(原名桑怒)、万象省万荣地区和川圹省北部。伴奏乐器为寮笙(14管或16管)。曲调因地域和演唱内容而稍有些差异，可分如下几种：哥恋妹调、告别调、迎宾调、叙说故事调等。

4. 川圹咔调

川圹咔调来源于川圹地区，现也为全国所接受。伴奏乐器主要为寮笙，小鼓使用也较多，使曲子富有很强的节奏感，很适用作舞曲。在同一曲调下分两类，一是青年男女对唱，二是一人独唱，或叙述故事，或自问自答。

5. 娥咔调

娥咔调流行于万象省南俄河流域，伴奏乐器有寮笙、笛子、胡琴，歌词内容多是青年男女谈情说爱，常以一问一答的形式对唱。节奏缓慢，曲调柔美。

6. 红泰咔调

红泰咔调流行于华潘省红泰族居住地区，多在重要仪式如颂魂拴线、乔迁新居时演唱。有独唱，有对唱，尤以男女青年对唱最受欢迎。但由于常用红泰族语言演唱，曲调平实无华，音乐美感稍差，不能作为舞曲，没能在全国流行。红泰咔调主要有以下几种分类：喔咔，以两人对歌的形式演唱；安咔，用箫伴奏；还有一些演唱方式是清唱，不用任何乐器伴奏，如老友相聚时饮酒作乐往往喜欢清唱一曲以助酒兴，表现了红泰族人休闲、热情而且乐观向上的生活态度。

7. 当外喃调

当外喃调流行于下寮沙湾拿吉省，伴奏乐器有手拍单面鼓、吉他、小钹、手铃，等等。当外喃调现已流行全国，其曲调欢快、激昂，伴唱方式也非常独特，常有多人以近似起哄的方式进行伴唱作为衬托，在作为喃旺舞舞曲时，往往起到意想不到的效果，众人也会跟着伴唱，从而使得互动非常热烈。因为跳一般的喃旺舞时，男女舞者相隔半米以上，没有身体接触，也没有眼神交流，不过是礼节性起舞而已，气氛有些沉闷无聊。但是当外喃调的节奏和起哄式的伴唱却使得现场气氛异常热烈，众人除了不时跟着起哄外，跳舞的节奏也会不自觉加快，男女舞者的热情也被激发，跳舞的动作也会丰富一些，不单纯只是两手放在胸前简单转圈，而是会有与舞伴绕舞交流、双手随节奏向前及向两侧摆动等动作，使跳舞更具有可看性，气氛也得到活跃。在同一的曲调中，又细分为水当外喃、陆当外喃、码头当外喃等。

8. 普泰喃调

普泰喃调来源于沙湾拿吉地区普泰族人的民歌，最初是从祭祀神灵、祖先时祈祷赞颂的语调中演变而来的，因而曲调平实，韵律起伏不大，近似现代说唱的形式。普泰喃有两种曲调，一是大普泰喃，更多地保留古曲风格；二是小普泰喃或称平原普泰喃，因出现于20世纪60年代，所以有人称之为现代普泰喃，是由大普泰喃的曲调经过改造而成的。现在，普泰喃曲调已传播到全国范围内，曲调、节拍也吸收了其他民歌的优点，所以较前更加优美动听，且被加入了很多舞曲的元素，成为喃旺舞的必选舞曲，深受现代年轻人的喜爱。

9. 孔沙万喃调

孔沙万喃调由沙湾拿吉省传出，现为全国流行。20世纪初，这种曲调又被称作解谜调，因为多用于男女青年对歌，类似广西壮族出现的以刘三姐为代表人物的对歌形式。现今又倾向于回归古曲风格，因起源于吟读贝叶经，因而唱腔有说唱的特点，曲调变化不大，但内容却基本不重复。孔沙万喃曲调伴奏乐器有寮笙、胡琴、月琴、笛子、手拍单面鼓、大钹、小钹、摇铃等，现也常作为喃旺舞舞曲，但受欢迎程度一般。

10. 沙拉湾喃调

沙拉湾喃调来源于沙拉湾省的民歌曲调，现已流行全国。相对老挝民歌节奏的普遍和缓，沙拉湾喃调节奏明快，热情奔放，非常适合作为舞曲。如较具有代表性的一首曲子叫《沙拉湾低下（身子）》，歌手在演唱过程中能掌控并调动整场的舞者，让舞者整齐地随着演唱而低身、起身、转身、退后，使舞池变成一个表演的舞台，极易使现场的气氛达到高潮。伴奏乐器有寮笙、胡琴和鼓。同一曲调下，因地域不同又可细分为五种曲目，即："风吹竹"调，流行于纳空平地区；"金斑鸿"调，流行于色顿和瓦比坎通地区；"瀑布泻"调，流行于老岩和达色地区；"蝶恋花"调，流行于顿兰地区；"踢稻根"或"跳方块"调，流行于沙拉湾县地区。

11. 西潘敦喃调

西潘敦喃调起源于占巴塞省的孟孔（孔埠）地区，当地有世界闻名的西潘敦（意为四千小岛）风景区，故而以西潘敦为名。今已广泛流行于下寮占巴塞、沙拉湾、阿速坡等省。伴奏乐器以寮笙为主，配以一些击打乐器。据称，西潘敦喃也是起源于吟读《贝叶经》，曲调变化较少，也近似于说唱。

12. 马哈赛喃调

马哈赛喃调原是甘蒙省马哈赛县普泰族的民歌曲调，今已广泛流行全国。伴奏乐器有寮笙、二胡、月琴（或吉他）、箫、笛、大钹、"沙沙"（一种手摇乐器，发出"沙沙"的声音，用以划定节奏）和鼓等。曲调比较欢快，常作为喃旺舞舞曲。马哈赛喃唱词比较开放大胆，常以两性话题作为调侃。

13. 占宋调

占宋调是流行于占巴塞省西潘敦一带的又一种民歌曲调，由占宋一人创作。占宋原籍沙湾拿吉，出家还俗后定居西潘敦，他把沙湾拿吉的吟读贝叶书曲调与“西潘敦喃”曲调结合起来，创作了独具特色的“占宋调”。

14. 荡舟湄公河喃调

荡舟湄公河喃调广泛流传于湄公河流域，已有四百多年历史。主要以寮笙伴奏，演唱节奏缓慢，如同在平缓的河面上行船，自在而悠闲，反映了湄公河一带居民恬淡自然的生活形态。

此外，喃曲中有两种曲调在老挝全国广为流行，老挝人称短调和长调。短调要求歌词每节4行，每行7个音节，分前三后四（即前一段三个音节，后一段四个音节）两段，但可以加前引二至四个音节，押韵要求同老挝的传统诗体，如押韵有困难也可押前引词的韵。此外，要求每行第四个音节用相当于汉语的第一声调，第三个音节用相当于汉语的第三声或第四声。长调在与短调基本保持相同的基础上，还可以“续尾”，即可在第四节最后一行续上部分音节，押韵要求较宽，第一行末一个音节可以与第三行第三个音节同韵，也可以与第二行第二个音节同韵。声调要求一般是第六个音节用相当汉语的第一声，第五个音节用相当汉语的第三声或第四声。全曲不必一韵到底，可以从第五节起换韵。

（三）歌曲

在老挝的民族音乐里，还有一种不同于上述的音乐形式，现一般称之为“平老（意译为老挝歌曲）”，大致可分古典歌曲和新时代歌曲。

1353年，法昂王统一老挝后，从柬埔寨引入音乐艺术。到苏里亚旺萨王时期，老挝古典歌曲风格基本成型。古典歌曲又可细分为两种形式，一种是供独唱或演奏用，曲调比较低沉；另一种是专为戏剧和舞蹈伴唱，论释剧情内容，曲调灵活多样。古典歌曲的演唱技巧不同于新时代歌曲，常交替使用全喉音、喉鼻音、颤音和纯鼻音，有时则用舌尖顶住上腭来控制声音，使之发出小而尖的声音或高音[①]。老挝古典歌曲的奏唱起初主要用于一些重要的国内仪式上，如勃拉邦佛游行、宫殿模型游行、赛龙舟仪式以及戏剧上的演奏，后来经过很长的历史发展过程才逐渐流传于民间。聆听古典歌曲时，其缓慢的曲调极易使人感受到恬静和放松，如流水潺潺滋润心间，又仿佛置身竹林中，微风拂面，沁人心脾。总体反映了老挝人温文尔雅、与世无争、宽容忍让、热爱自然的精神风貌。伴奏乐器有寮笙、箫、竹胡、二胡、鼓等。

老挝的新时代歌曲不同于美声唱法，也不同于通俗唱法的流行歌曲，有别于咔和喃，但带有较浓的咔喃韵味，此类歌曲还带有很多诗歌中才用到的梵文和巴利文词语，新一代年青人恐怕也很难理解。

随着全球化进程的加快，年轻一代的老挝人对传统的音乐形式不太感兴趣，转而接受从西方国家和泰国传入的流行歌曲形式，甚至也出现了摇滚和说唱形式的艺术表演形式。近十几年来，这种被老挝社会称为“老挝现代歌曲（意即流行歌曲）”的音乐形式以其歌词易于理解、曲调易于传唱而逐渐为整个社会所接受，但其发展还处于很稚嫩的阶段，基本是模仿泰国的流行歌曲风格，从事创作和表演的以九零后新生代为主，创作水平和表演水平都还有待提高。

二、舞蹈

老挝的舞蹈可分为大众舞蹈和表演性、艺术性较高的纳达辛舞。大众舞蹈的主要代表是喃旺舞（圆圈舞），其唱腔属于喃曲，这

① 老挝民族曲调[EB/OL].（2008-01-02）[2012-03-11]. http://www.laostb.com/html/200801/2/20080102160235_1.htm.

是老挝社交和礼仪当中的一项重要内容。人们在举行婚礼、生日等庆祝活动时都要载歌载舞，喃旺舞就是让大家共同参与的一个最好方式。该舞蹈动作极为简单，主要体现为手上动作，双手自然伸直，或拇指和食指接触，其余手指伸直，做转圈动作，而脚步则跟着音乐节奏随其他舞者绕圈挪动。与国际礼仪不同的是，在舞会上一般是由主人安排的女士向男士贵宾发出跳舞邀请，没有男方向女方主动发出邀请的习俗。但是如果不是主人安排，参加舞会的女性宾客一般也不会主动邀请男性跳舞。舞池中现场气氛非常热烈，但跳舞双方一般没有任何交流，体现了老挝人喜欢热闹但在男女社交距离上仍然比较矜持的特点。

纳达辛舞起源于柬埔寨，是吴哥王朝繁荣的见证。14世纪法昂王统一老挝后，纳达辛舞传入老挝。纳达辛舞是一种综合性的表演艺术形式，剧情复杂，人物角色很多，根据剧情的发展始终有音乐伴奏。由于以舞蹈为主，因而幕后有伴唱作为背景，歌唱演员并不登台演唱。为了营造故事情节中的氛围和场景，舞台也会有一定的布景和灯光配合。演出时，演员依次上场，服装和面部化妆尽量表现故事情节中的人物身份，主要以舞蹈、轻柔的武打动作表演各种故事，幕后用古典歌曲伴唱进一步诠释剧情内涵。纳达辛舞的表演有一套程式化的舞蹈、动作语汇和表演要求，就动作而言，伸出手，用手掌捂胸，表示自我介绍、言及自己、明白，并可再通过脸上的表情表现喜怒哀乐；双手交叉于胸前，手指尖与肩平，表示爱慕、披盖衣被；以手掌捂前额，表示惋惜、不适；手掌先贴近腮边再移至面颊，表示害羞、愧疚等。如此种种，通过手脚、脸部、眼神、身姿等各种动作表情的配合，表现人物行为和情绪，最终满足展开剧情的需要[①]。

① 纳达辛：老挝表演艺术中的“阳春白雪”[EB/OL].[2012-03-11]. http://www.7676u.com/Books_News/38846.html.

第三节 电影与戏剧

一、电影

老挝的电影业是东南亚国家里最不发达的，甚至对电影发展的历史过程也是记录不清的。由于老挝的电影受到社会变迁和政治路线的影响非常大，因而基本上可以依据社会发展的不同阶段将老挝电影分成三个阶段。

第一个阶段是老挝人民民主共和国成立以前。1893年，法国人对老挝进行殖民统治后，当局拍摄过一些纪录片，老挝现政府非常热切地希望找到这些资料，以对历史进行研究，但由于这些历史资料没有得到完好保存，到目前为此，没有任何乐观的发现。因此，这一时期成为老挝电影业的空白阶段。1953年，老挝从法国的殖民统治下独立出来，老挝王国政府成为合法的政府。而反对君主专制的老挝爱国阵线也已渐成气候，两个政权出于各自的政治宣传目的，制作了带有鲜明政治色彩的新闻宣传片和纪录片。老挝电影业呈现出两种不同社会形态的电影共同存在和发展的态势，进入了商业电影和政治宣传性影片共存发展的时期。

在1956年至1975年这一时期，老挝爱国阵线拍摄的电影以反映现实战争、政治斗争题材为主，以激发人民爱国热情，反对王国政府、反抗外来侵略和干涉为主题。1956年拍摄的纪录片《集结在两省交界》，从时间上看应该算是老挝最早的电影，当然有人说这是纪录片，不算真正意义上的电影或故事片，而把王国政府于20世纪60年代初拍摄的《真假朋友》视为老挝的第一部电影。1965年出品的《二十年的革命历程》、1970年出品的《旱季的胜利》及同年出品的《自由的土地》均以革命战争年代的大事件为创作背景，反映革命者英勇顽强、不屈不挠进行斗争的伟大精神，在当时的解放区引起了强烈的反响，成为老挝革命电影的经典。解放区所拍摄的影片反映的思想形态具有很强的政治倾向，与王国政府统治区所要表现的电影文化形成鲜明对比。

为美化政府和王室形象，巩固王权，王国政府制作了众多的政府宣传影片和一些王室活动的纪录片。20世纪60年代初，具有象征意义的老挝第一部故事片《真假朋友》由王国军队拍摄完成，电影制作得到了越南的资金援助和技术支持，主要在华潘和丰沙里两省放映。王国军队很快又制作完成第二部作品《我们的土地》。这两部电影被视为老挝商业电影的开端，但这一时期，老挝商业电影的运作十分艰难，没有拍摄设备，没有自己的电影工作室，几乎都需要租借，而且电影的后期制作都是在泰国完成的。这一时期，老挝电影的领军人物是制片人坎京·班达萨，他的代表作是《三个轮子》。1960—1975年15年间，老挝独立制作的电影屈指可数，主要有:《女孩的命运》、《当云雾消失的时候》、《伦潘的黑泰人》、《沙拉湾女孩的情思》、《深山猛虎》、《流浪女的眼泪》、《湄公河两岸》。同时，还演出了两部舞台剧《卡拉吉》(根据老挝古代长篇史诗《卡拉吉》改编)和爱情剧《昆鲁与娘蜗》。这些影片或舞台剧的商业色彩浓厚，内容大体是爱情故事、社会纪事和古典文学的改编，没有过多的政治色彩。王国政府设立电影局，对国内生产和国外进口的电影进行管理，截至1974年，全国有16个电影院，大部分在万象市，基本上是私营的。

第二个阶段是从1975到20世纪末，是老挝电影发展的低谷。老挝全国解放后，新政府考虑到法国殖民当局和老挝王国政府拍摄的影片在意识形态上与新政权存在冲突，这些影片被视为是反动的，或是宣扬小资情调的，与社会主义的主旋律不符，因此禁止放映。同时，由于建国初期百废待兴，财政紧张，国家无力支持电影的发展，取缔了所有私营部门的电影制作及发行，老挝的电影生产基本停步不前。1976年，文化部成立电影局对全国的电影生产发行进行管理，但这一时期的电影实际上只是一些政府宣传片和纪录片，如《全国代表大会》(1976年)、《老城的新生活》(1980年)、《猎象者的家园》(1982年)、《老挝人民民主共和国成立十周年纪念》(1985年)、《第四次党代会》(1987年)、《建设国家》(1987年)。此外，还以视频录像记录了一些各地的大水灾等自然灾害和社会事件。

1983年，老挝电影局与越南政府联合拍摄了彩色故事片《查尔平原的枪声》，被视为老挝建国后的首部电影。该片由老挝人宋吉·喷色纳和越南人范祈南共同执导，老挝中央话剧团的演员出演。影片反映的是1958年，老挝爱国阵线的一个排被王国政府军包围在川圹省查尔平原，最后奋勇突破包围圈的英勇战斗事迹。由于拍摄和制作技术的缺陷，这部影片没有引起强烈的反响，特别是市场反应冷淡，没能收回成本。尽管遭遇第一次的失败，1988年，老挝电影局还是决定独立拍摄第二部故事片《红荷花》，由在捷克受过培训的宋欧·苏提鹏执导，仍由中央话剧团的演员出演。这是一部黑白影片，以1972年国内战争为背景，讲述一个家庭离散的故事，较深刻地反映了战争给国家造成的分裂以及给民族形成的灾难，现实感强烈，故事是大多数老挝人现实生活的反映，对每个人的心灵形成了强烈的冲击。影片聚焦内战、家庭暴力、贫困和骨肉分离的悲剧，深层挖掘传统习俗和当代价值之间的冲突，不管是电影艺术方面还是现实主义价值方面都取得了较大的成功。这部影片曾被译成英语和日语在国外上映，目前仍经常在老挝国家电视台播出。

除了国产电影外，1980—1985年间，老挝对国外电影的管制是宽松的，老挝将苏联和越南进口的影片视为其发展的方向，因为其主要表现了积极向上的、革命的、乐观主义的思想主题。从1983年以后，老挝每年进口70部外国影片，其中包括泰国、英国、印度、中国香港、法国、意大利甚至美国。然而好景不长，到1985年，由于资金和技术的缺乏，电影院无力经营，这种对外国电影文化的开放姿态戛然而止。

由于上没有国家的支持，下没有观众的捧场，老挝电影走进了死胡同。1988年，电影局被撤销，改由国家电影公司对进口的国外电影进行管理，国内则完全没有电影生产部门，到20世纪90年代初，只有极少数电影院勉强维持。1995年至2003年间，老挝全国仍没有一个专用的影院。

第三个阶段是从21世纪初至今，是老挝电影开始恢复和发展的时期。1991年，老挝成立国家电影资料和视频中心，其主要职责是保护原有的电影资料，并从事纪录片生产制作，该中心所制作的大部分纪录片都是在老挝人民革命党中央、国家主席府、总理府等职权部门的指示下完成的，如《老挝人民革命党第七次全国代表大会》(2001年)、《老挝第五届国会选举》(2002年)。2003年，国家电影资料和视频中心制作了8部纪录片，内容涵盖国家庆典(《澜沧王国650年纪念》)、旅游(《世界文化遗产瓦普石庙》、《古老名城万赛》、《孟孔与老挝民族文化》)、时政新闻集锦和健康养生等。同时，该中心也在免费或经营性地播放一些纪录片和故事片，并积极利用便携式电影放映设备，在一些大型节庆活动场合进行放映，以扩大影响力。如2003年，该中心在塔銮节时举办了一个电影文化周，组织老挝、中国、俄罗斯、越南、泰国和印度等国家展示各国的电影，目的是在展示别国电影的同时，将老挝电影推向国际。2005年，在越南资助下，老挝国家电影资料和视频中心新楼启用，与该大楼相邻的旧址被改造成一个拥有120个座位的电影院。另外，随着老挝国际贸易会展中心双银幕影院、中国援老项目——国家文化宫、法国文化和语言合作中心的成立，总体上使得首都万象的电影院初具规模，为老挝电影的商业化运行提供了一定的市场硬件条件。

进入21世纪后，向来关注现实题材的老挝电影对社会现实表现出了极度的敏感，出品了几部密切追踪反映社会热点问题的电影。2007年公映的《父亲的心肝宝贝》以当时肆虐的禽流感为题材，着力表现禽流感的严峻形势与部分人民群众的麻木与大意之间的强烈反差，期待通过残酷的现实引起人民的注意，以防范禽流感对社会生产生活造成的更大破坏。这部影片得到了老挝卫生部的资金支持，可以说是一部公益宣传类的影片，影片在全国免费公映，使得老挝国人对国产电影有了重新认识，改变了人们长期以来认为国产电影太过呆板，属灌输式说教的看法，愿意以欣赏的心情来观看国产影片。几乎同一时期上映的《生活的教训》，以近年频频发生的贩卖妇女儿童案件为背景，告诫民众不要盲目听信花言巧语，不要过分崇尚国外生活方式，希望人们在自己的家园安居乐业、艰苦奋斗，社会反响良好。

2008年，老挝政府重新设立电影局，隶属于信息文化部。政府开始放松对电影的控制，允许国家以外的实体和个人投资拍摄电影，老挝的电影事业出现了根本性的转变。从2008年到2011年，老挝和泰国合作创作了《你好，琅勃拉邦》、《巴色没有答案》和《老挝婚礼》三部电影，被称为《你好》系列三部曲，老挝电影从创作手法、艺术表现样式都倾向于借鉴泰国电影的模式，这标志着老挝电影开始走市场化的道路。2008年出品的《你好，琅勃拉邦》由老挝艺术传媒公司和泰国私人电影制造商斯巴达公司合作拍摄，影片由老挝和泰国联手执导。这不但是老挝首部非官方投资的电影，也是老挝与泰国合作的首部电影，在老挝电影史上具有里程碑式的意义。影片讲述一名有老挝血统的澳大利亚籍摄影记者（长期在泰国工作）在老挝旅游采风时爱上一名美丽的老挝导游的故事。影片以两人在旅游过程中由相识到相爱的过程为主线，将老挝绮丽的自然风光贯穿始终，将浪漫主义与爱国主义很好地融合到电影中。这部电影竭力表现与传统泰国电影的不同。片中的爱情朦胧、内敛而又淡雅清新，片中的人物美丽而矜持，片中的情节简单而动人，与泰国爱情电影一贯复杂的情节、夸张的情感表达形成鲜明对比。这其中或许更多地体现了老方导演的意图，他在这部电影中要展现的并不主要是爱情，爱情只是一个包装，其深层次的意图是要提升老挝的国家形象，他要通过展现老挝美丽的自然风光、老挝人质朴和善以及诚信的品质改变外界对老挝与世隔绝的印象，因而可以说这是一部爱国主义题材的影片。2010年，第二部曲《巴色没有答案》面见观众，故事发生在老挝南部的巴色市。情节比第一部更为简单，描述一名泰国摄影师到老挝巴色为一对新人拍摄婚庆照片和视频过程中与新郎新娘的朋友相识并展开追求的故事。《你好，琅勃拉邦》最终对两个主人公的爱情没有明确交代，似乎是为第二部作伏笔。但《巴色没有答案》仍然没有对两人的爱情归宿给出明确答案，这或许能理解题目的内涵，同时这又给第三部曲埋下一个伏笔。2011年下半年，第三部曲《老挝婚礼》创作完成，影片中男主人公克服重重障碍，最终愿意放弃泰国相对优越的生活条件，为心爱的人到老挝来定居，两个相爱的人最终走到了一起。这三部电影也最终圆满演绎了相识相爱、矛盾冲突以及幸福美满的爱情三步曲，而泰国电影的浪漫主义与老挝现代仍然要委婉表现的爱国主义也终于圆满地融合在一起。

与《你好》系列三部曲和同期上映的《只有爱》等纯故事情节电影不同，老挝导演阿尼赛·乔拉想打造不同的老挝电影模式，那就是老挝的动作电影。2011年6月，老挝新浪影业公司计划用五个月的时间拍摄《在地平线上》，故事将目光投向社会中的贫富两极，描写善良与凶恶的对立，融入了商业电影的暴力、死亡、愤怒、痛苦、仇杀等诸多元素，这对老挝电影来说确实是一个跨越。《在地平线上》摄制组只有10个人，没有投资方，只有有限的赞助，这些赞助只够拍摄期间的吃住以及给付演员的开支，而演员也没有经过专业的训练。阿尼赛·乔拉说拍这部电影并不是为了赚钱，实现他的“拍不同于以往的老挝电影”的理想就足够了。这些有志于发展电影事业的老挝电影人确实是可敬的。该片已于2012年2月22日首映。

进入2011年以来，老挝电影呈现出迅猛发展的势头，爱情、动作等现代电影的两大卖点都在老挝电影中得到了初步的体现，表明老挝电影已开始走上或试图走上商业化、国际化的新路子。但总体来看，老挝由于缺乏人才、资金、设备、技术和市场，国产电影创作面临的困难是可想而知的。但老挝电影人似乎已经看到了出路，那就是以开放包容的心态，接受并学习外来的东西，努力在国际合作中提高自身素养。同时，努力打造良好的国际形象，以世外桃源般的环境优势，以纯朴真诚的人文特质，以独特的文化资源吸引国际大牌电影公司参与老挝的电影制作。

二、戏剧

老挝的戏剧原本只包括两种形式，一种称为“孔”剧，是以《罗摩衍那》为蓝本进行叙事的一种戏剧形式。“孔”剧以歌剧为主，叙述罗摩衍那的故事，演员须穿着古代服装，面部化妆较浓，刻意通过外部特征表现人物性格特点和身份地位。另一种戏剧形式与“孔”剧相同，但内容与《罗摩衍那》无关，称为“拉孔”剧。

1975年以前，万象的老挝王国政府将喃曲的合唱表演形式称为“梁喃”曲，泰国东北的老挝族称为“喃亩”曲（意即喃曲合唱）或

“诗歌梁喃”曲，而桑怒解放区则称为“拉孔喃”曲。解放后，“拉孔喃”戏剧表演形式在政府的支持和推动下得到了长足的发展。同时，其他的戏剧形式也得到了促进和发展，如：舞剧、话剧、木偶剧、哑剧、舞台剧和电影电视剧。“拉孔喃”剧发展出其他的几种戏剧形式后，其最原始的风格仍保存了下来，由于更多的人更习惯于称为“梁喃”剧，因而“拉孔喃”剧的称呼也就被“梁喃”剧取代了。梁喃剧与孔剧的表演类似，只是不限于《罗摩衍那》的故事，内容相对要丰富得多，较具有群众性，更贴近生活。

上文提到的老挝纳达辛舞，实际是一种舞剧，以各种历史故事为蓝本，是老挝最具特色的戏剧形式。纳达辛舞来源于柬埔寨宫廷舞剧，演员的服装绚丽多彩，多戴有面具，舞姿以手部与臂部为主，动作和缓温柔，一般还会有比帕乐队和合唱组为其伴奏和伴唱。但是，当代老挝的舞剧更接近泰国的舞剧，如舞剧《火焰》，小说和故事中的人物也出现在舞剧中，主要以《罗摩衍那》、佛史和地方志中的历史故事等为主。舞台背景丰富，较多地使用道具。经过长期的发展，老挝也创作出了不少具有自身特色的新作品。在这类古典舞剧中，有一个永恒不变的主题，男主角往往是英俊勇敢的王子或志存高远的少年，得到法力无边的因陀罗相助，具有异于常人的超凡力量，常为了人间的正义和光明与凶残无道的恶魔进行战斗；女主角通常是一位温柔美丽的姑娘，代表受到破坏和摧残的美好事物。经过不懈的战斗，男主角终能战胜邪恶，救出美丽的姑娘并与之喜结良缘，象征着正义终将战胜非正义，人们终将过上幸福美满的生活。

男性面具舞蹈“孔哑剧”是舞蹈形式的戏剧，来源于高棉，取材于《罗摩衍那》，老挝和泰国的哑剧相似度更大于柬埔寨哑剧。表演过程中没有台词，必要时由幕后专人伴唱、旁白或配音，大部分时候要根据舞者的表演表现故事情节，非常考验舞者的表演功底。该剧中的主要角色有罗刹(魔王)、猴王和人物，扮演人类或神仙的演员可不戴面具，但扮演罗刹、猴王的演员必须戴面具，以衬托神秘、恐怖的色彩。传统节目有《拉玛坚》(即印度《罗摩衍那》故事的老挝译本)故事。

皮影戏也来源于高棉，也称“大皮戏”，主要流行于14到15世纪的老挝王宫，现今未有遗存。但据考证，现有的“东隆皮影戏”改造自古时的皮影戏，表演者把皮剪裁成一张张小片，参照爪哇宫廷戏把皮组合成各种人物、动物、武器等，由多人在后台操纵拉线，表演《罗摩衍那》中的战争场面，各种敲击乐器也会极力渲染紧张、激烈的氛围。手袋戏也有与古代皮影戏相似的地方，现主要流行于琅勃拉邦一带，20世纪70年代末在保加利亚的援助下得到了恢复。①

老挝话剧在古代是只在王宫中表演的一种艺术，随着王国的衰败已失传几十年。1980年，在越南政府的支持下，老挝组建话剧团，话剧得到了较快恢复，主要以弘扬革命精神、批评社会消极现象为主题。近年来，老挝中央话剧团面向市场，重新对自身进行定位和调整，在电影和电视剧表演方面取得了突出的成就。著名小品剧《村民剧》以其风趣幽默的对白、写实的风格和曲折的情节引起了老挝社会的强烈反响，受到了积极评价。

第四节 美 术

老挝美术以琅勃拉邦和万象为中心而发展，它与泰国同属上座部佛教美术，受到泰国美术的强烈影响。琅勃拉邦及其以北地区的

① 布班·沃拉昆:《文化的民族性》，万象. 政府出版社，1998年版，第106–110页。

美术源于泰国的清迈美术系统，万象地区的美术则源于泰国的大城美术系统。

一、绘画

由于历史上老挝文化艺术水平不发达，绘画方面没有太大的成就，主要是一些以佛教故事中的角色为蓝本的壁画。但由于天灾人祸，那些曾绘于寺院墙壁上的画作也已追随历史而去，难以看到有价值的遗存。少许留传下来的寺院墙壁上的画作主要保存在古都琅勃拉邦，如：香通寺、巴铁寺、龙昆寺和旧王宫。画作的内容包括佛祖史记、维先达腊的故事、罗摩衍那的故事、信赛的故事、药王菩萨的故事、十世佛祖的故事以及老百姓的日常生活。万象市内的西沙吉寺是老挝唯一没有受到战争破坏和摧残的寺庙，如今也只能从中看到仅存的一小部分壁画残迹。从壁画基本可判断画中的人物和服饰，生活区的花草树木等环境。这些壁画用红棕色勾画人物，用黑色勾画树丛、树叶。到了现当代，老挝的绘画艺术总体水平仍然不高，绘画手段和形式单一，主要使用铅笔、炭笔、钢笔、毛笔、干木炭等作画。画家们常在寺院的墙上、崖壁上或布匹上作画，在纸上作画并在市场上流通的却比较鲜见。老挝现代美术中绘画多以油画、水粉画为主，色彩浓艳，红、黄两色用得较多，内容主要有寺院和尚、普通民众的素像，以及描绘国家的大好河山，反映人民的富足美好生活，展现人们爱好平静自然生活的性格特征。

二、雕塑

老挝的雕刻艺术以佛像雕塑为代表，发展于16—18世纪，较多地传承印度的雕刻风格，当时被称为老挝雕塑的黄金时代。目前，佛教风格的雕塑在老挝十分常见，各个寺院都有佛像。万象市香昆公园里的万佛雕塑可以说在内容方面集中了老挝雕塑艺术的总体样式，雕塑可谓五花八门，除了佛，还有观音、天神、仙女、魔鬼、猛兽，其中佛的数量最多，尤以一尊40米长的大型卧佛最为显眼。公园的雕塑反映了老挝佛教与婆罗门教相融合的现实，同时也体现了设计者希望将婆罗门教与佛教融为一体的理念。

第五节　建筑艺术

一、寺庙建筑

虽然老挝社会发展水平还比较低，大部分地区的民居都还很简陋，但不管是发达地区还是落后地区，每个村寨的寺庙却都同样高大气派，金碧辉煌，一片佛光宝气。人们关注老挝的建筑特色，首先都会从佛庙开始。最能代表老挝古老艺术特色的建筑当属佛教建筑，主要包括佛寺和佛塔。

佛教寺庙一般只有一层，但从外表看却并不矮小，庙顶陡然斜降下来，形成人字形的庙顶。庙顶不是一个单调的连续平面，而是多个层次错落有致地叠加在一起，非常有立体感，整体的形象也更有气势。寺庙一般包括僧舍、辛、塔和大厅等建筑。僧舍为僧人起居之所，与普通百姓的住房相比显得更为简单朴素，通常只为一个单间，为睡觉所用，卫生间、厨房等都不在一起。僧舍内的用具一般只有床、桌、凳等，只为满足一般的起居需要。“辛”是寺庙的中心，是举行佛事的地方，一般为一幢独立的建筑，主要为砖结构，仅有一层，内侧与外侧地面平齐，不需抬高。塔往往沿篱笆而建，一般是僧人的骨灰塔。寺庙大厅一般是木制建筑，四方形，但为三面不封闭的通透结构，近似凉亭样式，非常宽大气派。大厅不同于“辛”，其地板稍高于地面，其功用十分广泛，如：节假日佛教庆典时，作为民众聚集听经、礼佛的场所；村里有大事商议时也可在此开会；行人路过可借宿等等。老挝每个村里都有寺庙，开始时寺庙都建在离村子较远的地方，常在开辟出来的荒地上建寺，所以也称为“野庙”。但由于老挝人信奉佛教，随着村子的扩大，老百姓喜欢把房子建在寺庙周围，以求佛祖保佑，寺庙逐渐变成村子的中心。

老挝佛塔主要受到印度佛塔的影响，尖顶，塔身不为圆形，而是有棱有角。最著名的佛塔是万象市内的塔銮，史料记载是存放佛祖骶骨的地方，在老挝甚至泰国东北地区民众心中都是最为神圣的，深受民众崇拜。该塔是一座砖石结构的佛教建筑群，占地8 400多平方米，整个建筑呈四方形，分三层，意比佛说三界。第一层东西宽69米，南北宽68米，每边的正中央有一膜拜亭，东亭为重檐尖顶建筑，内供一小塔，传说是古塔模型。第二层呈正方形，边长48米，由120个雕形莲瓣围绕而成，莲瓣上方为228个蝶叶，叶中间各有一尊佛像，各边中央有拱形小门，此层建有30座高3.6米的陪塔，代表30种波罗密多。在每个小塔内，还设置有一座小金塔，保存有金贝叶等。第三层边长30米，在半圆球泡形屠波式台座上耸立主塔，下部为复莲、仰莲状台座，上部为长方形莲苞状宝匣和相轮。地面到塔尖高45米，台座周围有24瓣大型莲花瓣围衬。塔体四周建有回廊，每边长91米，陈列一些古佛像和文物，每年佛历十二月中旬举行塔銮节盛会时供远道来膜拜的僧侣过夜歇息。

二、民居建筑

老挝民居的共同特点是高脚屋，人住第二层，第一层的功用主要有三个方面：一为牛羊居所；二为用于堆放杂物，包括自行车、农具、各类生活用具等；三为用于人的活动，如当作织布、印染、编织、打铁等的工作区，或用于纳凉、休憩。靠近大路的房屋还可把第一层当商铺，做些小买卖。最后这个作用倒是超出了它原有的功能，随时代而进化了。万象地区的高脚屋第一层层高在1.8~2.3米之间，体现出较高的生活水平，而琅勃拉邦一般不超过2米，较多地保持了传统的样式。也有部分贫穷的人家第一层的高度只有1.5米左右，显得有些压抑。

（一）建筑特点

从整体外观上看，老挝的房屋以琅勃拉邦和万象地区的房子最具有代表性。

1. 琅勃拉邦地区建筑特点

琅勃拉邦建筑主要有两种样式。第一种样式是单顶屋，屋顶两侧为下倾的斜面，有利于排放雨水。卧室位于房屋后侧，是一个相对封闭的结构。客厅位于房屋正面，与楼梯连接，相对比较开放，便于客人从楼梯直接进入客厅，而不会看到卧室。第二种样式是由第一个样式改造而来的，沿主屋侧面再建一个有遮檐的露台，或称站台，上楼须经过这个露台进屋。露台屋顶顺接主屋屋檐倾斜而下，不但其屋顶要比主屋低很多，屋内地面也要低一些。两种样式的房子有一些共同的特点，从楼梯到客厅再到卧室只有一扇门，房屋后侧从卧室开一个门通到厨房和水房。近楼梯的窗户较低，有利于通风和采光，而后侧的窗户较高，符合卧室的私密性特点。

厨房视其位置可分为四种样式，一为室内厨房，二为紧接主屋屋檐的单斜面屋顶厨房，三为紧接主屋屋檐的双斜面屋顶厨房，四为独立厨房，由一个无遮檐的晒台将其与主屋连接。水房一般紧贴厨房而建，位置并不统一。

2. 万象地区的建筑特点

万象传统民居分为三种样式。第一种样式是单顶屋，包括封闭的卧室和开放的休息室（相当于客厅）。第二种样式是有檐阳台式房屋，主屋仅有封闭的卧室。第三种样式是双顶屋，即两个格局分布较平均的屋子，其中一个主屋为卧室，另一个主屋为休息室。

（二）屋内结构及其功能

老挝社会以奇数为美，流行“奇留偶离”（即奇数能留住运气，而偶数则会驱赶运气）的说法，因而屋内各室的数量也必定是奇数。万象地区的房屋一般都有三个、五个或七个房间，而阳台、露台、祭台等虽都在承重柱范围之内，但不管是否封闭，都不属于主屋的结构范围，因而不计算为一个房间，不受奇偶数禁忌的约束。主屋的房间主要包括卧室（一般有墙隔开，没有墙的情况下须以布遮挡）、休息室（客厅）等，在重大节日或举行仪式时，卧室也可成为待客、吃饭的地方。随着时代的发展，厕所、浴室也都移入室内，符合生活便利的需要。此外，老挝民居还有以下一些独具特色的结构。

1. 祭祀台

祭祀台或称祭祀间似乎更妥。虽然目的只是存放一个祭祀用的台面，主要用于祭祀鬼神、祖先等，但往往单独占用一间，其功能只在琅勃拉邦地区见到，成为琅勃拉邦地区建筑的一个特色，该房间的结构相当于万象地区的有檐式阳台。祭台所占空间很小，因而实际上祭祀台在日常生活中的功用非常广泛，人们进屋必须经过这里，并将鞋子脱下放置在一旁。此外，由于该位置采光效果较好，成为孩子们嬉戏玩耍、大人做手工活（如编席子等）和抽烟休闲的地方，甚至坐在这里与对面的邻居交谈也比较方便。客人来时如被安排睡在这一部分，则体现出主人对客人的极度尊重，宴请时也可在这里安排座席，从而使得该结构成为功能性极强的部位。

2. 遮檐式阳台

遮檐式阳台的老挝语发音为“西阿”，有学者称可能来源于汉语的"舍"，意为"小屋"。此类阳台有三个特点，一是其遮檐顺接主屋屋檐倾斜而下，一般是单坡屋檐；二是开放性；三是长方形结构。但双顶屋的阳台则称为"小屋"，是双坡遮檐。万象地区的有遮檐式阳台须建在房屋正面，如果在房屋侧面且纵向建筑，则称为游廊。

3. 游廊

万象地区的游廊有顶，位于房屋正面，总是与屋脊线平行。

4. 厨房

老挝白泰、黑泰、红泰和傣泐族人的厨房设在屋内，老族人的厨房则多为独立建筑，建在主屋以外。老族人的厨房与主屋分离始于20世纪20年代以后，分开的目的是避免生火将主屋弄黑弄脏或引发火灾。

5. 无遮顶阳台

无遮顶阳台位于房屋的后面，总是与厨房相连，从建筑图纸上看，是额外增加的一部分。但这一部分的功用却很广泛，如洗漱、洗碗、洗衣物、晾晒，有时一些比较隐蔽的犄角旮旯可能成为小孩子甚至大人起夜方便之地，因位于屋后，倒也无伤大雅。

琅勃拉邦的民居只有一扇门供外人由祭祀台出入，万象地区的民居则提供两扇门由有遮檐阳台进出。中间一屋的窗户平常是不打开的，只在重大节日里举行佛教仪式时才打开使用，为的是方便迟到的客人从窗户进入，避免打扰正在进行的仪式，因此这扇窗户也称为"和尚窗户"。

（三）屋外配套设施

老挝地广人稀，独门独院的建筑很常见。为有效利用并美化整个院落，房屋的外围也常有一些配套设施，或起保护作用，或为日常生活必需。

这其中最引起房主兴趣的是筑起各式篱笆，一来可以圈定自家领地，免得引起权属纠纷；二来可防止他人盗窃或牲畜入内破坏。作篱笆的东西可谓五花八门，常见的有树木、树桩、石头、草垛等，尤以竹篱笆最为常见。竹篱笆也可分为四种，一是把竹杆的枝叉砍成尖形，绑在木桩上，将房屋四周围住，形成类似铁丝网的围篱；二是将竹子劈成竹篾，编成如席子一样可疏可密的篱笆，一般高1.1米，可有效保护庭院内隐私；三是用较粗大的竹棍横穿过立在地上的木桩，这种篱笆一般高1.6米，相对比较结实，防护力强；第四种篱笆与第三类篱笆相近，只在个别可让人通行的地方密密地插上几根棍子，防止牛羊等牲畜进入。当然，在篱笆边上，往往还能见到花架、鸟屋、谷仓等，除了其本身的功用外，也是篱笆界定屋主土地范围的标志性东西。

（四）有关禁忌

老挝人的房屋是南北朝向，即屋脊线总是与南北流向的河流平行。而床的摆放颇为讲究，床头床尾方向必须与河流方向垂直，非常忌讳平行摆放，因为死人床头床尾的摆放方向才是与河流平行。睡觉时头必须睡在靠近墙头的位置，脚则放在靠走道的位置，这样一来，任何时候都不会导致他人经过时脚跨过自己的头部。同时，头必须朝着东方，老挝人认为这样可以延年益寿，而如果将头的方向对着西方睡，则意味着没落和死亡。可见老挝人对头的崇敬态度。

第六节　传统工艺

老挝的传统工艺主要体现在手工业中，手工业是老挝经济生产中较为发达的一个产业，就业人口中相当一部分是手工业者。老挝生产的工艺品很精致，颇具特色。主要产品有：木雕、木制家具、金银制品、手工纺织品、民族服装、编制品以及各种装饰品等。

老挝的雕刻艺术主要体现为木雕，犹以琅勃拉邦的木门雕刻最为出色。常见的是人物和动物雕刻，一般为人踩在动物身上，人物的四肢同时展现古代喃旺舞的姿态。周围常雕刻花草树木，并以各种花纹图案加以装饰。另外一种比较流行的木雕是佛像，一般为十五厘米左右，最高的雕像可与人同高。佛像的姿态常见坐姿，右手指向地面，头顶雕一个火炬，头发的雕刻也很精细，雕成菠萝的外形，再盘卷系于头顶。有意思的是，木雕佛像的手臂通常都很长，且手指的长度是一样的，个中缘由不得而知。

金银饰品是老挝最流行的饰品。绝大多数的老挝妇女都有佩戴金饰的习惯，老挝男子也好戴金项链等饰物，上层人士佩戴的手表往往也是金灿灿的，以显示自己的社会地位，在经济仍然落后的老挝并不被认为是一种奢侈。市场上售卖的金银饰品基本都是手工打造的，造型样式和精致程度都体现着老挝乡土而个性的气息。

老挝盛产竹子，因此用竹子编成的各类生活用品不胜枚举，如鱼具、箩筐、米篓、家具、竹墙等等。在满足生活需要的基础上，手艺精湛的人还能编制一些竹制手工艺品，如斗笠、玩具、小动物等，主要投放旅游市场。藤制手工艺品由于其精致美观且比较耐用，近年来也越来越得到市场认可，老挝各地对藤制品手工业的发展力度也非常大。一些少数民族的武器也开始以手工艺品的形式进入市场。

老挝手工业中最重要也最为老挝人骄傲的是手工织布，长期以来老挝人民的衣食住行都是自给自足的，每个家庭中的女主人都有一手织布的好手艺，这就给他们的生活奠定了一个坚实的基础。随着社会的发展，手工织布受到了一定的冲击，但织布业也在积极发生转变，努力适应市场的需求。目前，老挝的织布花样越来越多，图案也层出不穷。一些自然风景、季节变化、风俗节日、日常生活等等反映老挝政治社会生活的图案都出现在织布上，大大改变了原来织布比较单调乏味的传统，迎合了消费者的口味。老挝的丝绸织品可作为老挝手工纺织的代表作品，近年来远销欧美等国。

第六章　教育和文化事业

老挝人民民主共和国成立前及建国初期，由于经济发展落后等原因，老挝教育和文化事业发展相对滞后。直至20世纪80年代中期老挝实行革新开放政策以来，随着政府重视程度及投入的增加，老挝教育和文化事业才有了较快的发展，尤其是进入21世纪后，基础教育、高等教育（包括私立高等教育）和职业教育发展迅速，民众接受教育和培训的机会大大增多；报刊、电视、广播、互联网、印刷出版以及体育等文化事业也得到快速发展。

第一节　教育事业

一、教育简况

在1893年法国殖民主义者进入老挝以前，老挝还未开展现代教育，佛寺教育是老挝教育的主体。从20世纪20年代开始，在老挝一些有识人士的强烈呼吁和要求下，法国殖民主义者开始兴办现代教育，创建了一些学校，但教学对象主要针对老挝的统治阶层，且要求中、小学课程必须全部用法语讲授，佛寺仍是老挝人学习文化知识的主要渠道。至1954年，老挝全国只有1所中学、5所完全小学；在国外的大学毕业生仅10人，95%的老挝人是文盲。

抗美救国时期，由于王国政府及解放区对教育事业都比较重视，老挝的现代教育有了一定程度的发展，入学率逐年增长。到20世纪70年代，全国兴办了一批大、中、小学校，老挝年轻男子的识字率达到了75%，妇女的识字率则达到了30%。[1]据统计，至1973年，王国政府控制区有小学生24万人，初中生8 700人，初等技校学生1 100人，师范学校学生4 000人，医科学校学生287人，政法学院学生234人，而爱国阵线控制区有各类学生达8万多人。[2]

老挝人民民主共和国成立以后，政府非常重视教育的发展，将教育事业视为优先发展的领域。在教育政策方面努力推行大众教育，以使广大民众都有受教育的机会；积极完善现代教育体系，大力发展职业教育和成人教育，并在全国开展扫盲运动。虽然受经济和资金条件的限制，但老挝教育事业还是得到了较快的发展。到80年代中期，老挝的学龄儿童入学率已经达到了90%以上，创建了5所高等教育机构，即教师培训学院、土木工程学校、医药学校、农林学校和万象国家工业研究所。

自1986年推行革新开放政策来，老挝的教育事业又有了新的发展。历次老挝人民革命党的代表大会，都把发展教育放到突出的位置。2005年，老挝政府制订和颁布了《全民教育实施规划》(2003—2015年)。该规划全面分析了老挝教育面临的挑战，在创造教育机会，提高入学率、教育质量及教育行政管理水平等方面提出了具体的目标。2006年老党八大召开，老挝党和政府更充分地认识到教育在社会经济发展中的重要作用，将教育作为发展人力资源的中心工作，制订和颁布了一系列的政策、措施和规划，推动了教育事业的快速发展。2007年，老挝修改和完善了2000年颁布的《教育法》，对老挝的国民教育体系、教育地位、教育课程、教育行政管理、教育投资、师资和生源等作了明确的规定；同年7月，老挝政府制订并颁布实施了《2006—2015年国家教育体系改革战略规划》，成立

① 格兰特·埃文斯:《老挝史》，上海．东方出版中心，2011年版。

② 马树洪、方芸:《列国志·老挝》，北京．社会科学文献出版社，2004年版。

专门的国家教育体系改革委员会，以常务副总理为主席，负责组织、实施和指导全国的教育发展和改革工作，并提出了至2015年教育发展的目标及确定了教育行业政府将优先发展的四大工程。2009年4月，为进一步推动教育改革事业的顺利进行，保障在教育行业的科学、统一、平等投资，促进教育业的平衡发展，老挝政府又颁布了《2009—2015年教育行业发展框架》，对2015年之前教育行业的发展战略框架、优先发展领域、财政预算等作了详细的规定，提出今后老挝教育发展的重点是提高教育质量，着力解决贫困人口入学难等问题。根据发展框架，到2015年，老挝的幼儿入学人数将达到220 342人，小学生人数达到949 596人，初中生人数达到586 897人，高中生人数达到283 139人，接受职业技术、师范及高等教育的人数将分别达到5万人、24 382人及6万人。

二、教育体系

老挝国家最高教育管理机构为教育部，各省（市）、县也设有相应的厅、处级教育管理部门。根据2007年颁布的《教育法》规定，老挝教育体系可分为学校教育和校外教育。学校教育和校外教育在教学内容与教育层次上相同，差别在于教学方式、时间、组织形式等方面的不同。

（一）学校教育

学校教育主要包括学前教育、普通教育、职业教育和高等教育等层次。

1. 学前教育

学前教育包括托儿所和幼儿园。托儿所主要招收3个月到3岁的儿童；幼儿园主要招收3~5岁儿童。教学目的主要是为了保障儿童在心理和身体方面得到发展，初步掌握听、说、读、写、画、看等方面知识，热爱国家、父母、大自然，养成良好的卫生习惯，为进入普通教育打下良好的基础。根据老挝教育部的统计，至2009年，老挝共有托儿所、幼儿园及学前班1 123所，入学儿童共85 357人，幼儿园适龄儿童入园率达到19.7%，比2008年增长了4.4%；全国共有幼儿教师3 920人，比2008年的3 680人增长了6.5%。

2. 普通教育

普通教育包括初等教育（小学）、中等教育前期（初中）、中等教育后期（高中）。根据2007年颁布的《教育法》规定，学制由以前的11年（5+3+3）改为12年（5+4+3）。

老挝的初等教育（小学）为义务教育，学制5年，入学年龄为6周岁，课程有算术、作文、练字、听写、画画、体育、品德等。小学课程一、二年级只有数学、阅读（语文），三年级加外语，四年级加作文，四、五年级再加地理、历史、科学和品德。根据老挝教育部的统计，至2009年，老挝共有小学8 871所，其中完全小学4 583所，占总数的51.7%，学生共计908 880人，辍学率从2008年的7.9%下降到2009年的7.5%。全国共有老师29 060人，其中女老师14 585人。

老挝的中等教育由中等教育前期（初中）和中等教育后期（高中）构成。初中学制4年，要求学生掌握语文、数学、社会—自然科学、法律制度、外语等方面的知识，开设的课程主要有自然科、社会科、综合科，此外，学生还必须学1门外语，如英语或法语。至2009年，老挝共有初级中学722所，学生264 579人，入学率达到62.7%，升学率达到87.4%，辍学率从2008年的11.1%下降到2009年的10.7%。

老挝高中学制为3年，高中开设的课程分为自然科和社会科，自然科有数学、物理、化学、生物，其中数学为主科；社会科有文学、老挝语法、地理、历史，其中文学是主科，此外，还设有政治课、国防课和选学课，选学课为外语。据统计，至2009年，老挝共有高中35所，学生157 320人，入学率为36.8%，辍学率为8.9%。

3. 职业教育

老挝的职业教育由初级职业教育、中级职业教育和高级职业教育构成。初级职业教育的学制为6个月到3年，主要招收具有初中学历的人员；中级职业教育学制2~3年，主要招收具有高中学历的人员；高级职业教育是大学或相当于大学级别的教育中心、研究所层次的职业教育，学制一般为2~3年，主要招收具有中级职业教育学历或高中学历的人员。根据老挝教育部统计，至2008—2009学年，老挝全国共有隶属于教育部的职业教育机构21所及1个教育中心。其中，职业培训学院2所，职业技术教育学校10所，综合性职业学校9所，教师共计1 303人，学生共计17 939人。

初级职业教育方面，至2009年，老挝全国共有隶属于教育部、卫生部和新闻文化部的职业教育学校9所。由于课程设置不合理，教学内容不深入，培养的学生职业素质不能满足社会的需求，近年来，初级职业教育学校的生源在逐年下降。2009年共有学生643人，老师133人。

中级职业教育方面，至2009年，老挝全国共有隶属于教育部、卫生部、农林水利部、司法部和新闻文化部的职业教育学校39所，其中，私立职业教育学校7所，共有学生15 603人，教师1 364人。这些中级职业教育学校基本都建在省会城市和县级城市，以对学生加强职业训练，提高他们的技能技术和谋生本领为目的，主要开设一些新的农业技术、机械和工业技术方面的课程。学生在这里可以学到种植技术、牲畜饲养、林业管理、农具和其他机械设备的修理等技术。同时，中级职业教育学校还是外国援助资金投向的重要领域，如北部六省职业教育由意大利无偿援助资金援建，波乔省综合职业教育学校由越南无偿援助资金援建，等等。

4. 高等教育

老挝高等教育由专科、本科、硕士研究生、博士研究生等层次构成。其中，专科学制2~3年，本科学制4年以上，硕士研究生学制2年以上，博士研究生学制3年以上。根据老挝教育部统计，至2009年，老挝共有高等教育机构、大学156所，其中，综合性大学4所，学生共计100 065人（女生42 657人）。培训层次及学生人数具体如下：

（1）承担本科教育的机构50所，其中私立高等教育机构32所，学生共计53 780人（女生22 592人）；

（2）承担硕士研究生教育的机构5所，其中私立高等院校2所，学生共计263人（女生86人）；

（3）承担博士研究生教育的机构1所（老挝国立大学），与越南国家大学联合招收博士研究生，共23人（女生2人）。

（4）承担高等职业技术教育的机构100所，其中，私立高等职业技术学校79所；共招收学生46 022人，其中私立高等职业技术学校22 984人。公立高等职业技术教育的机构大多位于老挝首都万象，招生渠道主要分为三类：定额分配者占40%，通过入学考试者占50%，通过其他原因形成的特殊渠道者占10%。

师资方面，4所综合性大学中，共有直接从事教学任务的教师2 509人，其中，博士62人，硕士292人，学士1 164人；在高等职业技术教育学校从事教学任务的教师共计1 760人，其中，私立教育机构1 366人。

（二）校外教育

校外教育是老挝教育体系的重要组成部分，其主要任务包括扫除文盲和进行初级职业培训两部分，目的是减少文盲、初步提高老挝人民的文化水平和职业技术能力。根据老挝教育部学校外教育主管部门学校外教育局的统计和规划，老挝全国现有需要扫盲的人口约为160万，每年将安排7万人进行扫盲培训；需要进行初级职业培训的人口约为130万人，每年将安排4 000人培训。

培训一般采取定期与不定期相结合的方式，由民众教育中心（目前老挝共有民众教育中心343所）、学校外教育发展中心等机构组织。师资来源方面，从事扫盲教学任务的人员一般由普通教育学校的教师兼任，而从事职业培训的人员一般为各培训中心在编教师。扫盲教学分为三个层次，第一层次为340学时，培训结束时学员达到小学2年级水平；第二层次为180学时，培训结束时学员达到小学4年级水平；第三层次为120学时，培训结束时学员达到小学5年级水平。初级职业培训的教学内容主要为纺织、木工、厨师、蘑菇种植、养殖、果树种植、旅游、零售业等，教学对象主要针对妇女、农村劳动力、山区和少数民族群众以及贫困村庄人员等。

校外教育在老挝的教育体系中占有非常重要的地位，为减少文盲，提高人民的文化水平及职业技术水平发挥了积极作用。根据老挝教育部的统计，截至2009年，老挝全国142个县中已有52个县全面完成了扫盲工作。

三、佛寺教育

老挝是佛教国家，全国75%的人口信奉南传上座部佛教，目前全国有佛寺4 937所，僧侣22 172名。[①]南传上座部佛教传到老挝后，为扩大影响和宣传其教义，大力推行佛寺教育，要求年满7岁的男

① 玛哈坎培·万那索帕:《老挝佛教事务》，万象. 教育出版社，2005年版，第61页。

孩，必须要到佛寺做一段时间的和尚，接受佛教知识和老挝文及文化知识培训。而老挝人也相信，只有经过寺庙教育的人才是有知识的人，才会受到社会的尊重。因此，在老挝人民民主共和国成立之前，佛寺教育一直是老挝教育的主体，是老挝人接受文化知识培训的主渠道，而老挝王国政府教育部设有专门的宗教教育局主管佛寺教育，自成体系。老挝人民民主共和国成立后，老挝党和政府对教育体系进行改革，在大力发展现代教育的同时，妥善处理佛寺教育，将佛寺教育归政府教育部和全国佛教协会双重领导，学生毕业时由教育部发给统一的毕业证书。同时，佛教协会也支持僧侣接受世俗学校教育，因此在老挝可以看到很多披着袈裟的和尚在世俗教学机构学习，这也构成一道独特而又靓丽的人文风景。

老挝的佛寺教育分两类，一是僧侣师范学校，除采用教育部规定的师范教育课程外，还要学习巴利文、达摩（佛学哲理）、僧戒僧规等课程。二是普通教育，设小学、初中、高中、大学，采用教育部规定的普通教育课程。据统计，2003—2004学年全国有佛寺小学12所，学生303人；初级中学30所，学生2 758人；高级中学8所，学生2 178人；大学1所，学生247人；老师共计489人，其中僧侣教师197人，外聘教师292人。佛寺教育仍是老挝教育工作中不可忽视的一个特殊组成部分。

四、华文教育

老挝是东南亚地区华人人口最少的国家，在老挝，虽然华文教育规模不大，但是发展较之其他国家更为平稳，华人子女接受华文教育的绝对比例位居东南亚各国前列。

老挝现有6所华文学校，大都创办于20世纪二三十年代，分别为位于首都万象市的寮都公学、北部琅勃拉邦县的新华学校、中部甘蒙省他曲县的华侨学校、南部沙湾拿吉省坎塔布里县的崇德学校、巴色市的华侨公学以及老挝国立大学语言学院的中文专业和孔子学院。除了国立大学中文专业由政府主办外，其余5所华文学校全是由当地华侨华人创办。

老挝的华文教育极具特色。首先，华文学校实行华文和老挝文并重的双语教育。华文学校完全使用中国的中小学教材，教授华文和中小学的数、理、化、英语等科目。同时，华文学校也教授老挝中小学的全部必修课程。由于中国中小学课程要求高于老挝，所以学习两套课程，学生并不需要花费双倍的时间和精力。其次，老挝的华文学校为学生提供了完整的华文教育体系。老挝的华文学校不以“小学”、“中学”命名，而是称为“公学”或“学校”，提供从幼儿园、小学、初中直至高中的教育体系。这种“一校兼容”的教育体系有效地避免了生源流失。再次，老挝华人社团对华文学校进行有效管理，保证了学校办学质量。老挝的5所华文学校全部隶属于当地的中华理事会。理事会派专人负责华文学校的工作，从筹集办学经费、争取地方当局对华文学校的支持，到解决师资、教材等方面困难，改进教学方法、提高教学质量等等，全过程参与、全方位负责。中华理事会对华文学校的有效管理，使得老挝华文学校的教学质量超过了当地一般的老挝公办学校。现在，老挝政府公务员、在老挝经商或工作的外国人，都争相将子女送进华文学校就读。第四，老挝华人社会在当地营造的华语环境有利于华文教育的发展。在东南亚，华人来自中国广东、福建、云南等地，华人社会本身方言混杂，普通话并非当地华人的共通语言，这对东南亚各国华文教育非常不利，老挝也不例外。但是，老挝的华人社会却能达成共识，积极营造华语环境。[①]

寮都公学是万象中华理事会下属的一所华文学校，由当地华侨于1937年共同集资集体兴办，至今已有74年办校历史，是老挝华文学校比较有代表性的，也是老挝6所华文学校中规模最大的。该校一直秉承“力行求知，学以致用”的校训，坚持中老双语教学，开设有语文、数学、英语、物理、化学、计算机、汉语听说、作文、历史、老文、体育、卫劳等课程。由于管理科学规范，教学质量突出，升学率高，该校现已发展成为整个东南亚办学规模最大、教学设备最齐全、影响范围最为广泛的一所开设有从幼儿园到高中部各年级的全日制华文学校。不仅老挝的华侨华人子女在此就读，就是老挝的许多高层政府官员以及日本、韩国、法国、越南、泰国、缅甸、印度等国的一些非华侨华人子女也都纷纷慕名前来求学。至2010年，全校有45个教学班，在校生近1 800人，教职员工137人，其中中文教师57人(国侨办公派教师5人)，老文教师46人。学校配备有现代化教学所必需的物理实验室、化学实验室、生物实验室、电脑室，多媒体教室，能够进行现代化远程教育。此外，学校还开设有汉语成人培训班，每期分初级、中级和高级三个班，每期学员近百人，分别来自老挝和泰国等周边国家各行各业的各类人士。[②]

老挝国立大学是直属老挝教育部的一所重点大学。该校的华文教育指其语言学院中文专业和孔子学院的汉语培训课程。语言学院中文专业始设于2003年9月，在创办过程中得到中国国家汉办和驻老挝大使馆的大力支持。孔子学院于2010年3月成立。自2010年9月份正式招生以来，已招收当地学生700多人，共开设22个初、高

① 彭运锋:《老挝基础教育情况简介》，载《基础教育研究》2008年第4期。

② 班复兴：风雨兼程谋发展——寮都公学华文教育纪实[EB. OL].(2010-11-15)[2012-03-11]. http：//www. hwjyw. com/resource/content/2010/11/15/12961. shtml.

级汉语学习班，大大超出原计划300人的数量。①

五、师资培养

老挝的师资培养工作起步于20世纪50年代。至1954年《日内瓦协议》签署时，老挝已有一所培养小学教师的师范学校，中学教师则需依靠国外培养。20世纪60年代，老挝通过了《教育改革法》，教师培养工作有所发展，并建立了第一所中等教育学院。该学院学制为 5至7年，任务是培养五年级到十年级的教师(初中教师)。到70年代中期，除了一所中等教育学院外，老挝还有6所培养小学教师的师范学校。这些学校招收小学六年级毕业生，学制1到9年不等。当时教育部规定，所有小学教师必须完成师范学校的4年课程。②

老挝人民民主共和国成立以后，非常重视师资的培养，将师范教育分为初级师范学校、中级师范学校和师范学院。初级师范学校主要培养幼师、保育员和小学教师；中级师范学校主要培养小学、初中教师，包括僧侣教师，体育、艺术教师和职业学校教师；师范学院主要培养中学，尤其是高中教师。1990—1991学年，全国有初级师范学校25所，教师403人，学生3 877人；中级师范学校16所，教师465人，学生2 891人；师范学院1所，教师276人，学生2 145人。③

近年来，针对教育中出现的教师严重短缺现象，老挝政府部门对师范教育体系进行了调整和改革，2003年制订和启动了《全国教师教育计划 》(2003—2015年)，提出了提高教师待遇、改善教师管

① 张玉成参赞到老挝孔子学院调研[EB. OL].(2010-11-11)[2012-03-11]. http ://finance. ifeng. com/roll/20101111/2865817. shtml.

② 林远辉:《当代老挝教师教育的发展状况》，载《世界教育信息》2008年第8期。

③ 彭运锋:《老挝基础教育情况简介》，载《基础教育研究》2008年第4期。

理体系、改进教师教育规划方法、加强教师能力培训、扩大师资培养数量等发展目标，并将教师培训机构调整为10所，其中有5所是师范学院，主要培养培训中学老师，规定凡是准备成为中学教师的人员，必须先学习11年的基础知识，之后在师范学院学习3年(即11+3形式)，获得高级证书后方可任教；其他5所为师范学校，主要是培养培训幼儿园和小学教师，有11+1、8+3和5+4这几种形式，即先接受11年、8年或者5年的基础教育，之后进入师范学校学习1年、3年或者4年，学生毕业授予中级水平资格证。此外，老挝国立大学还为中学后或者高级中学教师提供学位课程。

六、高等教育改革

老挝最早的高等教育院校是1958 年在万象创办的皇家法律和管理学院。该校招生规模很小，第一学年只有 8 名学生，但标志着老挝高等教育的开端。1969 年，老挝王国政府又将高等教育学院、皇家医学院、皇家法政学院和佛教学院四所学校合并，创办了西萨旺·冯大学。1975年老挝解放后，该大学被停办。

老挝人民民主共和国成立后，为了满足社会发展的新要求，老挝各个部都先后创办了一些高等教育机构。到 1986 年已建立起 6 所公立高等教育机构，其中有少数院校提供正规高等教育，可授予学士学位，多数提供证书课程，包括万象国立教育学院、高等医学院、林学院、财政学院以及1984年成立的技术学院等。①

1986年实行革新开放政策以后，老挝高等教育发展非常快，至1995年，老挝全国已有高等院校 37 所，其中有 10 所提供学士学位以上课程，27所提供证书课程。②但随着老挝社会经济的快速发展，

① 冯增俊:《老挝高等教育的世纪走向》，载《比较教育研究》2002年第12期。

② 同①。

隶属于各个职能部门、各行其政、条块分割严重，且教学内容陈旧、教学效率低下的老挝高等教育体系已远不能满足社会对高层次人才的需求，老挝政府对高等教育进行了改革。

根据老挝政府规划，老挝高等教育改革主要从组建高水平大学、改革课程体系、开设多样化课程、促进和发展私立高等教育、制定新的入学政策、制定教师专业发展项目、鼓励高校开展科学研究和进行国际交流与合作等层面展开。目前，在组建高水平大学、改革课程体系、促进和发展私立高等教育、鼓励进行国际交流与合作等方面已取得了一些成果。

在组建高水平大学方面，1995年，根据老挝政府总理令，由10所原来分属于不同部门的高等教育机构合并而成立了老挝国立大学，并从多方面给予老挝国立大学以资金和政策扶持，使这所大学很快成为一所有重要影响的综合性大学。目前，老挝国立大学由11个系、9个办公室、4个研究中心（所）、1个图书馆及孔子学院构成。随着高等教育形势的快速发展，2003年11月，老挝又成立了苏发努冯大学。该大学设有教育系、经济与管理系、农学系等三个系。目前，老挝高等教育已形成了由国立大学、苏发努冯大学、占巴塞大学、沙湾拿吉大学、5所师范学院和79所私立高校构成的高等教育体系。

在改革课程体系、开设多样化课程方面，老挝政府鼓励在公立高校中给学生开设一些特殊课程，如英语、农学、经济学和管理学等。同时，为了促进教育管理的发展和外语的学习，老挝部分高校还通过远程教育的形式，开设了英语和法语的学习。此外，在国际教育机构的帮助指导下，老挝启动了教师培训中心项目，目的是为了促进乡村教师的专业发展。①

① 朱欣：《试论老挝高等教育运行现状及发展理路》，载《现代教育科学》2009年第5期。

在促进和发展私立高等教育方面，1995年8月，老挝颁布了第64号政府令，正式确立合法的私立高校的建立和运行结构。该法令还对支持和鼓励私立高校进行了细致的规定，尤其是一些特殊领域，如经济学领域具有优先开设私立高校权利的规定。2001年召开的老党七大报告指出，要“继续鼓励社会力量办学和参与教育工作，发展私立学校教育，把私立学校教育作为国家教育体系的重要组成部分”。同时，老挝政府在政策上还给予私立教育以大力扶持，如将高等职业学历项目、学士学位项目、硕士学位项目、博士学位项目等作为多种形式的高等教育，公立高校的教师可以利用业余时间在私立高校兼职，政府允许被授权的个人合法地给私立高校贷款或出租教学设备，政府对私立高校免征商业税、收入税、土地使用税、必要的建筑原料进口消费税等，政府支持和鼓励私立高校创新办学形式，教育部将对私立高校的教师提供内部培训和持续不断的继续教育，允许国际机构对本国私立高校开展各种形式的支援等等。[①]政府的大力支持，使老挝的私立高等教育发展迅速，据统计，截至2009年，老挝已有私立高等教育机构79所，占全国高等教育机构的79%，在校学生共计22 984人。其中，实施本科教育的有32所，在校学生11 482人；实施硕士研究生教育的有2所，在校学生共151人。

此外，老挝政府还非常重视派出留学生和开展对外学术交流，自1975年至1990年共派出留学生1.2万余名，主要是苏联、越南、匈牙利及中国等社会主义国家，以学习语言和相关技术为主。从1991年至2002年共派出近1.5万名留学生，以攻读相关专业学位为主，其中也包括语言学习，主要国家包括澳大利亚、日本、法国、

① 朱欣:《试论老挝高等教育运行现状及发展理路》，载《现代教育科学》2009年第5期。

韩国、越南、新西兰、泰国、美国、中国、加拿大、德国等数十个国家，而这些国家也大多与老挝建立相互交流学者的关系和签订了相关学位互认的协议或合作协议，一些外国留学生也到老挝学习语言文学等。[①]根据老挝教育部统计，2009年，老挝共派遣干部500人、留学生1 569人到27个国家进行交流和学习，其中到越南1 247人（干部201人，留学生1 046人），到中国196人（干部38人，留学生158人）。近年来中国政府累计向老挝提供了上千个赴华留学奖学金名额。从2011年起，向老挝提供的中国政府奖学金名额从230名增加到300名。2011年，中国接受了372名老挝学生赴华留学。其中，中国政府奖学金300名，广西政府奖学金40名，云南政府奖学金20名，广西民族大学10名，昆明理工大学2名。

尽管老挝的高等教育有了迅速的增长，发生了一些变化，但仍存在不少问题：不同省份和不同地区提供的高等教育入学几率差异较大；女性和少数民族的高等教育入学率较低；高等教育研究基金短缺；公立和私立高等教育运行的质量认可和保障运行机制不健全等。[②]

七、教育科研

老挝的教育科研工作还十分薄弱，目前有一所教育科学研究院，直属教育部，成立于20世纪80年代，有职工60多人，三分之二为研究人员，博士1人。教育科学研究院主要从事学校课程、教材的研究和设计。近几年来，根据国家关于教育改革的方针，研究院完成了普通教育课程改革计划的制订、部分课程的改革以及新课本的编写和试行工作。目前，老挝教育科研工作所存在的问题和困

① 冯增俊：《老挝高等教育的世纪走向》，载《比较教育研究》2002年第12期。
② 同①。

难主要是课程、教材的研究不足，教材编写慢，满足不了教改急需，熟练的专业人才不足，研究资料和设备缺乏，甚至没有必需的图书资料和图书馆设施等。①

第二节　文化事业

文化事业是指以社会公益为目的、由国家机关或其他组织利用国有资产举办的、在文化领域从事研究创作精神产品生产和公共文化服务的公益性组织机构。老挝政府非常重视文化事业的发展，其文化事业主要包括传媒业、印刷出版业、体育事业等类别。老党七大报告指出，新闻传媒和大众媒体要坚持党的观点，坚持实事求是，成为宣传政治思想的锐利武器，既要做宣传发动群众者，又要做组织者，既要做发扬人民民主的舞台，又要做人民群众娱乐、增长知识、获取信息资料的中心；要引进各种先进设备，以提高大众媒体的能力和现代化水平；要使文化工作适应市场经济体制的要求，鼓励创作出版更多的文化作品和读物。

一、传媒业

传媒业包括报纸、杂志、电视、广播、电影、图书、音像制品，以及目前正在迅速崛起的互联网等。其中，报刊、电视、广播与互联网是四种主要的新闻信息传播媒介。老挝传媒业的起步较晚，且主要集中在首都万象地区。

（一）报刊

老挝报刊种类繁多，截至2010年，老挝有近90种报刊杂志，包括日报、周报、月刊和年刊等。出版语言主要有老挝语、英语和

① 冯增俊:《老挝高等教育的世纪走向》，载《比较教育研究》2002年第12期。

法语。全国共有8家日报，其中6家用老挝语出版，2家用英语出版。刊物主要有老挝党中央机关刊物《新曙光》、《文艺》等。从2000年开始，老挝开始出现私人刊物，现在共有62家双周刊、周刊和月刊，其内容主要集中在文化和娱乐方面，如《老挝文化》、《老挝探索者》、《目标》等，部分私人刊物还设立了自己的门户网站。

老挝现有的老文报纸共15种，具体情况为：

(1)《人民报》，日报，老挝新闻文化部主办，创刊于1950年8月13日，面向全国发行，发行量5 000份。

(2)《老挝人民军》，周报，老挝国防部主办，创刊于1965年1月20日，面向全军发行，发行量5 300份。

(3)《新万象》，日报，万象市政府主办，创刊于1975年9月1日，面向万象市发行，发行量4 000份。

(4)《老挝青年》，半月刊，老挝共青团中央主办，创刊于1979年1月1日，老挝共青团内部发行，发行量1 600份。

(5)《人民周报》，周报，老挝新闻文化部主办，创刊于1994年5月7日，面向万象市发行，发行量2 000份。

(6)《巴特寮》，日报，老挝新闻文化部主办，创刊于2001年1月4日，面向全国发行，发行量4 000份。

(7)《万象商业》，周报，万象市政府主办，创刊于1990年，面向万象市发行，发行量1 200份。

(8)《信赛》，周报，老挝新闻文化部主办，面向万象市发行，发行量500份。

(9)《贸易》，十天发行一次，老挝贸易部主办，创刊于1998年4月6日，发行量1 000份。

(10)《商业消息》，半月刊，老挝贸易部主办，创刊于1995年5月9日，面向万象市发行，发行量1 000份。

（11）《体育消息》，半月刊，国家体育委员会主办，创刊于1998年8月19日，面向万象市发行，发行量1 000份。

（12）《劳动》，月刊，老挝总工会主办，创刊于1980年11月15日，老挝工会内部发行，发行量2 500份。

（13）《万象省》，月刊，万象省新闻文化局主办，创刊于1994年1月20日，面向万象省发行，发行量1 600份。

（14）《国家安全报》，月刊，老挝国家安全部主办，创刊于1997年7月29日，老挝国家安全部内部发行，发行量4 000份。

（15）《万象发展报》，月刊，琅勃拉邦省新闻文化局主办，创刊于1998年9月17日，面向琅勃拉邦省发行，发行量1 000份。

其中，《人民报》是老挝人民革命党中央委员会的机关报，是“老挝人民革命党中央之声”，其主要任务是：广泛、深刻而又详细地宣传党的各项路线、方针、政策，指出并解释实施的具体方针；宣传工人阶级思想，培养热爱祖国、热爱社会主义的美好传统，培养具有正确世界观和人生观的新人；报道在全国范围内具有共性的事件、新闻；广泛宣传在经济建设中涌现出来的新事物、新风尚；披露在工作和生活中出现的种种消极现象。每周五期，每期对开12版，周六、周日无报。在版面安排上，该报一、二版为国内要闻，主要报道会议，国事活动，各地区、各行业生产建设情况等；三版为党的建设专版，主要用长篇幅的文章介绍在党的领导下各方面所取得的成就；四版为社会经济版，报道各行业、部门在经济建设中所取得的成就；五、六、七、八、九版为广告专页；十版为头版要闻的另转专页，用整个版面刊登头版的另转要闻；十一、十二版为国际版，报道国际重大事件、体育新闻、世界各地简讯等等。《人民报》作为老挝人民革命党中央委员会的机关报，在报道中非常讲究政治性，首先着眼于宣传报道党和国家政治生活中的大事，如国家领导人的国事活动、各种会议等；其次，老挝作为世界上最不发达的国家之一，很多国家和国际组织对老挝进行了大量援助，因此各部门接受外国援助和投资的外事活动也是报道的重点，会议报道和外事报道几乎占了头版的三分之二。再次，讲究针对性，强调在报道中以“建设性”为主，用大量篇幅介绍老挝在经济、农业、卫生建设等方面所取得的成就。在国际时事报道中，主要采用越南通讯社与中国新华社电讯稿，报道国际重大新闻以及介绍越南、中国、日本等周边国家的情况。在新闻图片方面，以刊登辅助文字报道的人物图片为主，每天十几张。同时，还报道每天的汇率、彩票以及各种体育比赛的结果。此外，报纸还用大量的版面刊登各种广告和通告。

（二）电视

截至2010年，老挝共有30个电视台，覆盖了72%的地区。其中有两个是国家电视台，一个是私营电视台，其他都是全国各地的地方电视台，主要播放语言是老挝语、英语和法语。其模拟电视广播系统已经替换为数字格式，并计划至2015年实现整个系统的数字化转换，并将其覆盖率提高到80%。

老挝国家电视台于1983年创办。1993年，老挝与泰国达成协议，老挝国家电视台采用9频道对外播出。2007年3月，老挝国家电视台和中国广播电视设计院签署协议，中国政府同意提供7 000万人民币的援助，用于资助老挝国家电视台第三频道的建设项目，为2009年12月在老挝召开的第25届东南亚运动会在电视转播方面提供了有力保障。2010年，老挝国家电视台开播了老挝TV1和TV3两个频道，两个频道的节目信号均通过卫星传播，24小时播放。TV1主要播放新闻和时政消息等节目，每天播出13.5小时（早6点至12点半，下午5点至晚11点）。TV3是1994年与泰国合资创办的频道，主要播放娱乐、电影和体育节目，自2002年该频道被老挝国家电视台接管后，这种重娱乐的风格逐渐淡化。其播放时间为周一至周五，每天播出8小时（中午12点到下午4点，晚6点到10点），周六和周日每天播出10小时（中午12点到晚10点）。①电视台经费主要依靠国家拨款，年广告收入为150万至200万美元，②仅占总支出的20%。

在有线电视方面，万象有两家有线电视公司——老挝有线电视公司和万象有线电视公司。老挝有线电视公司是中国和老挝文化部合作的一个项目，合作期为10年。到2010年，老挝有线电视公司拥有3万个用户，主要集中于万象的主城区内，光缆覆盖范围是20至25千米。万象有线电视公司是老挝自己建设的有线网络公司，现有用户1 000多户。入网费是120至130美元，收视费是每月2至3美元。播出的电视节目为33套左右，泰国节目较多。③

老挝省级电视台力量较为薄弱，基本不能独立制作电视节目。只有万象市电视台和琅勃拉邦、沙湾拿吉等主要省份的电视台有能力每天播出1小时的自办节目。老挝主要的省级电视台包括：阿速坡省电视台，波乔省电视台和波里坎赛省电视台等17个。④

2008年4月，老挝成立了第一家私人电视台——老挝星空卫视频道，主要介绍老挝文化和教育，属老挝民族艺术和文化促进俱乐部所有。

（三）广播电台

到2010年，老挝有43个广播电台，7个调幅电台，22个调频电台和两个转播无线电台，其中老挝国家电台于1960年成立，并在

① 刘琛：《老挝电视传媒：历史，身份与意识形态》，载《国际新闻界》2010年第3期。

② 越南、老挝、柬埔寨新闻业发展现状[EB/OL].(2009-12-23)[2012-03-07]. http://news.xinhuanet.com/zgjx/2009-12/23/content_12693899_1.htm.

③ 同②。

④ 同②。

1975年成为了全国性的广播电台，其他多数电台则以当地方言播出。目前，老挝的广播覆盖率已达到90%，预计2015年将覆盖全国。

2006年11月19日，中国国际广播电台老挝万象调频台FM93正式开播。万象调频台全天播出12.5小时，从当地时间10：00至22：30，播出语种包括老挝语、英语和普通话，其中老挝语6.5小时，英语4小时，普通话2小时，为老挝万象听众提供各类新闻资讯、专题和中老两国音乐等节目。2006—2011年期间，万象调频台成功策划、报道了"中老边境行"、"共同的泼水节"、北京奥运会、万象东南亚运动会、"上海世博会老挝馆日"等大型活动，赢得了老挝万象听众的喜爱。

2011年5月10日，老挝政府正式批准建立中国国际广播电台万象节目制作室。7月1日，万象节目制作室建立，并以报道老挝人民革命党九大为开端，开始了本土化节目的制作与播出。

（四）网络电信

作为世界上最不发达的国家之一，老挝由于经济发展及教育水平低下等原因，而使大众在漫长的时间里无缘接触网络，直到20世纪90年代末，老挝才开始与因特网有初步接触。进入21世纪之后，在因特网飞速发展的冲击下，老挝网络也有了较大的发展，呈现出蓬勃发展的势头，不少外国投资商也十分看好老挝网络市场，纷纷投资于这一领域。但与21世纪快速发展的国际互联网相比，老挝的网络事业发展依然十分慢，据2011年老挝邮电传媒部[①]最新统计，目前老挝互联网普及率仅为5%，累计发放互联网账号2.6万个，网民不到50万人。[②]

① 2011年新成立，原为交通运输邮政建设部（MCTPC）。

② 老挝电信业快速发展[J/OL].（2011-08-25）[2012-03-07]. http://www.chinadaily.com.cn/hqgj/jryw/2011-08-25/content_3598408.html.

1998年底，一家美国公司Globecom Electronic Limited（又名GlobeNet）通过与老挝新闻文化部的合作得到了老挝政府的批准，开始经营因特网接入业务，这可以被认为是老挝互联网正式存在的开始。其最初的网络使用者是一些机构和网吧，通过无线技术系统连接到因特网。由于能够接收到信号的范围有限，因此只有万象市的一些地方能够享用因特网服务。不久，迫于GlobeNet的压力，老挝电信有限公司也加入了因特网这一领域，由于该公司是老挝唯一的国营电信公司，主要经营电话、通信业务等，因此通过使用电话线路连接是其连接到因特网的主要方式。这使得因特网的使用范围扩大了，而不再局限于万象市。Planet Computers公司和LanexangNet公司是老挝的第二个因特网服务供应商（ISP），其连接到因特网的方式主要是通过无线连接和电话线路连接。除此之外，Planet公司还是第一个在老挝实现拨号上网的公司，而LanexangNet公司则是第一个在老挝采用VDSL（Very-High-Data-Rate Digital Subscriber Line）网际快车接入因特网的公司。2003年底涉足老挝网络领域的老挝电信企业（ETL）则主要是使用电话线，通过拨号上网的方式连接到因特网。由于老挝电信企业还负责万象的有线电视网业务，因此该企业也计划在将来使用技术通过有线电视网络接入国际互联网。

在网站建设方面，从1998年开始，一些政府机构和个人网站开始出现，如老挝新闻文化部建立了一个新闻网站（kpl），从该网站上可以查阅老挝最近的新闻事件。2000年3月，老挝总理办公室出台了《关于因特网在老挝的组织、服务、使用的决定》，规定老挝的网络域名为la。经过几年的发展，老挝网络发展迈入了一个新的阶段，网络立法工作开始展开，网站数量逐步增长，网民不断增加。

网络用户方面，目前老挝有网吧100多家，但大部分集中于万象、琅勃拉邦、万荣等一些经济比较繁荣及外国游客比较多的城市；因特网用户方面，根据老挝通信管理机构制定的2001—2005年发展计划，至2005年，根据世界网络数据统计（Internet World Stats），老挝因特网用户在2002年10月达到1.5万个；在网络传输速度上，各网络服务供应商根据因特网用户的申请，提供不同的传输速度，如32 Kb/s、64 Kb/s、128 Kb/s、256 Kb/s等，但由于骨干网容量不足，总的来说因特网接入速度较慢，常常出现拥塞现象。

在网络价格方面，各因特网服务供应商根据网络用户申请的种类和传输速度，采取限时或不限时的方式按月收费，如Globecom公司根据不同的速率每月收取用户300~1 400美元的使用费，LanexangNet公司依据服务的种类（普通型、专用型）每月收取用户35~200美元的使用费等等。而在网吧上网费用方面，一般是每小时6 000基普（约合人民币4.60元）。此外，老挝电信企业（ETL）还提供113上网卡和不限时拨号上网的服务，上网卡分为5万基普、10万基普和25万基普三种面值，可分别上网8小时、18小时和45小时；不限时拨号上网每月收取120美元的服务费。由于解决了在网络上使用老挝语文字的问题，从2003年开始，老挝电信有限公司、老挝自来水公司、国家干部委员会、老挝国会等纷纷建立了自己的网站，老挝网络呈现出老文网站与英文网站并存的局面，网站数量也不断增加。

老挝政府十分重视因特网的管理工作和相关政策法规的制定工作。1997年11月28日，老挝政府颁布了《关于引进、使用和管理因特网络的第116号总理令》，提出必须对因特网的引进和使用进行严格的监督管理，并提出成立一个专门的机构来管理网络工作。1999年9月、2000年3月老挝总理办公室相继出台了《关于国家因特网管理委员会组织及活动的决定》、《关于因特网在老挝的组织、服务、使用的决定》等法律法规，对即将成立的国家因特网管理委员会的组织及活动、因特网在老挝的使用等原则进行了详细的规定。2000年4月24日，老挝政府颁布了《关于成立国家因特网管理委员会的决定》，决定正式成立老挝国家因特网管理委员会（LANIC），该委员会由交通运输邮政建设部、新闻文化部、内政部和外交部以及科学技术和环境委员会（STEA）共同组成，其任务是对全国的因特网进行管理并制定相关的政策法规。此外，老挝总理办公室、老挝国家因特网管理委员会又分别于2000年9月、10月公布了《关于授权国家因特网管理委员会检查和管理在使用因特网过程中的错误倾向》、《关于在老挝提供因特网服务和使用因特网的禁止内容》等公告，对浏览和制作网页应遵循的原则进行了详细的规定。这些政策法规的出台无疑将有助于推动老挝因特网的健康发展。

电信方面，近年来老挝政府非常重视电信业的发展，出台了一系列措施如加大政府投入、鼓励外国公司和国内私企参与相关的基础设施建设等，以促进国内电信业的快速发展。据老挝邮政电信传媒部公布的最新数据，截至2011年6月底，老挝通信光缆总长达4.1万千米，移动电话通信基站4 644个，可覆盖该国17个省（市）的142个县，其中3G网络已覆盖2 000个自然村。新注册座机号码1.08万个，手机号码17.7万个，全国已注册电话号码累计达540.2万个，平均每百人有88个号码。此外，老挝电信主管部门还宣布，从2011年7月1日起，老挝开始执行统一的话费标准，座机（含座机移动电话）通话费为250基普/分钟；手机话费按月缴费用户为300基普/分钟，预付费用户为800基普/分钟；短信费用网内发送100基普/条，跨网发送为200基普/条；国际长途话费1 800基普/分钟，国际短信费用500基普/条。[①]

① 老挝电信业快速发展[J/OL].(2011-08-25)[2012-03-07]. http://www.chinadaily.com.cn/hqgj/jryw/2011-08-25/content_3598408.html.

二、印刷出版

老挝印刷出版业的产生与老挝书面文学有着直接的联系。老挝最早的书面文学作品可追溯到1357年的《法昂王的训词》(参见本书第五章文学艺术)。该作品被视为是老挝的第一篇书面文学作品，也可视为老挝印刷出版业的开端。

20世纪70年代以前，老挝的印刷出版业发展非常缓慢，没有现代化的大型印刷厂，仅在万象、琅勃拉邦等主要城市有几家手工作坊式的小型铅印厂。1971年，经老挝爱国阵线中央委员会请求，中国启动“老中友谊印刷厂”建设项目，印刷厂位于乌多姆赛省省会孟赛县附近，于1974年建成，是当时老挝最好的印刷厂。

老挝人民民主共和国成立以后，印刷出版业有了一定程度的发展。1975年底，老挝组建了国家出版社。该出版社是老挝官方出版发行机关，下设1个国家书店，位于万象市，也是老挝唯一的正规书店。随着老挝出版事业的不断发展，至1995年，老挝共有印刷厂10家，包含中央企业2家、地方企业7家、私营企业1家。这10家印刷厂规模都很小，设备陈旧、技术落后，大部分工序为手工操作。但具有较大的出版权，可以自行印书发行；出版物也没有统一书号，只要有一定级别的批文即可印刷发行。

2010年4月，由3名老挝商人共同投资的大型印刷厂——老挝优尼印刷厂在万象市成立。该印刷厂在厂房和设备上共投入约100万美元，购置了日本的先进印刷机，产品包括图书、杂志、报纸、海报、日历和小册子，能印制数量巨大的文件，并将以国际标准为本地的客户提供便宜的印刷服务。此外，该印刷厂还计划在两年内再投资300万美元添置另外的印刷机，以确保提供更好的服务。

此外，老挝《人民报》万象印刷厂也正在建立中。在未来两年或3年内,《人民报》在各个省的印刷设施也将投入运营。

在出版物方面，目前老挝出版的图书种类和数量都非常有限，且印刷质量不高，主要为一些古典著作、民间故事、短篇小说和儿童读物等，但深受读者的欢迎，由于印刷数量有限(一般为千册左右)，常常供不应求。

三、体育

老挝人民民主共和国成立后，非常重视体育业的发展，并逐渐建立起了从中央到地方的体育管理机构。1975年至1993年，体育工作归属教育部体育美育局管理，并于1987年举办了老挝首届全国体育运动会；1994年至1998年，组建直属总理府的国家体育委员会，专门负责全国体育工作的管理，并在省级政府设立相应的管理机构；此后又相继成立了大众体育组织、老挝国家奥林匹克委员会以及各体育项目协会等等，并拟制了国家体育战略规划；2011年，老挝政府决定将体育工作再次划拨到教育部，新组建教育体育部，负责体育工作的指导和管理。

自1980年参加在莫斯科举办的第20届国际奥林匹克运动会起，老挝开始积极参加地区和国际性的体育运动赛事，如东南亚运动会、亚运会、国际奥林匹克运动会等等，并在东南亚运动会和亚运会上获得多枚奖牌。迄今为止，老挝取得的最佳体育成绩是普赛·阿佩拉在2006年多哈亚运会上夺得的散打银牌。此外，老挝还于2009年成功举办了第25届东南亚运动会，并取得了33金、25银、52铜的好成绩，为老挝体育运动赢得了国际社会极高的赞誉。

老挝国内开展的体育项目主要有：排球、足球、藤球、羽毛球、地掷球、泰拳、篮球、乒乓球、游泳、保龄球、网球、高尔夫球、慢跑、街舞、体操、杂技、中国武术等。大众普及较好的球类运动为：排球、足球、地掷球、藤球、羽毛球、乒乓球、篮球等。

排球在老挝很普及，通常老挝人说的“去打球”就是指去打排球，街头巷尾常见打排球的男女老少。藤球是老挝本国的主要体育项目之一。但是受限于本国的经济文化发展水平，老挝的藤球竞技水平在东南亚一直不高。[①]“老挝式保龄球”——地掷球运动是老挝的男女老少都非常热衷的运动项目之一，该运动还是第25届东南亚运动会的比赛项目之一。羽毛球、网球和高尔夫球这三项运动由于场地的限制比较大，消费较高，因此一般的爱好者家庭条件都比较好。除此以外，跆拳道、武术、举重等项目，也是老挝人民喜闻乐见的体育项目。[②]足球运动由于资金缺少等原因，正规的足球场地数量非常少，但街头巷尾的空地上随处可见聚在一起踢足球的青少年。老挝国家足球队几乎没有职业球员，除了3名在泰国联赛效力的球员之外，其他球员则是银行职员、军人、警察以及学生。只有遇到比赛的时候，才会临时集中，多数球员都要向自己的公司或者学校请假。在国家队进行集训时，球员每天只能得到5万基普（相当于40元人民币）补助。

近年来，随着中老关系的深入发展，中国在体育事业上也给予了老挝大力的支持和援助，如帮助老挝修建了国家体育场，派出教练到老挝任教或接受老挝运动员到中国进行训练等。多哈亚运会上散打银牌得主普赛·阿佩拉的现任教练就是北京首都体育学院的散打教练。[③]2009年，中国派出散打、武术、套路、排球、沙排、网球、羽毛球、跳水、乒乓球和游泳等教练到老挝执教，帮助老挝运动员备战第25届东南亚运动会。

① 老挝体育发展情况[EB/OL].(2010-10-21)[2012-03-07]. http://www.cnr.cn/allnews/201010/t20101021_507205482.html.

② 亚运版图——老挝[EB/OL].[2012-03-07]. http://2010.163.com/special/laowo/.

③ 老挝体育事业坚持以民为本，与中国体育不解之缘[EB/OL].(2010-10-21)[2012-03-07]. http://2010.163.com/10/1021/16/6JHI720900864J73.html.

第七章　政治制度

1975年12月，老挝宣布废除君主制度，建立老挝人民民主共和国，组成了以苏发努冯为主席的最高人民议会和以凯山·丰威汉为总理的共和国政府。老挝人民革命党成为执政党，领导老挝人民走向社会主义发展的道路，老挝从此进入一个新的历史发展时期。

第一节　政治发展进程

老挝人民革命党在1972年2月党的第二次全国代表大会上最早提出走社会主义道路，当时老挝人民的抗美救国斗争正处于胜利的前夕。二大通过的政治纲领，规定："在全国完成民族民主革命，为不经过资本主义发展道路直接进入社会主义准备一切必要条件，把老挝建成一个和平、独立、民主、统一和繁荣的国家。"1975年10月，老挝人民革命党二届三中全会宣布："老挝已经完成了民族民主革命，并开始不经过资本主义发展阶段而直接进入社会主义阶段"，并指出老挝当前革命的主要任务是进行社会主义改造和社会主义建设。在这个时期，由于缺少建设社会主义的经验，老挝人民革命党采取了全面照搬苏联模式的办法，实行极左路线，造成了生产力的倒退和生产关系的破坏，使老挝经济陷入困境。经济状况的恶化使老挝人民革命党对本国国情重新进行了审视，对其所执行的急于过渡的政策进行了调整。在1979年11月召开的二届七中全会上，人民革命党总书记凯山·丰威汉提出党的干部在进行生产关系革命中，要"考虑到目前老挝生产力的发展状况和水平"，承认"急于消除资产阶级私有经济将造成生产力下降”，并指出当时的价格、工资制度违反客观规律的问题。自二届七中全会以后，老挝推出一系列的调整措施，如进行价格、工资、货币等改革，放宽私商经营范围等。

1982年4月召开的老挝人民革命党三大和1984年8月召开的三届六中全会，都对老挝的国情有了新的认识，认为老挝的经济总的来讲是“自然性质的、自给自足的小农经济”。自1984年起，老挝逐步解散农业合作社，开始进行家庭承包试点。

1986年11月，老挝人民革命党召开了四大，这是一次被认为具有历史转折意义的大会。会议重新认识了老挝的国情，纠正了过去急躁冒进、急于求成的思想，提出“调整工业管理体制”，决定全面实施经济体制改革和革新开放政策。四大是老挝走向深入改革的新的里程碑，也是老挝经济发展的转折点。此后，老挝进入了“革新开放”时期。

1989—1991年间，国际形势风云突变。东欧国家相继放弃了社会主义发展道路，第一个社会主义国家、曾经是世界两极之一的苏联也开始土崩瓦解。西方国家对剩下的社会主义国家展开了“新的冷战”，试图通过和平演变、以压促变等方式，在20世纪结束之际消除世界上所有的社会主义国家。老挝和中国、越南、朝鲜、古巴一样，非常强烈地感受到了来自外部的巨大压力。

但是，老挝党和人民没有屈服。老挝人民革命党在1989年10月召开的四届八中全会上明确提出了坚持“六项基本原则的主张”：坚持社会主义目标，紧紧掌握新时期老挝革命的性质；马列主义是党指导人们革命的思想基础；老挝人民革命党的领导是老挝人民革命事业胜利的决定性条件；提倡和发扬民主集中制原则基础上的民主；加强人民民主专政力量；把爱国主义和无产者的国际主义、社会主义的国际主义相结合。

1991年3月召开的老挝人民党第五次代表大会再次确认了党的目标是领导全国人民继续进行改革事业，建设和发展人民民主制度，建设繁荣昌盛的老挝，为逐步进入社会主义创造条件。五大重申在党的领导下进行政治体制改革，提出了深化政治经济改革、对外开放、发展商品经济的方针，强调要继续进行全面革新并制定了相应的政策，“革新开放”方针政策进一步完善。1996年3月，老挝党召开第六次代表大会。六大重申了五大制定的革新开放路线，进一步完善了四大以来的革新措施和政策。

自1986年四大以来，老挝的“革新开放”取得了很大的成绩。政局稳定，社会安定，现行的路线方针政策比较适合老挝国情，人民群众对党和政府的领导抱有信心。在革新政策引导下，国家的经济得到了较大的发展。老挝开始由中央计划经济向市场经济转变，在市场化进程中，政府逐渐放松价格控制，减少国有企业，允许私营企业发展，放松对外贸的垄断，吸引外资，在农村取消了国营农场，农民实行承包制，这些改革措施有力地推动了经济发展，成绩显著，城市经济活动日益活跃，经济结构调整取得进步，人民群众的生活不断得到改善。

第二节　宪法

一、宪法产生过程

1945年10月，随着老挝独立运动的开展，伊沙拉政府曾起草了一部宪法，规定在老挝建立君主立宪制，逼迫国王承认独立。该部宪法由序言和6章41条构成。在老挝人看来，这是老挝的第一部宪法。但由于老挝10月独立运动的短暂性，伊沙拉政府只存在了半年的时间，中国学者在研究老挝宪法时，并不将其视为老挝历史上的第一部宪法。

1946年12月，老挝王国政府成立了由44人组成的宪法起草委员会，负责起草老挝王国政府宪法。1947年5月11日，老挝国王西萨旺·冯宣布实施该宪法。宪法内容由序言和7章44条构成。由于法国殖民者全程参与了宪法的起草，因此，该宪法体现了极强的殖民性。这部王国宪法分别于1949、1952、1956、1957、1961、1965年进行过六次修正。

1975年12月，老挝第二次全国人民代表大会在万象召开，大会通过决议，宣布废除君主制度，建立人民民主共和国。国王西萨旺·瓦达纳宣告退位，王国宪法被废除。1976年1月4日，最高人民议会决定起草新宪法，并组成以西宋喷·洛万赛为首的宪法起草委员会。

在长达17年的非宪制期间，老挝始终未按照宪法建立起由人民普选产生的正式立法机构。但为了国家政权的正常运作，老挝第二次全国人民代表大会选出了由46人组成的最高人民议会。但由于没有宪法，最高人民议会作为最高立法机构的职责和权限并不明确。对于这一点，全国人大的决议只是提到该机构对于“研究新宪法和颁布人民共和国的法律具有必要性”。从规定来看，最高人民议会有任命最高人民法院成员[①]以及审批政府组成人员名单的权利。但实际上，政府和最高人民法院的组成人员均由老挝人民革命党的秘书处决定，而最高人民议会只是履行批准手续而已。

经过反复讨论和修改之后，最高人民议会第二届六次会议于1991年8月14日通过了老挝人民民主共和国建立以来的第一部宪法——《老挝人民民主共和国宪法》，并于1991年8月15日颁布实施。

① 当时尚未设立人民检察院。

二、宪法基本内容

《老挝人民民主共和国宪法》由序言和10章80条构成。序言简要回顾和颂扬了老挝民族辉煌的历史和不屈不挠的斗争精神，概述了共和国宪法的基本内容、宪法在国家建设和人民生活中所起的重要作用。

宪法的条款规定了老挝的政治制度，老挝人民民主共和国是独立、统一的人民民主国家，国家的一切权力属于人民。在对外方面，老挝奉行和平、独立和友好合作的外交政策。宪法规定了老挝的社会经济制度，老挝的经济制度是多种经济成分并存，发展生产，扩大流通，把自然经济转变为商品经济，加强国家的经济基础，不断提高人民的精神生活和物质生活水平，各种经济成分在法律面前一律平等。另外，宪法还对公民的基本权利和义务、国会及其职权、国家主席的产生和职权、中央政府的组成及职权、地方政府、审判机关、检察机关、语言文字、国徽、国旗、国歌和首都等做了具体规定。

宪法规定，老挝国旗为蓝底红边和白色圆月。宽度为长度的三分之二；上下红边各等于蓝底宽度的一半；白色圆月直径等于蓝底宽度的五分之四。可简称为“蓝底红边白月旗”。旗面中部蓝色，长度与宽度比例为3∶1，蓝色象征一片富饶美丽的国土，代表人民热爱和平安宁的生活。红色象征革命，代表不惜以鲜血为代价捍卫国家尊严。白色圆月象征老挝人民在党的领导下团结一致以及国家光明的未来。

老挝国徽呈圆形，下沿有象征工业的齿轮图案和写着“老挝人民民主共和国”字样的红色飘带；两侧围以象征丰收的成熟稻穗，呈月牙形，并有写着“和平、独立、民主、统一、繁荣”字样的红色飘带；两侧稻穗顶梢之间是老挝文化的象征——塔銮图案；圆形中间有公路、田野、森林和水电站图案，象征交通运输、农业、林业和水电业。

图7-1 老挝国旗

老挝国歌《老挝人民歌》由通迪作曲、西沙纳·西山填词，1975年12月老挝全国人民代表大会决议通过。歌词大意为：全体老挝人民，自古全力奋起，同心协力，团结一致，坚决共同前进。维护老挝尊严，各族人民平等，发扬做主权利，不许帝国主义、卖国贼来捣乱。全国人民，维护老挝民族的独立自由，决心斗争，夺取胜利，把老挝民族引向繁荣。

图7-2 老挝国徽

三、2003年宪法修正案

随着社会经济生活的发展，为适应国家发展的客观需要，2003年，老挝国会五届三次会议决定对《老挝人民民主共和国宪法》进行修正。本次修正对1991年版宪法的部分章节和条款进行了修订和增加，由1991年版宪法的10章80条修正为11章98条，并于2003年5月6日颁布实施。

表7-1　2003年宪法修正案与1991年宪法章节与条款对比表

1991年版宪法		2003年版宪法		修正情况统计说明
章节	条款	章节	条款	
第一章 政治制度	12条（1~12）	第一章 政治制度	12条（1~12）	修正4条
第二章 社会和经济制度	8条（13~20）	第二章 社会和经济制度	18条（13~30）	修正15条
		第三章 国防—治安	3条（31~33）	新增
第三章 公民的基本权利和义务	18条（21~38）	第四章 公民的基本权利和义务	18条（34~51）	修正4条
第四章 国会	13条（39~51）	第五章 国会	13条（52~64）	修正7条
第五章 国家主席	4条（52~55）	第六章 国家主席	4条（65~68）	修正3条
第六章 政府	6条（56~61）	第七章 政府	6条（69~74）	修正5条
第七章 地方政府	3条（62~64）	第八章 地方政府	4条（75~78）	修正3条
第八章 审判机关、检察机关	10条（65~74）	第九章 审判机关、检察机关	10条（79~88）	修正7条

续表

1991年版宪法		2003年版宪法		修正情况统计说明
章节	条款	章节	条款	
第九章 语言文字、国徽、国旗、国歌和首都	5条 （75~79）	第十章 语言文字、国徽、国旗、国歌、国庆、货币和首都	7条 （89~95）	新增2条
第十章 其他规定	1条 （80）	第十一章 其他规定	3条 （96~98）	新增2条

2003年宪法修正案与1991年宪法的对比研究表明，2003年宪法修正在对1991年版宪法章节、条款及内容补充细化的基础上，主要对第二章社会和经济制度（由8条修改为18条）和第三章国防—治安（新增）进行了修改，并把国庆、货币（2003年修正案第10章新增2条），宪法的性质与地位及宪法颁布实施的法律效力（2003年修正案第11章新增2条）写入了宪法。

第三节 国体与政体

一、国体

老挝宪法规定："老挝人民民主共和国是人民民主国家，一切权力属于人民、来自人民并保障以工人、农民和知识分子组成的各族人民的利益"；"各族人民当家做主的权利由以老挝人民革命党为领导核心的政治体制加以执行和保障"。宪法明确了老挝的国体——以老挝人民革命党为领导的、以工人、农民和知识分子为主体的人民民主国家。

老挝人民革命党自诞生起就致力于老挝的独立、民主和解放斗争事业。在反对殖民与封建统治的独立和民主革命中、在全国夺权斗争中，人民革命党领导的人民和军队起了决定性的作用。最终，人民革命党赢得胜利并掌握政权。建国后，人民革命党又成为国家建设的领导核心。在革新开放时期，其地位又得到加强。因此，国体十分强调人民革命党在国家中的领导核心地位。

解放前的老挝经济非常落后，在法、美统治时期，只有少量采矿业、木材加工业、种植业出现并有所发展，从事工作的主要是临时性劳工，产业工人极少。因此，老挝无产阶级的数量和影响都比较小，没能形成在国家政治生活中起巨大作用的战斗集体。建国后，由于历史、现实和地理等方面的原因，老挝工人阶级在数量和质量上仍未有大的提高，地位和作用有限。这种情况可以从老挝人民革命党党章中找到一点注解，党的性质指出：老挝人民革命党是政治参谋部，是有组织的领导队伍，是老挝工人阶级、各民族劳动人民和全体老挝人民利益的代表。党的性质没有指明人民革命党是工人阶级的先锋队这一点。

需要强调的是，尽管老挝曾将国体定义为以老挝人民革命党为领导的，以工人、农民和知识分子为主体的无产阶级专政的社会主义国家，但随着国际国内形势的变化以及老挝人民革命党对社会性质的重新认识，1991年老挝人民革命党五大将“无产阶级专政制度”、“社会主义国家”的提法修改为“人民民主体制”、“繁荣昌盛的国家”。

二、政体

老挝人民革命党在性质上属于共产党。因此，老挝人民民主共和国是一个由共产党领导的社会主义国家。老挝借鉴苏联的苏维埃制、中国的全国人民代表大会制和越南的人民议会制原则，汲取西方议会制的有用成分，并结合自身的实际情况，颁布实施了三部法律：1988年《老挝人民民主共和国各级人民议会和人民行政委员会[①]组织法》、1988年《老挝人民民主共和国人民代表选举法》、1991年《老挝人民民主共和国宪法》，创立了自己的政体——人民议会制。

第四节　国家机构

一、国会

在国会成立之前，全国人民代表大会是老挝的最高权力机关，负责行使制定国家纲领路线、方针政策和选举国家领导人等职权。老挝历史上共召开过两次全国人民代表大会，即解放前第一次全国（巴特寮）人民代表大会和解放后第二次全国人民代表大会。

1950年8月13日至15日，老挝第一次全国人民代表大会在桑怒省（现华潘省）解放区召开，来自全国各地的150多名代表出席了大会。大会制订了老挝革命12点政治纲领，主要包括武装力量建设、政治力量建设、革命政权建设和革命根据地建设等；成立了寮国抗战政府和伊沙拉（自由）阵线中央委员会，苏发努冯出任首相和主席。从此，遍及老挝全国的抗法斗争有了统一的领导和指挥，抗战革命武装力量不断壮大，揭开了老挝抗法运动的新一幕。

1975年12月1日至2日，老挝第二次全国人民代表大会在万象召开，全国共有264名代表出席了大会。大会通过了凯山·丰威汉在政治报告中提出的“老挝前进的路线”；决定中央政权机构由国家主席、最高人民议会和人民民主共和国政府组成；通过了任命苏

① 1991年宪法颁布前称人民行政委员会，颁宪后称政府。

发努冯为最高人民议会主席和国家主席，凯山·丰威汉为人民民主共和国总理的决议；通过了关于老挝国旗、国歌、官方语言和文字的决议。

（一）国会简史

老挝国会原称最高人民议会，1992年12月20日，第三届国会成立之日改称国会。历届国会简况如下：

第一届最高人民议会（1975年至1989年），1975年12月2日由全国人民代表大会选举产生，议员45人，其中女性4人。最高人民议会议长为苏发努冯。下设常务委员会和3个专门委员会：宪法起草委员会、政令和选举法委员会、计划和财政委员会。行使团结全国各阶层、各族人民，共同完成保卫国家和建设国家两项战略任务的职权。

第二届最高人民议会（1989年至1992年），1989年3月26日由全国选举产生，议员79人，其中女性5人。最高人民议会议长为诺哈·冯沙万。下设常务委员会、4个专门委员会和办公厅，专门委员会为法律委员会、秘书委员会、社会—文化委员会和外事委员会。第二届最高人民议会分三级，即在地方还设有省、县两级人民议会。第二届最高人民议会完成了《老挝人民民主共和国宪法》的起草，并于1991年8月14日二届六次会议上通过。

第三届国会（1992年至1997年），1992年12月20日选举产生，议员85人，其中女性8人。国会主席为沙曼·维亚吉。第三届国会仅设有一级，撤销了地方省、县两级人民议会。下设常务委员会、6个专门委员会和办公厅，专门委员会为法律委员会、秘书委员会、计划—经济—财政预算委员会、社会—文化委员会、民族委员会和外事委员会。

第四届国会（1997年至2002年），1997年12月21日选举产生，议员99人，其中女性21人。国会主席为沙曼·维亚吉。下设常务委员会、6个专门委员会和办公厅，专门委员会为法律委员会、经济财政委员会、社会—文化委员会、民族委员会、国防—治安委员会和外事委员会。

第五届国会（2002年至2006年），2002年2月23日选举产生，议员109人。国会主席为沙曼·维亚吉。

第六届国会（2006年6月至2011年4月），2006年6月17日选举产生，议员115人。国会主席为通邢·塔马冯。

第七届国会（2011年4月—），2011年4月30日举行，议员132名。国会主席为巴妮·雅陶都。

（二）国会的地位

国会是老挝各族人民权力和利益的代表机构，是国家最高权力机构和立法机构，有权决定国家各项基本事务，监督国家各级行政对宪法、法律、国家社会经济发展规划、国家财政预算活动和国会决议的执行情况。

（三）国会的选举与产生

国会议员的选举遵循普遍、平等、直接和不记名投票的原则。年满18周岁以上的老挝公民均拥有选举权，21周岁以上的老挝公民均有权参选国会议员，被人民法院剥夺上述两种权力或精神失常者除外。国会议员代表必须包括不同阶层、不同性别和适当比例的少数民族代表。

每届国会任期为5年，新一届国会的选举必须在上一届国会任期届满前60天完成。发生战争或由于其他原因给选举造成困难时，国会可延长任期，但待局势恢复正常后，必须选举新一届国会，最迟不得超过6个月。必要时，获得与会人数三分之二以上同意，可在上一届国会任期未满时提前选举新一届国会。

全国以省级行政区划设立选区，即老挝现有17个选区，分别为16个省选区和1个直辖市选区。各选区每5万人中选举1名议员。人口少于15万人的省可选举3名议员。

国会议员选举时，由国会成立选举委员会，体系设置分为四级：国家级选举委员会、省级选举委员会、县级选举委员会和投票选举组负责委员会。各级选举委员会的组成必须有来自党委、政府和人民团体的代表，其中国家级和省级选举委员会的组成必须有国会议员代表。全国各级党政机关和群众团体均有权向本地选举委员会提交参选人名单，也可向国家选举委员会提交名单。

（四）国会的职权

国会的主要职权是：制定、通过和修改宪法；审议、通过、修改或废除法律；审议、通过税收的制定、修改或取消；审议、通过国家社会—经济发展战略和财政预算报告；选举或罢免国会主席、副主席和国会常务委员；根据国会常务委员会提议，选举或罢免国家主席和副主席；根据国家主席提议，审议通过总理的任命或罢免议案；根据总理提议，审议通过国务院的组织机构，国务院成员的任命、调动或罢免；根据国家主席提议，选举或罢免最高人民法院院长和人民检察院检察长；根据总理提议，决定设立或撤销国务院各部委、省和直辖市，决定省和直辖市的行政区划；决定赦免；依法批准或废除与外国签订的条约、协议；决定战争与和平的问题；监督检查宪法和法律的遵守与执行情况。

（五）国会的组织机构

国会设主席和副主席，兼任国会常务委员会主席和副主席，依法主持国会常委会工作。

国会常务委员会是国会常设机构，由主席、副主席和委员若干组成，在国会闭会期间代理国会行使职权。国会常务委员会主要职权：筹备国会会议，保障国会按所制定的计划开展工作；解释宪法和法律；在国会闭会期间，监督检查各行政机关、人民法院和人民检察院工作；任命、调动或罢免各级人民法院和军事法院审判员；召集国会议会。

国会下设6个专门委员会：法律委员会、民族委员会、社会—文化委员会、计划—经济—财政预算委员会、国防—治安委员会、外事委员会和办公厅，负责审议、拟订宪法和法律草案并提交给国会常务委员会和国家主席，协助国会和国会常委会监督检查各行政机关、人民法院和人民检察院工作。

此外，还设有选区常设国会议员委员会、国会办公厅和国际议会联盟委员会。

（六）国会会议制度

国会会议有三种类型：一是首次会议，二是年度例会，三是特别会议。会议召开遵守的主要规则是：与会人数须为国会议员半数以上方能召开；会议公开，必须在国会主席、副主席或国会主席授权者的监督指导下召开；国会会议需指定专门秘书协助工作。

首次会议在新一届国会议员选举完毕后60天内召开，上一届国会主席担任首次会议主席，负责主持会议，直至新一届国会主席产生。首次会议的主要职责是：听取主席或国家级选举委员会关于选举情况的报告，鉴定国会议员资格；根据上一届国会常务委员会提议，选举新一届国会主席、副主席和常务委员会；建立各专门委员会；根据新一届常务委员会提议，选举各专门委员会和办公厅领导，建立国际议会联盟委员会，选举国际议会联盟委员会主席、副主席和书记，选举国家主席和副主席；根据国家主席提议，审议、通过总理任命议案；根据总理提议，审议、通过国务院组织机构和国务院成员构成议案；根据国家主席提议，选举最高人民法院院长和最高人民检察院检察长；审议、通过本届国务院社会经济发展规划；审议、决定其他重大问题，如法律的制定、修正和国会工作计划。

年度例会每年召开两次，由国会常务委员会负责召集。第一次例会在每年6月至7月间召开，第二次例会在每年11月至12月间召开。第一次例会的主要职责是：审议、通过国务院本年度国家社会经济发展规划和财政预算；审议、通过下一年度国家社会经济发展规划和财政预算；审议最高人民法院和最高人民检察院本年度和下一年度的工作报告；审议、通过国会本年度和下一年度的工作报告；必要时，审议、决定其他重大问题，如选举法的制定和修改、职务的调动或罢免。第二次例会的主要职责是：审议、通过新制定的法律和法律修正案；审议、通过上一年度国家财政预算执行情况的总结；审议、通过本年度上半年国家社会经济发展规划和财政预算，及下半年国家社会经济发展规划和财政预算调整方案；审议最高人民法院院长和最高人民检察院检察长对本年度上半年宪法和其他法律的执行情况以及下半年工作计划所作的报告；审议、通过常务委员会本年度上半年工作计划的落实情况，以及下半年的工作计划。

根据国会常务委员会决定，国家主席、总理或四分之一以上国会议员提议，在两次国会例会期间，可召开国会特别会议，主要是审议、决定国家重大或紧急问题。

（七）国会立法程序

国会主要审议和批准政府工作报告、财政预算报告和各项法律草案、修正案。

国会审议和批准法律草案、修正案遵循以下程序：

（1）宪法规定的有权提交法律草案和修正案的部门需提前向国会常务委员会申请，通报法律草案和修正案的目的和理由。国会常务委员会在收到申请15个工作日内需对申请做出书面答复。

（2）有关部门应在国会全体会议召开60日之前向国会常委会提交法律草案或修正案文本。

（3）国会常务委员会将有关草案文本送交法律委员会和相关委员会审议，法律委员会和相关委员会负责详细审议并向常务委员会报告审议结果。

（4）国会常务委员会有权决定采取何种形式就草案内容征询公众意见。

（5）国会常务委员会决定由提交草案部门或相关国会委员会负责人向国会全体会议提出审议请求。

（6）国会主席责成专门审议小组在大会上对草案进行逐段解释，供议员质询、审议后，进行不记名或记名投票表决。

（八）国会议员制度

国会议员的权利和义务：宣传党的方针政策、国家法律法规和国会决议；按各自所属选区，参与国家和地方各级行政机关日常工作，对行政部门制定社会经济发展计划、规划提出意见；出席国会会议，本着负责任的态度对国会审议草案进行研究、质询和投票表决；在国会全体会议上对国家主席、国会主席、政府总理等行政官员以及最高人民法院院长、最高人民检察院检察长进行质询；为提出控诉申请的公民提供咨询，就有关控诉向所属选区议员团提出公正合理的意见；向所属选区议员团和专门委员会定期汇报自身工作；每年至少两次向所属选区的选民汇报自身工作，听取选民意见、需求以便汇总后向国会反映；出席所属选区党政机关和群众团体重大活动；获取开展工作所需的信息。

国会议员的豁免权：未经国会或国会常委会批准，不得对国会议员实施拘捕、拘留或刑事起诉。如确有必要对国会议员实施紧急拘捕，有关拘捕部门应立即向国会或国会常委会报告，并请示下一步采取何种行动，在此期间对国会议员实施的审查审讯，不得妨碍该议员出席国会会议。

（九）国会议会党团和办事机构

老挝人民革命党是老挝唯一合法的政党和执政党。老挝国会不设议会党团。各国会议员在各自所属选区组成选区议员团开展工作。同时各议员必须隶属某个专门委员会，各专门委员会也可作为议员集体办公的独立部门。

（十）对外交往

老挝国会对外交往工作由国会外事委员会负责，国会办公厅外事局具体实施。外事交往经费主要来自政府财政支出，少量来自外国或国际组织援助。国会主席、副主席出访需报老挝人民革命党中央审批，部级和以下团组出访由国会主席或副主席审批。

二、国家元首

根据宪法，国家主席是老挝人民民主共和国的国家元首，是老挝各族人民的代表。

国家主席由国会选举产生，获得国会与会人数三分之二以上选票才能当选，任期5年，与每届国会的任期相同。

国家主席的主要职权是：颁布实施国会通过的宪法和法律；颁布政令和法令；向国会提出任命或罢免总理的建议，供国会审议；经国会审议通过后，任命或罢免总理，任命、调动或罢免政府成员；根据最高人民法院院长和最高人民检察院检察长提议，任命或罢免最高人民法院副院长和最高人民检察院副检察长；根据总理提议，任命、调动或罢免省长和直辖市市长；是人民武装力量的统帅；根据总理提议，决定晋升或降低国防与治安力量中军职领导军衔；必要时召开政府特别会议并担任会议主席；决定并颁发国家金质勋章、荣誉勋章和国家最高荣誉称号；决定赦免；决定全国或局部动员，决定全国或局部地区进入紧急状态；宣布批准和废除同外国签订的条约、协议；派遣和召回老挝驻外国全权代表，接受外国驻老挝的全权代表。

老挝还设有国家副主席，协助主席工作，并可在国家主席不能履行职权时代理行使职权。国家副主席也由国会选举产生，获得国会与会人数半数以上选票才能当选。

表7-2 老挝历任国家主席

任期	国家主席
1975.12—1991.8	苏发努冯 Souphanouvong
1986.10—1991.8	富米·冯维希（代理主席） Phoumi Vongvichit
1991.8—1992.11	凯山·丰威汉 Kaysone Phomvihan
1992.11—1998.2	诺哈·冯沙万 Nouhak Phoumsavan
1998.2—2006.6	坎代·西潘敦 Khamtai Siphandon
2006.6至今	朱马里·赛雅颂 Choummaly Sayasone

三、行政机关

（一）国务院

1. 国务院简史

1975年12月，老挝人民革命党夺取政权，废除君主制，成立老挝人民民主共和国，全国人民代表大会选举并成立了以凯山·丰威汉为总理的政府。由总理府、12个部、2个委员会和国家银行组成。自老挝政府成立到1980年的5年内，在老挝人民革命党的坚强领导下，老挝政府主要致力于团结全国各族人民、建设和谐环境、捍卫革命成果、抚平战争创伤、复苏经济社会文化和逐步改善人民生活水平等各项任务，成绩显著。

1982年7月，老挝人民议会常务委员会决定，将政府建构改建为部长会议体制，凯山·丰威汉任部长会议主席。为适应社会经济发展的需要，部长会议体制对原有的机构组成进行了调整，将原来的12个部、2个委员会重组或新建为14个部、4个委员会，并成立了银行委员会和部长会议办公厅。在老挝建设与发展的进程中，部长议会体制构成又经历了多次调整。

1991年3月27日至29日，老挝人民革命党召开第五次全国代表大会，会议决定将部长会议体制改称中央政府，即国务院。坎代·西潘敦出任政府总理。1993年2月23日第三届国会首次会议通过了对国务院机构设置的调整议案，设13个部、2个委员会和总理府办公厅。

2. 国务院的地位

国务院是老挝最高国家行政机关，由国会审议成立，对国会和国家主席负责，统一管理老挝的政治、经济、文化、资源开发、环境保护、国防、治安和外交等各项事务。

3. 国务院的职权

国务院的主要职权是：执行宪法、法律和国会决议，国家主席法令和政令；向国会提交法律草案、法令草案，向国家主席提交政令草案；拟制年度国家战略规划、社会经济发展规划和财政预算，提交国会审议通过；向国会、国会常务委员会（国会休会期间）和国家主席汇报工作；发布关于国家、社会经济、科学技术、资源、环境、国防治安和外事活动等管控的决定和决议；组织、指导和监督各部门和地方政府机关的活动；组织和监督国防治安力量的活动；与外国签订条约、协议，并指导签订条约、协议的执行；中止、废除或取消国务院各部委、机关和地方政府所发布与法律发生抵触的决定和命令。

4. 国务院的组织机构

国务院每届任期5年，由总理、副总理、总理府办公厅主任、各部委部长和主任组成。

总理经国会审议通过后由国家主席任免。总理为政府首脑，主要行使以下职权：召集国务院会议，并担任会议主席；代表政府指导和管理政府工作，监督国会和国务院会议决议的执行，指导各部委和其他政府部门以及各省、直辖市的工作；向国会提议各部委副部长、副主任、总理府办公厅副主任的任免或调动；向国家主席提议老挝驻外全权大使的任命或调回，省长、直辖市市长的任免或调动，以及国防治安力量军职领导的晋升或降级；任免或调动各部委副部长、副主任、总理府办公厅副主任、各局署领导、副省长、直辖市副市长、县长和政府机构领导；晋升或降级国防治安力量准将军衔；发布国务院关于政策、法令和计划等的决议、命令和说明；发布各部委、局和地方政府的工作决议；向国会和国家主席作年度工作报告，国会休会期间向国会常务委员会报告。

表7-3　老挝历任政府总理

任期	政府总理
1975.12—1991.8	凯山・丰威汉 Kaysone Phomvihane
1991.8—1998.2	坎代・西潘敦 Khamtai Siphandon

续表

任期	政府总理
1998.2—2001.3	西沙瓦・乔本潘 Sisavath Keobounphanh
2001.3—2006.6	本扬・沃拉吉 Boungnang Vorachith
2006.6—2010.12	波松・布帕万 Bouasone Bouphavanh
2010.12至今	通邢・塔马冯 Thongsing Thammavong

副总理经国会审议通过后由国家主席任命，协助总理工作，具体负责总理赋予的某项工作，总理不在位时可授权一名副总理代行职权。

当国会常委会或国会四分之一以上议员对政府或政府某一成员提出不信任案时，国会将对政府或该成员做出不信任的决定。而在国会对政府做出不信任决定的24小时内，国家主席有权建议国会重新审议其决定。国会两次审议的时间应相隔48小时。如果第二次审议仍不能得到国会信任，本届政府或该政府成员必须辞职。

总理府办公厅是国务院的一级机构，行使参谋职能，负责协调、研究和总结国务院工作中的各类问题，为总理、国务院和国务院其他机构开展工作创造有利条件。总理府办公厅的主要职权是：筹备、记录和公布国务院会议决议；收集、汇总国内外各类信息并上报国务院和总理；研究、分析各类问题并上报国务院和总理，为国务院和总理制定国家政策、战略规划和设立经济、社会文化、国防治安、外事、国家资源及环境等管理机构提供依据；管理各部委所辖领域和各项工作；为国务院、总理和总理府办公厅开展工作创造便利条件；联系、协调中央办公厅、国会办公厅、总理府办公厅、各部委、省、直辖市、建国阵线和中央级人民组织等各级机构，便于国务院统一集中管理。

国务院各部委是国务院的下设机构，行使参谋职能，在全国范围内对其所属部门进行宏观指导与管理。各部委的机构设置由总理政令决定，主要包括：办公厅、局、处、所和业务组等。各部委的主要职权是：研究本部门的政策和战略规划，提交国务院审议；研究国务院的政策、规划和决议，制定本部门相应的工作规划和成立相应机构，以贯彻落实国务院的政策和规划；向国务院提议修改或起草法律、政令和法令；发布决定、命令和公告，对本部门进行宏观调控；在与地方政府协商的基础上，指导和管理本部门工作和人才队伍建设；根据国务院授权，开展外事工作；检查和总结本部门工作开展情况，上报国务院和总理。

5. 国务院会议制度

国务院每月召开一次例会，与会人数须为国务院成员数三分之二以上方可召开，总理负责召集并担任会议主席。国务院成员有义务和权利参加国务院每次会议。此外，非国务院成员也可参会，但仅有建议权，无投票权。国务院会议各项决议的颁布遵循国务院成员多数通过原则，如果出现票数相同时，以会议主席决定为准。在必要时或紧急状态下，经总理决定或国务院成员数三分之二以上通过，可召开特别会议。国务院会议每年召集各省省长和直辖市市长参会两次，以检查和指导地方政府工作。每次会议将形成会议记录，由主席签发，国务院成员和相关部门组织学习并贯彻执行。须提交国务院会议审议、通过的主要问题是：国家战略规划、社会经济发展规划；国家年度财政预算和预算调整方案；政策、政令和法令草案；在提交国会审议前，审议各部委、省、直辖市的建立、撤销、合并或重组及行政区划；审议国务院直属机构的建立、撤销、合并或重组。

此外，当老挝陷入重大经济、社会文化、自然灾害等危机，或进入国防、治安、外交等紧急状态时，国家主席可在任何时候召集召开国务院会议，并担任会议主席。

（二）地方政府

地方政府为国家行政管理机关，国务院授权地方政府管理辖区内的土地、自然资源和人民，推进辖区的建设与发展。地方政府分为省、县、村三级。在必要时，根据国会提议可设立特区，特区与省同级。省级地方政府包括省和直辖市；县级地方政府包括县和省会；村级地方政府仅包括村。

省的建立须具备以下条件：适合于管理的地理环境，为国防治安的战略要地；良好的社会经济发展条件；良好的基础设施建设条件，如通信、道路、市场、水电、学校、医院等；12万人口、下辖5个县以上。

直辖市的建立须具备以下条件：一定的城市规模，为经济、政治、社会文化、旅游、服务、贸易、交通运输和国际事务的中心；肩负推动国家社会经济发展任务；8万人口以上；完备系统的基础设施和服务设施。

县的建立须具备以下条件：适合于管理的地理环境；平原地区3万人口以上、山区地区2万人口以上；良好的基础设施和社会经济发展条件。

省会为省政府办公厅所在城市[①]，其建立须具备以下条件：1万人口以上；经济、社会文化发展状况良好，具备系统的基础设施；在一定程度上能够满足省会的财政支出需求。

① 万象直辖市政府办公厅所在地为占塔布里县，也属这一级别，其建立条件与省会相同。

村的建立须具备以下条件：适合于管理的地理环境；城市内1 000人口以上、平原地区500人口以上、山区和偏远地区200人口以上；稳定的社会经济发展条件。

1. 地方政府的地位和职能

地方政府是地方一级国家行政机关，代表国务院并向国务院负责，负责管理辖区内的政治、经济、社会文化、人力资源开发与利用、自然资源及环境的开发与保护、国防治安和外事等各项事务。

2. 地方政府的职权

地方政府的主要职权是：贯彻执行宪法、法律、上级的决议和命令，执行涉及所属辖区的国家社会经济发展规划和财政预算；根据国家战略规划，制定辖区战略规划、社会经济发展规划、政府财政预算和国防治安工作规划；依法颁布辖区经济、社会文化、国防治安相关决议、命令和公告，并实施管理；监督检查辖区内各机构的工作；按照国务院授权开展外事工作。

3. 地方政府的组织机构

各级地方政府分别设省长、副省长，直辖市市长、副市长，县长、副县长及村长和副村长。各级副职协助正职开展工作。

4. 地方政府的工作原则

地方政府工作遵循民主集中和分级管理的原则，村隶属于县，县隶属于省和直辖市，省和直辖市隶属于国务院，依法服从各级党委领导。地方政府执行会议制度，协商解决辖区内的重大问题。

四、司法机关

（一）人民法院

1. 人民法院的地位和职能

老挝人民法院是国家的审判机关，是代表国家行使审判权的唯一机关，旨在教育老挝人民忠于国家和人民民主制度，巩固和发展革命成果，维护政治、经济、社会文化制度，维护党组织、政府组织、建国阵线、人民团体和社会组织，保护公民的合法权益，维持社会的公正、和谐和有序，防止违法事件的发生。

2. 人民法院的职权

人民法院的主要职权是：教育、调解和审判；宣传、普及法律法规；探究和限制违法行为产生的诱因和条件；提高人民的法律知识和遵纪守法的意识；在行使职权的过程中，与国内外有关机构协商；在法律工作领域，同外国联系与合作。

3. 人民法院的组织体系

老挝人民法院的组织体系分为四级，依次为最高人民法院，地区人民法院，省、直辖市人民法院、少年法院和区域人民法院。其中，地区人民法院，省、直辖市人民法院、少年法院，区域人民法院统称为地方人民法院。此外，老挝还设立一个专门法院，即军事法院。

最高人民法院。老挝的最高审判机关，设在万象直辖市，负责在全国范围内依法审理地方人民法院和军事法院的上诉案件，管理地方人民法院和军事法院的组建，监督和指导地方人民法院和军事法院的工作。

地区人民法院。老挝的北部、中部和南部分别设立一个地区法院作为上诉法院，根据上诉申请，审理省、直辖市人民法院和少年法院已做出判决的案件；作为终极法院，对省、直辖市人民法院作为上诉法院审理的、但案件双方提出上诉申请或人民检察院提出抗诉的案件进行终审判决。

省、直辖市人民法院。各省和直辖市均设有人民法院和少年法院，负责对区域人民法院职权范围外的案件进行初审；作为上诉法院，对区域人民法院的判决进行审判。

区域人民法院主要是根据地理环境、社会经济发展程度或案件高发区，将某个县或多个县作为一个区域进行设立，负责在辖区范围对以下案件进行初审：涉案金额3亿基普以下、夫妻关系、债务、子女抚养权的民事案件以及监禁3年以下的刑事案件，但青少年刑事犯罪除外。

军事法院。老挝专门法院，下设高级军事法院和地区军事法院两级，负责审理军事工作领域或军事管理区域内发生的案件。

（二）人民检察院

1. 人民检察院的地位和职能

老挝人民检察院是国家的法律监督机关，行使国家的检察权，负责检察监督各部、机关、建国阵线、人民团体、社会团体、地方政府、企业、人民正确、统一地遵守和执行法律，负责传唤被审讯人出庭。

2. 人民检察院的职权

人民法院的主要职权是：检察监督审讯机关的执法情况；对某个案件的部分或全部进行审讯；传唤被审讯人出庭；检察监督庭审的执法情况；检察监督法院已生效判决的执行情况；检察监督拘留所、监狱、劳教所及法院其他强制性管教场所的执法情况；对国家主席赦免令的研究、提出和执行情况进行检察监督；与审讯及其他机关通力合作，防止刑事犯罪或其他违法行为的发生，消除违法行为产生的条件和诱因。

3. 人民检察院的组织体系

老挝人民检察院的组织体系包括：最高人民检察院，地区人民检察院，省、直辖市人民检察院、区域人民检察院和军事检察院。

最高人民检察院。老挝人民检察院组织体系中的最高检察机关，设在万象直辖市，负责领导和指导各级人民检察院和军事检察院的工作。

地区人民检察院。老挝的北部、中部和南部分别设立一个地区检察院，负责检察本地区的执法是否正确、统一。

省、直辖市人民检察院。负责检察省、直辖市范围内的执法是否正确、统一，负责传唤被审讯人出庭。

区域人民检察院主要是根据地理环境、社会经济发展程度或案件高发区，将某个县或多个县作为一个区域进行设立，负责检察辖区范围内的执法是否正确，统一负责传唤被审讯人出庭。对于没有设立人民检察院的县，编配1~2名常务检察官，依法行使区域人民检察院职权。当某个区域人民检察院不能行使职权时，最高人民检察院检察长有权任命临近的区域人民检察院临时负责其工作。

军事检察院。老挝专门法院，下设高级军事检察院，地区军事检察院，师级军事检察院，团级军事检察院，省、直辖市军事检察院等五类，负责检察军事工作领域或军事管理区域的执法情况，负责传唤被审讯人出庭。

第五节　政党与团体

一、政党

老挝的政党制度是一党制，老挝人民革命党（The Lao People's Revolutionary Party）是唯一合法的政党和执政党，其法律地位由宪法第三条予以确定。老挝人民革命党建立于1955年3月22日，原称老挝人民党，1972年召开二大时改为现名。现有党员约19.2万人。老挝人民革命党章程申明：老挝人民革命党是老挝工人阶级的政治参谋部和有组织的先锋队，是老挝各族人民和爱国与进步劳动者利益的代表，是老挝人民民主制度政治体制的领导核心。党由工人阶级、劳动人民和革命知识分子中经过实际工作考验，有觉悟，勇于革命，愿为国际、为人民做出牺牲的最受信赖的人组成。党把马列主义普遍真理与老挝实际情况相结合，并将其作为党的思想基础和指导方针，党的组织原则是民主集中制。党的宗旨是领导全国人民进行革新事业，建设和发展人民民主制度，建设和平、独立、民主、统一和繁荣的老挝，为逐步走上社会主义创造条件。老挝人民革命党最高领导机构为党中央委员会，设党总书记。核心领导层是中央政治局，设11 名成员。实行党总书记领导下的政治局集体负责制。党中央的机关报《人民报》和党刊《新曙光》是党舆论宣传的主要阵地。

（一）老挝人民革命党的诞生

老挝人民革命党原隶属于1930年建立的印度支那共产党，原称老挝人民党。1934年印度支那共产党成立了老挝地区执行委员会（简称老挝区党委），指导老挝人民进行抗日和抗击法国殖民统治的斗争活动。1951年2月11日至19日，印度支那共产党在越南登光召开第二次代表大会，由凯山·丰威汉率领的老挝区党支部代表团出席了会议。会议决定由越南、老挝、柬埔寨3国分别建党。经过一段时间的准备，1955年3月22日，印度支那共产党老挝籍党员代表25人在桑怒召开大会，成立老挝人民党，通过了凯山·丰威汉所做的建党报告和《老挝人民党章程》，选举凯山·丰威汉为总书记。当时人民党党员近400人。

（二）老挝人民革命党的成长、发展与改革

从1956年起，老挝人民党开始大规模发展党员。到1957年底，已拥有4 500名党员，党组织已发展到12个省的58个县，武装力量

中的党员比例已达到11%。

1956年1月6日，老挝人民党将老挝伊沙拉阵线改组并扩大为老挝爱国阵线，其行动纲领是联合全国人民为反对殖民主义者、争取民族独立和解放而斗争。由于老挝人民党此时尚未公开，便以爱国阵线的名义领导老挝人民进行抗美救国斗争。

1972年2月3日至6日，老挝人民党召开第二次全国代表大会。大会通过了凯山·丰威汉提出的政治纲领，修改党章，确定了党在民族民主革命和向社会主义过渡时期的政治任务、斗争方式，选举新的中央委员会，并将人民党更名为“人民革命党”。

1975年5月，老挝人民革命党号召全国军民夺权。8月23日，夺权运动胜利结束，老挝人民赢得了抗美救国战争的最后胜利。12月2日，老挝人民民主共和国成立，老挝人民革命党成为老挝执政党。

1982年4月27日至30日，老挝人民革命党在万象召开第三次全国代表大会，与会代表228人，代表全国3.5万名党员。但是，实践证明，三大制定的路线和目标严重脱离了老挝的实际国情，未起到指导和促进老挝社会主义事业建设和发展的作用。

1986年11月13日至18日，老挝人民革命党召开第四次全国代表大会，与会代表303人，代表全国4.5万名党员。四大被认为是具有历史转折意义的大会。会议总结了建国10年来的经验和教训，重新认识了老挝的国情，检讨了党的领导工作，纠正了过去急躁冒进、急于求成的思想，决定进行经济体制和政治体制改革以及调整外交政策，明确地提出了要“革新开放”的方针。凯山·丰威汉总书记的政治报告，以客观、诚恳、坦率的态度，对老挝党自三大以来急于向社会主义过渡的路线和政策作了全面、深刻的检查。他指出，“前十年，在社会主义改造中犯了主观、急躁的错误，没有把社会主义改造和社会主义建设结合起来，想一下子消除非社会主义经济成分。”他要求党员干部“在制定政策、计划之前，要用马列主义观点，实事求是地、全面地分析老挝社会和经济状况”。四大为“革新开放”扫除了思想认识上的障碍。在坚持老挝革命的最终目标是实现社会主义的基础上，制定了1986年至2000年以及第二个五年规划（1986—1990年）的基本方针和任务。这是老挝人民革命党首次提出“革新开放”的战略方针。此后，老挝进入了“革新开放”时期。

1991年3月27日至29日，老挝人民革命党在万象召开第五次全国代表大会，与会代表367人，代表全国6万多名党员。五大从老挝实际出发，确定“有原则的全面革新路线”。政治方面，重新认识了老挝的社会性质，认为老挝正处在继续建设和发展人民民主制度，为逐步走向社会主义创造物质基础的阶段，要走向社会主义还需要经过几个较长时期的阶段。同时，把相关重大问题的提法作了修改，如具有社会主义性质的“无产阶级专政”被“人民民主政体”所取代，将“建设社会主义国家”的口号和目标修改为“建设繁荣昌盛的国家”。从过去的实践中进一步总结与肯定了五项基本经验，即：党的正确路线是胜利的决定因素；民主国家内部的团结和睦是无敌的力量；依靠人民，来自人民，一切为了人民的利益；干部的作用决定路线的成败；发扬真正爱国主义精神和纯洁的国际主义精神。经济方面，认为目前老挝尚不具备建设社会主义的物质基础，当前最迫切的任务是大力发展生产，逐步把自然、半自然经济转变为商品经济，建立农林与工业、手工业、服务业相结合的新型经济结构。为能调动一切积极因素，发展经济，承认非社会主义经济成分与社会主义成分有同等的法律地位和企业经营自主权，同时改善政府管理职能，提高管理效率。对外政策，主张加强与越南、柬埔寨以及苏联、中国的友好关系；奉行与本地区各国的睦邻和平共处政策，扩大与各国和国际组织的经济、科技、文化合作。大会还修改了《党章》，专门增加了《政治体制中党的作用》和《党领导人民军队和人民治安力量》两章，并对党的性质、宗旨、建设原则、各级党组织等做了一些修改。

1996年3月，老挝人民革命党召开第六次全国代表大会。六大总结了老挝实施有原则的全方位开放政策以来的经验和教训，进一步修订和完善了老挝实施全方位对外开放的方针、政策和具体措施。六大的政治报告指出，老挝处于“党领导人民进入革命的新阶段，即朝着社会主义的方向建设人民民主制度阶段”。在修改党章的报告中指出，党的基本路线是：“以老挝人民革命党为领导核心，继续建设和发展人民民主制度，为逐步进入社会主义创造条件”。六大正式确立了以坎代·西潘敦为首的第二代领导核心。大会还制定了老挝至2020年摆脱不发达状况的奋斗目标，实现经济、社会发展和一定程度的现代化。六大继续强调，在发挥非社会主义经济成分积极作用的同时，巩固和发展社会主义经济成分。在改革实践中，国家主要是运用法律和经济手段实施宏观调控和资源配置，促使外资投向优势产业开发和重要基础设施建设，非国民经济命脉的企业则放手私有化。

2001年3月，老挝人民革命党召开第七次全国代表大会。七大制定了新的五年经济发展计划和为期20年的长期发展战略。再次明确在政治上老挝将继续坚持党的领导和社会主义方向，经济上实行社会主义市场经济、实施革新开放政策，提出了老挝人民革命党追求的目标——使老挝摆脱不发达的状况，将老挝发展为一个政治稳定、社会安定、有序的国家，一个经济上以相对快的速度保持持续、稳步发展的国家。七大决议向全党和全国人民提出了新任务：加强党内和全国人民的团结一致，发扬爱国主义、独立、自主、自立和自强的精神，充分发挥国内的潜力并与积极争取外国的援助及合作相结合，以保卫和建设祖国并继续有力地推动革新，促进发展；全党全国人民要把发展经济建设作为中心任务。七大是老挝人民革命党历史上一次承前启后的会议。

2006年3月，老挝人民革命党在万象召开第八次全国代表大会。原老挝人民革命党政治局委员朱马里·赛雅颂当选老挝人民革命党中央委员会总书记。大会还选举了11名中央政治局委员和55名中央委员会委员，并一致通过了人民革命党第八次代表大会决议。老挝人民革命党将继续执行既定的方针政策，深化改革，努力完成八大制定的第6个五年规划。老挝人民革命党今后要继续坚持改革路线，在2010年基本解决贫困问题，为在2020年脱离世界贫困国家行列而努力奋斗。

2011年3月17日至21日，老挝人民革命党在万象召开第九次全国代表大会，来自全国的576名党员代表和国内外嘉宾出席了会议。九大的主题是“加强全民团结和党内统一，发扬党的领导作用和能力，实现革新路线新突破，为2020年摆脱欠发达国家状态和继续向社会主义目标迈进奠定坚实基础”。朱马里·赛雅颂再度当选老挝人民革命党中央委员会总书记。朱马里在闭幕式上发表讲话说，老挝人民革命党今后要继续坚持全面的革新路线，认真执行九大决议，为在2015年基本解决贫困问题，在2020年脱离世界贫困国家行列而奋斗，继续向社会主义目标迈进。老挝人民革命党今后更要增强带头模范作用，发扬革命斗志和创新能力，把党建设成为廉洁坚强稳固的党，使党的作用和能力符合新时期的历史使命。他还号召所有党员干部、全国各阶层各族人民，发扬爱国精神和优良传统，坚持人民民主制度，团结一致围绕在党的周围，为了人民的幸福和国家的繁荣而奋斗。老挝人民革命党第九届中央委员会于2011年3月产生，由61名中央委员组成。中央政治局委员共11人。

表7-4　老挝人民革命党第九届中央政治局常务委员会

姓名	职务
朱马里·赛雅颂 Choummaly Sayasone	中央委员会总书记、国家主席
通邢·塔马冯 Thongsing Thammavong	总理
本扬·沃拉吉 Bounnhang Vorachit	中央书记处常务书记、国家副主席
通伦·西苏里 Thongloun Sisoulith	副总理、外交部部长
巴妮·雅陶都（女） Pany Yathortu	国会主席
阿桑·劳里 Asang Laoly	副总理、国家监察委员会主席
隆再·皮吉 Duangchay Phichit	副总理、国防部部长
宋沙瓦·凌沙瓦① Somsavat Lengsavad	常务副总理
本通·吉马尼 Bounthong Chitmany	中央书记处书记、中央纪委主任
本邦·布达纳冯 Bounpone Bouttanavong	中央书记处书记
潘坎·维帕万 Phankham Viphavanh	教育部部长

① 华裔，汉语名为凌绪光，祖籍中国海南省。

二、政治团体

老挝建国阵线是老挝人民革命党领导下的民族统一战线组织，是在老挝各级政治机构、社会机构和各阶级、阶层、民族、宗教、性别、年龄段以及海外老挝人代表自愿参加的基础之上组建的政治组织机构。

（一）老挝建国阵线简史

随着老挝反法斗争的不断深化，老挝的反法革命力量不断壮大。为了国家的独立、民族的解放和人民的富强，为了有效组织和领导革命力量，1950年8月13日[①]，老挝建国阵线正式成立，时称伊沙拉阵线，同时组建了以苏发努冯为主席的伊沙拉阵线中央委员会，作为团结各阶级和各阶层人民的中心。1956年1月6日至14日，老挝民族统一战线在桑怒省召开大会，会议将伊沙拉阵线改组为老挝爱国阵线。随着老挝人民民主共和国的建立，为适应形势的变化和满足国家发展的需要，1979年2月，老挝爱国阵线更名为老挝建国阵线。

老挝建国阵线继承了伊沙拉阵线和爱国阵线的优良传统，历史上团结全国人民进行救国斗争，现在团结全国人民共同推进保卫国家和建设国家两大战略任务。每年8月13日，老挝建国阵线都会举行大型庆典活动，纪念建国阵线的成立，以回顾光荣的历史传统，并激励自己为国家的建设与发展做出更大的贡献。

（二）老挝建国阵线的地位和职能

老挝建国阵线是以老挝人民革命党为核心的政治体制中的一个重要组成部分，是人民民主政治的重要基础之一，主要职能是：凝聚全民力量，成为全国各族人民团结、统一的旗帜；教育和发动全

① 老挝建国阵线成立日期见《老挝建国阵线法》（2009年7月8日颁布，老挝语版）。

国各族人民积极投身于保卫国家和建设国家的伟大事业；发扬民主，保护优良的文化和传统习俗，维护全国各族人民的合法权益；反映全国各族人民的意志和愿望。

（三）老挝建国阵线的权利和义务

老挝建国阵线主要履行以下权利和义务：团结国内及海外的老挝各族人民；在职权范围内，提议法律和政令的起草；宣传、教育和发动全国各族人民积极提升主动意识，坚持贯彻落实老挝各个时期的方针政策、法律法规和社会经济发展规划；代表全国各民族、阶层、宗教、性别、年龄段的人民向相关机构反映意见和建议；按程序向政治机构、国会和其他机构推荐本组织内或其他组织的优秀人才；参与人民民主制度建设，对国家行政机构、国会议员、人民法院、人民检察院、全体干部和公务员进行监督；维护自身、统战联盟和全国各族人民的正当权益，在职权范围内，参与调解各种矛盾；发扬爱国的传统，保护全国各族人民的传统文化和风俗习惯；向下一代传承建国阵线的优良传统；推动老挝各族人民与世界各地区间的交流与合作。

（四）老挝建国阵线的组织体系

老挝建国阵线组织体系分为四级：中央建国阵线，省、直辖市建国阵线，县建国阵线和村建国阵线。各级建国阵线设有主席、副主席和委员，分别行使各自职权范围内的权利和义务。

（五）老挝建国阵线会议制度

老挝建国阵线会议有三种类型：一是大会，二是年度例会，三是特别会议。

全国、省、直辖市和县建国阵线代表大会五年内召开一次，村建国阵线大会三年内召开一次，由各级组织的主席负责主持。村级以上的大会，主席须提前一年通知本级和下级建国阵线的委员，村级建国阵线大会提前六个月通知。如有必要，大会可按照相关规定提前或推迟召开。

大会的主要权利和义务：审议和通过政治报告、相关规章制度、工作计划；根据上任主席的提议，讨论通过新一届建国阵线委员会；新一届建国阵线委员会选举大会主席，并召开首次会议，讨论和通过新一届建国阵线主席和副主席。

年度例会为各级建国阵线全体委员会会议，每年召开一次，由各级主席负责主持，各级建国阵线主席担任年度例会主席。会议召开前，各级建国阵线主席须提前三个月通知委员会和各下级组织。年度例会必须有三分之二以上的委员参加方可召开。此外，各个委员有权利邀请其他组织和个人参加会议。

年度例会的权利和义务：审议和通过委员会过去一年的工作总结及下一年的工作方针；审议和通过会议提出的各项重大问题；必要时审议本级建国阵线机构设置和委员调整提议；审议和通过将其他组织、个人纳入本级建国阵线盟友的行列。

特别会议一般在两次年度例会期间召开，以讨论各级主席、副主席以及四分之一以上委员提出的重要紧急问题。会议须有三分之二以上的委员参加方可召开。各级建国阵线主席负责召集会议，并担任会议主席。

三、群众团体

老挝人民革命党反对多党制和多元化，不允许成立其他政党和政治派别，因此，除了老挝人民革命党外，老挝没有其他政党和政治派别。该党领导下的群众团体有：老挝工会联合会、老挝人民革命青年团和老挝妇女联合会。

（一）老挝工会联合会

老挝工会成立于1956年2月1日，是以老挝人民革命党为核心的老挝政治体制中广泛存在的群众组织，是维护广大工人阶级和劳动人民正当权益的代表。老挝工会联合会是指从中央到县各级、各部门工会按照联合制、代表制原则组成的一级工会组织，享有《老挝人民民主共和国工会法》规定的各项权利，承担应尽义务。

1. 老挝工会的地位和职能

老挝工会是一个群众性组织，与政府的其他机构和群众机构具有同等地位，其主要职能是：教育和培训工人及劳动人民，使其成为良好公民，遵守各项劳动规章制度，掌握丰富的科技知识与能力，身心健康；是维护广大工人、劳动者和知识分子正当权益的代表；对国家各级机构和各行业的行政、经济—社会等方面的管理实施监督和检查。

2. 老挝工会的组织体系

老挝工会按照民主集中制原则组建，集体工作，个人负责，下级服从上级，个人服从组织。工会由选举产生，各级工会的产生必须经过各级工会代表大会的选举确定。老挝工会的组织体系包括四级：工会联合会中央，省、直辖市、各部委工会联合会，县、各行业工会联合会和基层工会。老挝工会各级组织都是一级管理机构，履行与其级别相对应的管理权利与义务。

3. 老挝工会的机构设置和成员构成

老挝各级工会联合会和基层工会没有既定的机构设置模式，而是根据不同时期的工作需要及实际情况确定。老挝各级工会联合会，包括基层工会均设有主席、副主席，纪检主任、副主任和管理委员会成员若干。

（二）老挝人民革命青年团

老挝人民革命青年团成立于1955年4月14日，是老挝进步青年的组织，是以老挝人民革命党为核心的人民民主政体中的一个群众组织，其前身是民主革命时期建立的青年联合会。中央机关刊物为《老挝青年报》。

1. 老挝人民革命青年团的地位和职能

老挝人民革命青年团是以老挝人民革命党的领导为核心的政治体制中的一个群众组织，与其他政府组织和群众组织具有同等地位。其主要职能是：开展思想政治教育和爱国主义教育，提高广大青少年的政治素质，传承老挝民族的优良传统；发动和团结全国各族的青少年；对青少年各类活动和组织机构实施全面、直接的组织和领导；是青少年合法权益的代表。

2. 老挝人民革命青年团的权利和义务

老挝人民革命青年团的权利和义务主要包括：研究和制定青少年发展战略；教育各族青少年使其具有坚强的革命意志、崇高的爱国精神、拥护人民民主制度、保护和发扬优良的民族文化传统；开展青少年运动，贯彻落实国家和青年团会议所制定的各项方针政策、经济—社会发展规划；建立和完善青少年组织，使青少年获得更加全面的发展；维护青少年的正当权益；推荐青年团成员加入党、国家、建国阵线及其他群众机构；为党和国家制定各项方针政策，特别是涉及青少年的相关政策，提出意见和建议。

3. 老挝人民革命青年团的组织体系

老挝人民革命青年团的组织体系包括四级：人民革命青年团中央，省、直辖市、各部委人民革命青年团，县人民革命青年团和基层人民革命青年团。老挝人民革命青年团各级组织都是一级管理机构，履行与其级别相对应的管理权利与义务。

4. 老挝人民革命青年团的机构设置和成员构成

老挝各级人民革命青年团没有既定的机构设置模式，而是根据不同时期的工作需要及实际情况确定。老挝各级人民革命青年团设有书记、副书记，纪检主任、副主任和行政人员若干。成员须具备以下条件：年龄在15~35岁之间的老挝公民；具有崇高的爱国精神，坚韧的革命意志、主动学习的精神、较强的能力和广博的知识，能够积极投身于国家建设事业。年满35岁的成员在得到本级青年团批准后，可以脱离青年团。

（三）老挝妇女联合会

老挝妇女联合会成立于1962年，是以老挝人民革命党为核心的人民民主政体中的一个群众组织，是团结和发动广大妇女积极投身于保卫和建设国家的事业、维护妇女的自主权利、维护妇女和儿童合法权益的组织，在对老挝妇女的管理与发展进行监督与检查的各部门、机构中处于中心地位。

老挝妇女联合会的组织体系包括：老挝中央妇女联合会，各行业妇女联合会和地方妇女联合会。

老挝妇女联合会的主要权利和义务是：研究和起草关于妇女发展和维护妇女权益的各项方针、计划、工程和规章制度，并在管辖范围内，指导、监督和推动各项政策的贯彻落实；宣传教育党和国家关于妇女发展和维护妇女权益的相关政策法规；为妇女和儿童的权益提供咨询；对于损害妇女和儿童权益的不法行为，有权要求相关部门进行整改，或要求其在指出问题的30天内给予明确答复等。

第八章　国民经济

老挝经济以农业为主，工业基础薄弱，各地区经济发展不平衡。北部山地较为落后，大部分地区还处于刀耕火种的状态；东南部高原和西部低山丘陵的种植业较为发达，但经济总体上仍然比较落后；老挝的主要经济区域集中在平原低地地区，如湄公河沿岸的万象市附近、中部的沙湾拿吉省以及南部的占巴塞省，这几个区域是老挝粮食产品和工业品的主要供应地。1986年以来，老挝推行革新开放路线，调整经济结构，实行多种所有制并存，逐步建立市场经济体制，经济状况得到较大改善，发展速度逐步加快。

第一节　经济发展简史

1975年12月老挝人民民主共和国成立前，由于历史上长期受到封建制度的束缚和外国势力的入侵，老挝经济发展极为落后、缓慢。1975年老挝获得解放后走上社会主义发展道路，但在建国初期，政府实行农业合作化、工业国有化和商业统购统销等政策，严重影响了经济的恢复与发展。

1986年以来，老挝推行革新开放路线，调整经济结构，即农林业、工业和服务业相结合，优先发展农林业；取消高度集中的经济管理体制，转入经营核算制，实行多种所有制形式并存的经济政策，逐步完善市场经济体制，努力把自然和半自然经济转为商品经济；对外实行开放，颁布外资法，改善投资环境；扩大对外经济关系，争取引进更多的资金、先进技术和管理方式。老挝还根据本国实际情况，积极制定和实施“国家社会—经济发展五年规划”。

通过革新开放和各项政策的落实，老挝经济有了较大的发展，增长速度加快。1991年至1996年，老挝国民经济年均增长7%。1997年受亚洲金融危机冲击，老挝货币基普急剧贬值。老挝政府通过采取加强宏观调控、整顿金融秩序、扩大农业生产等措施，基本上保持了社会安定和经济稳定。2001年至2006年，老挝经济年均增长6.8%，2006年至2010年，老挝经济年均增长7.9%。

2008年，老挝贫困人口比例已从1990年的48%降至26.8%。2009年，老挝经济经受了国际金融危机、甲型H1N1流感及国际市场矿石价格波动的考验，仍保持较快的发展速度。2010年，自然灾害、人畜疫情和国际油价上升一度导致老挝国内粮价和物价上涨，通胀率上升。老挝人民革命党和政府通过动用国家储备粮和争取国际粮食援助平抑了粮价，并采取了抑制通胀和稳定货币的对策措施，老挝经济仍然保持较为迅猛的增长势头，老挝国内生产总值达到68.4亿美元，人均国民收入1 088美元。其中，农业占国内生产总值的28.4%；工业占国内生产总值的25.9%；服务业占国内生产总值的39.3%。可以说，老挝的第六个"国家社会—经济发展五年规划"已基本实现。

表8-1　2007—2010年老挝国内生产总值（GDP）与人均GDP①

	2007	2008	2009	2010
GDP(万亿基普)	40.47	46.21	47.56	56.52
汇率	9 605	8 752	8 516	8 264
GDP(亿美元)	42.13	52.8	55.85	68.4
人均GDP(美元)	714	875	907	1 088

① Gross Demostic Product[DB/OL]. [2012-03-07]. http : //nsc. gov. la/index2. php? option=com_content&view=article&id=31&Itemid=32&lang=en.

尽管取得了这些成绩，但老挝社会经济发展仍有许多不足。由于基础过于薄弱，国家经济并没有得到根本改善，国内经济自谋发展的能力依然很弱，全国总体上还比较贫困，人民生活还不富裕，政府每年仍然需要国际援助维持国家财政，老挝仍然属于世界贫困国家行列。目前，老挝第七个“国家社会—经济发展五年规划”已经出台，老挝政府将努力发展国家社会经济以达到在2015年实现千年发展的目标，到2015年成为东盟共同体的一个积极成员。

第二节　主要经济部门

老挝是一个典型的农业国，农业人口约占全国人口的79%[①]。工业基础薄弱、发展不平衡，能源工业主要以水电为主，重工业发展滞后，目前国内尚未形成完整的工业体系。水电业成为继纺织业和林业之后老挝的又一出口创汇产业，是社会经济发展的重点。老挝国内的交通运输并不发达，但还算便利，全国交通以公路运输为主，其次是内河航运，再次是航空运输。革新开放以来，旅游业成为老挝经济发展的新兴产业和今后经济发展的重点部门之一。

表8-2　2007—2010年各经济部门所占GDP百分比（以现价计算）[②]

	2007	2008	2009	2010
农业	31.2	30.1	30.5	28.4
种植及畜牧业	23.3	22.6	23.8	22.4
林业	4.4	4.0	3.3	2.7

① 据老挝国家统计局统计，2005~2010年老挝年满14岁的就业人口约占人口总数的39%，其中79%的劳动力从事农业工作，工业（含矿产、水电等）从业人员仅占劳动力总数的4.8%。

② Gross Demostic Product[DB/OL].[2012-03-07]. http：//nsc. gov. la/index2. php? option=com_content&view=article&id=31&Itemid=32&lang=en.

续表

	2007	2008	2009	2010
渔业	3.5	3.4	3.5	3.2
工业	26.5	25.9	24.5	25.9
矿业	10.5	9.9	6.9	7.6
制造业	8.4	8.7	10.2	9.3
水电业	2.6	2.5	2.7	4.0
建筑业	5.0	4.7	4.8	5.2
服务业	35.8	37.4	38.7	39.3
批发和零售贸易、维修	18.6	18.9	19.6	20.3
宾馆与餐饮	0.7	0.7	0.7	0.7
运输、仓储、邮电及通信	4.3	4.6	4.9	5.0
金融中介	2.8	3.2	3.4	3.6
房地产与商业服务	3.3	3.2	3.1	2.9
社区，社会及个人服务	1.7	1.6	1.7	1.6
私营业主	0.6	0.6	0.7	0.7
政府服务生产者	5.6	6.7	7.3	7.3
金融中介服务（间接计算）	1.6	2.1	–2.7	–2.8
总值	93.5	93.3	93.8	93.7
产品和进口关税，净税	6.5	6.7	6.2	6.3
按市场价格计算的GDP比重	100.0	100.0	100.0	100.0

一、种植业

老挝降雨丰富，热量充足，地理条件适宜农作物生长，农业资源丰富，发展潜力巨大。农业是老挝国家经济的支柱产业，在国民经济中占主导地位。2010年老挝农业生产总值约为16.06万亿基普（约19亿美元），占老挝国内生产总值的28.4%。其中种植业与畜牧业总产值约为12.67万亿基普（约15.3亿美元），占老挝国内生产总值的22.4%。

表8-3　2005—2010年老挝主要农产品产量统计表[①]

	2005	2006	2007	2008	2009	2010
咖啡（吨）	250	520	466	525	541	612
烟叶（吨）	3 080	3 836.3	3 991	4 737.5	5 063	5 908.3
木薯粉（吨）	—	—	—	7 681.5	10 275	27 181.25
大米（吨）	—	—	579 068	616 000	638 750	815 407
糖（吨）	—	—	1 200	1 612.5	3 025	8 436
蔬菜与水果（千基普）	—	—	40 500	52 750	57 647.49	—

老挝农业用地约为470万公顷，占国土面积的19.8%，主要生产稻谷（糯米、粳米和旱稻）、玉米、薯类等粮食作物和甘蔗、咖啡、大豆、果蔬等经济作物。稻谷是老挝最主要的农作物，其中糯

① Industry[DB/OL].[2012-03-07]. http：//nsc. gov. la/index2. php? option=com_content&view=article&id=32&Itemid=33&lang=en

稻占90%，种植面积占全国农作物种植面积的85%，主要分布在万象地区、沙湾拿吉省、沙拉湾省和占巴塞省等地区，南部三省稻谷产量占总产量的40%，巴色平原素有“鱼米之乡”的美誉。老挝全国各地均可种植两季水稻，在地势平坦、水源充足的地区甚至可以种植三季，完全具备成为东南亚重要粮食出口国的条件。但是受资金、技术和劳动力等因素限制，目前大部分地区以种植单季水稻为主。另外，由于农田水利设施差、农田管理不足，老挝水稻的单位面积产量在东南亚国家中最低。2010年，老挝全国稻谷耕种面积约为90万公顷，产量326万吨(其中糯米占85%，粳米占15%)，人年均占有量达500多千克，略有剩余出口。但由于不同地区自然条件差异以及基础设施落后等原因，全国仍有56个县人年均消费量低于350千克，其中乌多姆赛、华潘和沙拉湾等省共40个县的农村粮食还不能自给自足。每年遭受干旱、洪水以及病虫等灾害造成稻谷耕种面积减少2万~3万公顷，减产5万~10万千克。其他粮食作物的生产规模小，且多为个体家庭生产，其种植面积和产量在粮食总产量中所占比重均很小。

老挝的经济作物种类繁多，主要产区分布在会芬、川圹、甘蒙和波罗芬四大高原，主要有甘蔗、咖啡、大豆、果蔬、烟叶和橡胶等。波罗芬高原拥有经济作物的可耕地面积近100万公顷，这里是老挝咖啡出口的主要基地。此外，咖啡产地还有阿速坡省、波里坎赛省、甘蒙省、川圹省和琅勃拉邦省等。烟叶的主要产区是波里坎赛省、川圹省、华潘省和琅勃拉邦省。老挝的橡胶种植主要见于波罗芬高原，数量不大，未形成产业。其他地区(如万象等)也具有种植橡胶的优良条件。老挝的经济作物种植面积一直很少，目前的种植面积与可耕种面积相比，相差50至60倍。如果老挝能够加大投入、改善种植技术、实行规模种植、提高经济作物产量，将对经济发展具有重要意义。

老挝有许多达到出口标准的自己培育的稻谷品种和高质量的咖啡品种可供出口，这些商品在亚洲（尤其是东盟和中国）有着广阔的市场。据老挝《经济社会报》报道，2010年老挝咖啡出口额达3 200万美元，位居老挝农产品出口第一位。老挝还有许多有优势的商品可供出口，如木材、用于造纸的桉树、山珍、沙仁、玉米、各种豆类、甘蔗、橡胶、木薯、土豆和茶叶以及黄牛、水牛等。其中用于出口的农产品的种植面积不低于10万公顷。玉米的出口有很广阔的市场，如：中国、泰国和越南，每年对玉米的需求量约为500万至600万吨。泰国每年对黄牛的需求量约为200万头，老挝有能力从现在的每年养殖4万头增加1至2倍，每年可养殖8万至10万头黄牛。

二、林业

林业是老挝经济中的优势产业，在森林资源、林木种类、木材储量、植树造林、木材采伐、木材加工等方面均具有优越的条件。老挝的政府机构中设有负责林政的农林部林业局。全国有1所林业大学、1所林业技校、3个林业培训中心。林业经济在老挝国民经济中占有重要地位。2010年，林业总产值约为1.55万亿基普（约1.87亿美元），占老挝国内生产总值的3.2%。

表8-4　2005—2010年木材与木材产品产量统计表[①]

	2005	2006	2007	2008	2009	2010
木材（千立方米）	125	158	147.55	149.6	151.4	169.5
胶合板（千张）	1 320	765	952	996.25	1 009	3 645.06
地板（千平方米）	210	925.4	915	966.25	1 034	2 599.2
木制家具（百万基普）	–	–	–	–	20 195	35 450.44
藤制家具（百万基普）	500	–	18 793.5	20 150	2 012.5	5 434.7
书本（百万本）	4.5	5.4	5.35	6.1	6.2	8.9

老挝的森林生产了大量的木材和非木材林产品，包括工业用材、当地建筑用材以及其他重要的商业林产品。老挝的传统出口产品包括原木和锯材、木材和木制品等。但是，老挝的年木材采伐量达到可接受的持续采伐量的150%。为保护老挝的森林资源，形成可持续发展的林业产业，老挝不断加强森林资源的保护。商业木材采伐由军队的3个地区开发公司掌握着采伐许可审批权和课税征收权。2002年10月，老挝颁布《关于森林管理政策的总理令》，继续执行停止天然林原木出口的政策，同时也停止锯材出口；政府将视不同情形予以审批人造林原木或锯材出口；停止对友邻国家原木及锯材转口第三国的审批，有关国家政府有正式请求的情形除外。

近年来，老挝采取招商投资，发展木材深加工工业，这不仅对保护本国的森林资源有利，而且提高了产品的附加值，取得了较好的经济效益。2007年第四届中国—东盟博览会期间，老挝官员表示

① Industry[DB/OL].[2012-03-07]. http：//nsc. gov. la/index2. php? option=com_content&view=article&id=32&Itemid=33&lang=en.

欢迎外国投资者前来投资林业领域。作为第四届中国—东盟博览会的重要成果之一，中国—东盟林业合作论坛通过的《中国—东盟林业合作(南宁)倡议》提出，各国要加强林业管理、林业经济、林业资源保护和林业科技方面的合作，这为老挝加强与其他国家的林业经济合作提供了更加有利的条件。一些有影响的东南亚木材工业集团已陆续到老挝投资，办起了许多胶合板生产厂，其大部分产品用于出口。同时，经销商还开始把目光投向家具市场，并向中国、越南和欧洲各国家出口。据老挝工贸部统计，2008—2009财年，老挝木制品出口550万美元；2009—2010财年前6个月出口390万美元。老挝官方认为，由于中国市场的巨大需求，今后木制品出口将保持快速增长。但是，由于劳力短缺以及资金、技术等方面的问题，老挝木材加工劳动生产率、出材率仍处于较低的水平。

三、水电业

老挝工业基础十分薄弱，从业人口约10万，约占总劳动力的4.8%，加之受到科技落后、国内资金和人才缺乏、外来资金有限等不利因素影响，工业发展极为缓慢。老挝的工业部门以能源矿产为主，电力和矿产是老挝对外出口最主要的工业产品，外汇收入的主要来源，也是国际投资和合作的主要部门，对老挝经济的发展起着举足轻重的作用。其他工业部门有锯木、建材、服装、食品、卷烟、啤酒和制药等及小型修理厂和编织、竹木加工等作坊，发展水平都比较低，在国民经济中的地位远不及能源矿产。2010年，老挝工业生产总值约为14.66万亿基普(约17.7亿美元)，占国内生产总值的25.9%。

表8-5　2005—2010年主要工业品产量统计表[①]

产品＼年份	2005	2006	2007	2008	2009	2010
盐（千吨）	19	20.8	24.9	25.1	27.7	32.24
冰（千吨）	125	162.6	219	231.25	249.25	381.57
啤酒（十万升）	927	1 058.8	1 208.85	1 362.5	1 391.25	2 391.05
卷烟（百万盒）	104.6	116.6	124.29	136.1	136.6	211.81
水泥（千吨）	2 800	1 639.2	1 687.32	831.2	918.75	1 700

老挝政府高度重视本国水电资源开发和利用。为了摆脱国家落后的经济状况，老挝在逐步探索革新开放政策的过程中，确立了国民经济发展的重点之一是开发以水力发电为主的电力资源，通过向周边国家（泰国、越南等）输送电力来增加外汇收入，走水电强国之路，提出要将老挝建成“中南半岛蓄电池”的目标。经过多年发展，水电业已成为老挝具有优势的产业之一。目前老挝向泰国出售电力的收入占其外汇收入的四分之一，水电业成为重要出口创汇产业，也是国际投资和合作的重点。2005年至2009年，老挝的年均发电量为35.19亿千瓦时。2010年，老挝发电量为86.23亿千瓦时，同比增长151.5%，水电业总产值约为2.24万亿基普（约2.71亿美元），占老挝国内生产总值的4%。

自1970年至2011年7月，老挝已有16座水电站竣工投入运营，总装机容量334.3万千瓦。目前在建项目有11个，总装机容量472.62万千瓦；有25个项目已签署开发协议，总装机容量713.59

① Industry[DB/OL]. [2012-03-07]. http : //nsc. gov. la/index2. php? option=com_content&view=article&id=32&Itemid=33&lang=en.

万千瓦；有37个项目已签署合作备忘录，总装机容量738.97万千瓦[①]。在“七五”期间，老挝将在北部、中部和南部发展大中型水电站，在2012年基本满足国内的电力需求；着手建立10项大型水电项目，总装机容量达501.5万千瓦，总投资112.59亿美元，同时也建立一部分中小型水电项目；在2011—2015年之间，建立7座发电站，总发电量达343.6万千瓦。

由于水电站的收益主要靠对泰国等周边国家卖电来实现，老挝对于水电站的建设持谨慎的态度，依目前的做法，一定要先与泰国签署卖电协议，后进行水电站的建设，避免与泰国方面在卖电协议谈判上的被动。这种开发水电站的做法也在一定程度上避免了水电站的承建人因卖电协议不能稳定地延续足够长的时期而导致卖电收入无保障，进而影响还款，从目前情况看，该策略效果颇佳。

同时，老挝也将加紧电网建设，以满足不断增长的电力输送要求。老挝目前还没有形成统一的全国电网，部分农村和偏远山区仍无电力供应。现有电网最高电压等级为115千伏。据老方统计，截至2009年度，老挝全国输变电线路总长19 503千米，多数为单回线路。其中115千伏输电线路2 364千米；35千伏输电线路194千米；25千伏输电线路165千米；22千伏输电线路13 844千米。电网连通各县市、村庄和家庭的比重分别是69.3%、58.2%和69.3%[②]。“七五”期间，老挝政府将大力建设国内电网和网外输变电线路。通过建设22千伏输变电线路将电力输往农村和偏远地区，到2015年使全国用电家庭比例达到80%；通过建设115千伏的输变电线路将老挝北

① Electric Power Plants in Laos July 2011[DB/OL].（2011-07）[2011-08-15]. http：//www.poweringprogress. org/index. php？ option=com_jotloader&cid=10&Itemid=91.

② 世界经济复苏，老挝矿业兴旺[EB/OL].（2011-05-03）[2012-03-07]. http：//la. mofcom. gov. cn/aarticle/jmxw/201105/20110507530445. html.

部、中部和南部的输电网络连接起来；通过建设500千伏输变电线路连通周边国家电网，特别是泰国和越南。

老挝和邻近的东南亚各国的电力均很紧缺，老挝电力出口的主要市场是泰国（老挝电力的70%出口到泰国），其水电进口量约占其用电量的60%。今后随着这一地区大规模建设的开展和经济的进一步好转，电力市场潜力巨大，因此，老挝的水能开发，无论现在还是将来，无论在国内还是在邻国的经济发展中都占有极其重要的地位。

四、矿业

老挝拥有非常丰富的矿产资源。老挝矿业管理的主管部门是能源矿产部。该部下属的地质矿产局承担国家地质调查方面的多项职能，包括地质和矿业数据采集，就矿业政策和法规向政府提供咨询，也是全国矿业的管理实体和促进国内外矿业投资的机构。

由于缺乏投资经验和技术专长，老挝国内开发的矿业项目规模都比较小，矿业出口方面也基本上是出口一些比较初级的原材料产品。2003年以前，老挝的金属矿产仅有极少量的民采砂金生产和少量的锡砂生产以及少量的氧化锌矿石开采，金属矿业对国家的贡献几乎为零。2003年澳大利亚的赛奔铜金矿开始生产后，这一状况略微得到改善。2004年老挝金属矿产开采创造的产值不足1亿美元，2005年金属矿产开采创造价值达到2.5亿美元以上。2008年至2009年间，矿业的出口额占到整个老挝出口额的60%。随着老挝社会经济发展，矿业已逐渐成为一个支柱性产业，从2002年矿业仅占国内生产总值的0.5%，上升到2010年矿业总产值约为4.27万亿基普（约5.17亿美元），占国内生产总值的7.6%。伴随世界经济复苏导致对原料需求的大增，国际市场金、铜价格持续走高，老挝矿业以及矿产品出口呈现兴旺景象，2011年来自矿产品出口额为10.79亿美元①。

表8-6　2005—2010年主要矿产品产量统计表

产品＼年份	2005	2006	2007	2008	2009	2010
锡(吨)	787	809	1 109	551.28	489.66	925
重晶石(千吨)	14.4	6.5	1	1	12.46	17.5
褐煤(千吨)	320	319.24	681.7	379.2	466.08	501.6
石膏(千吨)	239	260.1	232.25	337.3	761.33	553.3
砾石(千立方米)	900	900.15	943	360	385.49	–
沙子(千立方米)	850	700	920	680	702.8	–
无烟煤(千吨)	50.5	62	80	104.7	101.43	211.7
锌(吨)	10 000	4 000	12 116	7 900	5 000	6 496.6
石灰石(吨)	420	430 000	450 000	506 700	737 203	1 194 894
金(千克)	31 000	60 758	62 621	5 809.91	5 463.42	5 105.8
红铜(吨)	2 571	2 249	2 350	600	67 570.89	64 322
铅(吨)	–	–	–	3 549.89	2 000	2 710

老挝政府十分重视矿业发展，非常欢迎外国的合作投资。老挝政府于1997年5月31日颁布施行《矿产法》，2004年11月15日颁布施行《鼓励外国投资法》以及2005年12月29日颁布施行《矿产投资标准条例》，旨在通过制定关税、税收政策、规章、措施，提供信息、服务及便利等鼓励外国组织和个人投资矿业领域(含普查、勘探、开采和加工生产经营活动)，并保护其合法权益。2009年，老

① Industry[DB/OL].[2012-03-07]. http://nsc.gov.la/index2.php?option=com_content&view=article&id=32&Itemid=33&lang=en.

挝开始实施“资源换资金”战略，并相应地出台了新的《矿产法》和《投资促进法》。新《矿产法》规定，原矿石未经许可不得出口，鼓励矿产品深加工以提高其附加值。新《投资促进法》鼓励经济特区、新城开发、专属经济区建设，为国内外投资者创造一个更公平的环境，并在成立外资企业审批方面简化了手续。据《万象时报》报道，矿业现已成为老挝第二大吸引外国投资的领域，仅次于水力发电。2000年至2010年，老挝政府批准该领域外国投资金额达31亿美元[①]。目前，老挝已经授予外国投资者200多个采矿许可证，涉及石油、天然气、褐煤、金矿以及宝石的勘探开发[②]。据《新万象》报报道，截至2010年7月，共有154家企业在老挝从事矿产投资，涉及268个项目。其中，国外企业118家，涉及185个项目；老挝国内企业36家，涉及83个项目[③]。

五、纺织业

纺织业是老挝重要的出口创汇产业。2010年度老挝纺织业出口总额达1.7亿美元，比上年增长7%。2011年前6个月，老挝纺织品出口额达1亿多美元，同比增长28%。

表8-7　2005—2010年老挝纺织业主要产品产量统计表[④]

产品＼年份	2005	2006	2007	2008	2009	2010
布匹（千米）	1 450.00	1 632.70	1 780.00	2 962.00	2 175.50	2 885.62
成衣（千件）	38 500.00	68 040.00	47 000.00	52 875.00	51 375.00	61 137.60

① 世界经济复苏，老挝矿业兴旺[EB/OL].(2011-05-03)[2012-03-07]. http : //la. mofcom. gov. cn/aarticle/jmxw/201105/20110507530445. html.

② 欢迎中国企业投资老挝矿业[J/OL].(2011-06-14)[2012-03-07]. http : //gxrb. gxnews. com. cn/html/2011-06/14/content_552995. htm.

③ 150多家企业在老从事矿产投资[EB/OL].(2010-07-09)[2012-03-07]. http : //la. mofcom. gov. cn/aarticle/sqfb/201007/20100707015166. html.

④ Industry[DB/OL].[2012-03-07]. http : //nsc. gov. la/index2. php? option=com_content&view=article&id=32&Itemid=33&lang=en.

由于受到全球金融危机的影响，2009年底，老挝的出口纺织企业和小型出口货物供应企业分别剩下50家和48家，比年初分别减少7家和13家。纺织工人由原来的2.7万人下降至2.4万人。2009年度以到岸价直接出口的33家纺织企业经营正常，以承接、包装出口的23家纺织企业经营困难或亏损，另有间接出口的48家纺织企业濒临倒闭[①]。为保证出口企业的正常经营，老挝纺织工业协会积极应对，建议老挝政府通过采取调整汇率、免除原料进口10%增值税和降低利润税（由原来的35%降至20%）等措施，进一步推动纺织工业的发展与建设。

由于老挝是世界上不发达国家之一，国际社会对其有许多优惠政策，出口商品一般不会受到反倾销、配额和贸易壁垒等限制。但因老挝无出海口，国内交通等基础设施较差，运输成本高，所以商品价格竞争力不强。在老挝的对外贸易中，欧盟是老挝纺织和鞋类产品主要出口市场。2011年上半年向欧盟、美国和日本出口占比分别为75.3%、17%和3.3%。老挝纺织品出口的大幅增长主要是受到欧盟原产地优惠政策的带动。从2011年1月起，欧盟对发展中国家实行原产地优惠政策，如取消产品种类限制等。该政策使得老挝的纺织品出口商获益良多，出口到欧盟的纺织品大幅增长。

目前，老挝没有单独出台纺织业引进外资的鼓励政策，同其他行业一样，老挝政府对外国投资者的优惠政策主要是减免利润所得税及进口生产原料、设备和交通工具的关税，满足投资者在土地和自然资源使用及国内劳务使用的需求，同时在居住和进出境方面给

① 2009年度老挝纺织业遭受全球金融危机重大影响[EB/OL].(2010-01-15)[2012-03-07]. http://la.mofcom.gov.cn/aarticle/jmxw/201001/20100106747238.html.

予便利。外国投资者如果到投资环境较差的1类地区，7年内免征所得税，之后按10%的税率足额征收；如果到投资环境一般的2类地区，5年内免征所得税，之后3年按15%税率减半征收，再往后按20%的税率足额征收；如果到投资环境较好的3类地区，2年内免征所得税，之后2年按20%的税率减半征收，再往后按20%税率足额征收。

六、旅游业

老挝服务业基础薄弱，起步较晚。执行革新开放政策以来，老挝服务业取得很大发展。

表8-8　2007—2010年服务业产值（单位：万亿基普）及占国内生产总值比例①

	2007	2008	2009	2010
产值	14.49	17.28	18.42	22.23
比例	35.8%	37.4%	38.7%	39.3%

老挝拥有丰富的旅游资源，旅游业发展潜力巨大。老挝国内的自然景观、生态环境没有受到严重的污染或破坏，基本上保持着原始的风貌，境内复杂的地形地貌与寒温热三带的动植物资源等构成了数量多、容量大的自然旅游资源。老挝人多信仰佛教，佛教文化深深影响着老挝的社会文化生活，琅勃拉邦的香通寺，万象的塔銮、玉佛寺、西孟寺和占巴塞的瓦普寺等都是东南亚地区著名的寺庙。此外，老挝还有自己独特的民风民俗，许多民族仍保留着传统的文化和风俗习惯、纯朴的民族风情，这一切构成了丰富多彩的人文旅游资源。

① Gross Demostic Product[DB/OL]. [2012-03-07]. http：//nsc. gov. la/index2. php? option=com_content&view=article&id=31&Itemid=32&lang=en.

老挝从北到南几乎每个省都有自己的特色旅游资源。在波乔省，游客可以领略金三角的神秘，还可以看到仍然保持传统的蓝靛瑶。琅勃拉邦是老挝的古都，是澜沧文明和老族文化的集中体现之地，在这个已被列为世界文化遗产名录的城市里，游客不仅可以领略到光西瀑布等自然美景，还可以尽情观赏老挝特色的建筑，东南亚著名的寺庙，苗族、瑶族的工艺品，老泰语族的手工织布、手工造纸、手工加工金银器和老挝古代流传下来的宫廷舞蹈。川圹省拥有著名的石缸平原，生活在高原地区的泰傣族群仍保持着传统的民风民俗。老挝的南部主要是孟—高棉语族，这个语族是老挝的土著民族，基本保持他们的风俗习惯，有些还处在半原始状态。南部的占巴塞省拥有已被列为世界文化遗产的瓦普寺，其建筑风貌与缅甸的吴哥窟类似，但瓦普寺坐落在占巴塞省海拔1 200米的普高山山腰，居高临下，气势恢弘。老挝南部的孔埠瀑布是东南亚水流量最大的瀑布，宽阔的河面，汹涌而下的水流，气势慑人，雨季时场面更加震撼。

截至2009年，老挝共有1 493处景点，其中，自然景点849处，文化景点435处，历史名胜古迹209处[①]，有两处景点已被联合国教科文组织列为世界文化遗产(古都琅勃拉邦和巴色的瓦普寺)。此外，老挝还有丰富的传统民间民俗活动，如宋干节(老挝新年)、赛龙舟、漂水灯以及塔銮节等重大民间节庆。所有这一切，对外国旅客都具有极大的吸引力。2007年，老挝被英国旅游杂志*Wanderlust*[②]列为世界最适合度假的旅游胜地之一，这是该杂志在对

① Tourism[DB/OL].[2012-03-07]. http://nsc. gov. la/index2. php? option=com_content&view=article&id=40&Itemid=41&lang=en.

② 网址为http://www. wanderlust. co. uk.

3 000多位读者进行调查后得出的结论。数据显示，老挝的琅勃拉邦的得票率相当高，达到96.36%的满意度。

旅游业作为一种无烟工业、无形贸易，投资小，见效快。既可利用本国丰富的旅游资源，广泛吸引国外的消费者，增加出口创汇能力，扩大经济建设资金的来源，又可增加民众的就业机会，改变贫困落后面貌，改善人民生活。可以说旅游资源是老挝的一只金饭碗。老挝的旅游业起步于1986年老挝人民革命党实施革新路线之后，1990年老挝政府开放边境口岸、允许外国游客进入老挝旅游后开始步入正轨。作为一个新兴产业，老挝旅游业发展迅速，成为老挝主要的外汇收入来源之一。自1990年以来，境外游客的数量大幅度上升，由1990年的1万多人上升到2010年的250万人，实现旅游收入约3.6亿美元[①]，成为继水电、矿产之后的第三大支柱产业。主要客源市场包括泰国、越南、中国、美国、法国、英国、日本、澳大利亚、德国和加拿大等。

老挝政府历来非常重视旅游业的发展，在老挝人民革命党的历届政治报告中都特别谈及旅游业的发展。与此同时，老挝政府还积极采取各种措施，出台了与旅游相关的法律法规，促进旅游业发展。老挝国家旅游局与超过500家国外旅游公司签署合作协议，开放国际旅游口岸，同时采取加大旅游基础设施投入，培训专业导游、宾馆饭店服务员，减少签证费，放宽边境旅游手续等措施，保证旅游业持续发展。2001年老挝国家旅游局设立湄公河旅游信息服务中心[②]。2004年，老挝政府同意新加坡公司开发经营孔埠瀑布，同时与

① 2010年老挝旅游收入位居全国第三[EB/OL].(2011-02-23)[2012-03-07].http://la.mofcom.gov.cn/aarticle/jmxw/201102/20110207414389.html.

② 网址为http://www.mekongcenter.com.

周边国家如中国、泰国合作开发旅游路线等。2004年底，老挝旅游企业协会成立。2005年1月起，老挝政府根据《东盟旅游协定》对东南亚地区的游客实行免签制度，极大地促进了东盟各国之间的旅游往来。非东南亚地区的游客除可以在本国的老挝大使馆申请到签证，也可在老挝的国际口岸申请落地签证。2009年上半年，老挝政府批准的越南Long Thanh高尔夫俱乐部房产开发公司在万象市西撒达那县投资1亿美元、占地500公顷的高尔夫球场和豪华酒店项目成为目前老挝最大的旅游投资项目。2011年3月初，老挝国家旅游局成立了旅游市场促进协会，以促进政府和相关企业在旅游市场宣传、运营工作中建立有效合作机制。目前，老挝共有166家旅行社及71家分社[①]。

在旅游业的带动下，老挝的旅馆业与餐饮业有了很大的发展，万象已有多座星级宾馆及相关的旅游设施。据统计，截至2010年，老挝拥有383家宾馆，1 379家旅社和山庄，1 389家餐馆，22个国际口岸[②]。在首都万象，路上随处可见西餐馆和背着照相机的外国游客，被西方人称之为“面上便能看得见的改革成果”。

从目前老挝旅游业发展的现状来看，老挝旅游业的发展前景令人乐观。老挝政府也将会继续重视发展这个投资少、见效快、风险低的阳光产业。在《2005—2010年老挝国家生态旅游发展战略和行动方案》中，老挝国家旅游局充分肯定了本国在发展生态旅游方面的优势，并明确规定了老挝生态旅游的定义、目标、实施方案、开

① Tourism[DB/OL]. [2012-03-07]. http：//nsc. gov. la/index2. php? option=com_content&view=article&id=40&Itemid=41&lang=en.

② 老挝2010财年宏观经济特点浅析[EB/OL]. (2010-12-29) [2012-03-07]. http：//la. mofcom. gov. cn/aarticle/ztdy/201012/20101207339021. html.

发项目和开发原则等。除与中国、泰国合作开辟澜沧江—湄公河旅游路线，老挝还将与越南、柬埔寨联合打造旅游圈，更加方便游客进出。而对边远地区旅游业的开放，将有利于当地贫困人群实现老挝政府制定的至2020年摆脱最贫困国家的目标。2009年11月，老挝宣布正式实施老挝2006—2020年旅游人力资源开发战略，强调培养旅游、宾馆管理方面的人力资源重要性。目前老挝旅游从业人数为2.3万人，预计2020年将达到4万人[①]。根据老挝第七个社会经济发展五年规划，至2015年，老挝将建成约300个宾馆和850个餐馆，努力新增两处自然、文化、历史旅游胜地使之成为世界遗产，以吸引更多游客入境旅游。老挝丰富的旅游资源、老挝政府对旅游的鼓励政策、老挝安定的社会局面都是老挝旅游业发展的潜在优势，随着潜在优势逐渐变为现实优势，旅游业必将有新的发展和飞跃，从而带动服务业的整体发展。

七、交通运输

老挝无出海口，是东南亚唯一的内陆国，交通运输以公路为主，其次是内河航运，再次是航空运输。铁路运输极不发达，目前全国仅有一条长3.5千米的铁路，由万象通往老泰边境，2009年3月投入使用。2010年，运输、仓储、邮电和通信业的产值约为2.85万亿基普（约3.4亿美元），占国内生产总值5%。

① 老挝国家旅游局预计2020年老挝旅游从业人数达4万人[EB/OL].(2009-11-05)[2012-03-07]. http://la.mofcom.gov.cn/aarticle/sqfb/200911/20091106603212.html.

表8-9 2007—2009年老挝客货运量与周转量统计表[①]

年份	货运量(单位：千吨)				货运周转量(单位：百万吨千米)			
	合计	陆运	水运	空运	合计	陆运	水运	空运
2007	4 089.4	3 322.0	767.0	0.4	338.2	277.1	60.9	0.2
2008	4 542.6	3 659.0	883.0	0.6	354.6	286.7	67.6	0.3
2009	4 668.4	3 707.0	961.0	0.4	365.9	296.2	69.5	0.2

年份	客运量(千人)				客运周转量(单位：百万人千米)			
	合计	陆运	水运	空运	合计	陆运	水运	空运
2007	40 964.9	38 310.0	1 953.0	701.9	2 410.2	2 114.3	50.5	245.4
2008	39 727.4	37 617.0	1 811.0	299.4	2 513.3	2 113.4	48.9	351.0
2009	41 287.0	39 156.6	1 810.0	320.4	2 614.4	2 197.2	48.7	368.5

(一)公路

老挝的公路货运量约占全国总货运量的80%，客运量约占全国总客运量的95%，在老挝经济中起着重要作用。2009年，公路客运量3 915.66万人次，货运量370.7万吨。自1975年建国以来，老挝政府整修和扩建了原公路11 200余千米，兴建了公路桥400余座，桥面总长16 000余米。老挝用于公路建设的投资达3 000余亿基普，外国援助、贷款和合建的公路建设资金总额累计近3亿美元[②]。老挝公路路面以泥土路为主，其次是碎石路和沥青路，还有少量的沥青混凝土路和混凝土路，目前，已初步形成通达全国的公路运输体系。

---

① Transportation and Communication[DB/OL].[2012-03-07]. http：//nsc. gov. la/index2. php?option=com_content&view=article&id=42&Itemid=44&lang=en.

② 赞西：《老挝公路建设项目后评价体系及若干问题研究》，长安大学硕士学位论文，2007年，第7页。

表8-10 1976、2007—2009年老挝公路路面情况（单位：千米）[①]

	1976	2007	2008	2009
总长	11 462	36 831	34 994	39 569
混凝土路	–	–	–	34
沥青混凝土路	–	–	–	496
沥青路	1 427	4 811	4 739	4 882
碎石路	4 371	12 572	10 928	13 864
泥土路	5 664	19 448	19 327	20 293

老挝政府对国家公路进行了编号。位于北部地区的有1号、2号、3号、4号、5号、6号和7号公路等；位于中部地区的有8号、9号、12号、23号公路等；位于南部地区的有18号和23号公路的南段部分。其中，1号和13号公路是老挝的交通大动脉，贯穿老挝全境，连接老挝上、中、下寮地区。

1号公路全长384千米，途经丰沙里、乌多姆赛、琅勃拉邦和华潘省，是老挝北部的主要交通线之一。沿途主要城市有中老边境的磨丁、孟赛县（乌多姆赛省，磨丁至孟赛县段公路长100千米）、南巴（琅勃拉邦省）、万通（华潘省）。

13号公路全长1 481千米，途经琅勃拉邦、万象、波里坎赛、甘蒙、沙湾拿吉、沙拉湾、占巴塞七省和万象市，从琅勃拉邦省南巴县巴蒙村（1号与13号公路交会处）西南行118千米至琅勃拉邦，南行165千米经普昆县至万象省嘎西县，南行63千米至万荣，东南行156千米至万象市，随后沿湄公河北岸经南俄河口县至波里坎赛省的塔帕巴县，东行至北汕县，西行98千米至巴嘎定县，向东南经

① Transportation and Communication[DB/OL]. [2012-03-07]. http：//nsc. gov. la/index2. php?option=com_content&view=article&id=42&Itemid=44&lang=en.

甘蒙省很本县及其省会他曲县行260千米至沙湾拿吉省会凯山·丰威汉县，行267千米经沙拉湾省拉昆蓬县、孔色敦县至占巴塞省会巴色县，南行140千米经孔县抵达老柬边境。13号公路是老挝南北交通的大动脉，是沟通老挝与越南、柬埔寨的交通干线，对老挝经济的发展起到举足轻重的作用。

2号公路全长144千米，位于乌多姆赛省内，从孟赛县至湄公河上游重要渡口之一——巴崩县。

3号公路全长137千米，起点是2号公路上的那茂县（乌多姆赛省），经琅南塔、兴县（琅南塔省）至中老边境，是沟通老挝北部三省与中国云南省、泰国东北部地区的重要交通线。

4号公路全长167~175千米，途经乌多姆赛和丰沙里省，自孟赛县经夸县（丰沙里省重镇）再行64千米至台江（老越边境），是连接老挝北部与越南北部地区的主要交通线路。

5号公路全长438千米，途经琅勃拉邦和沙耶武里省，沿途从琅勃拉邦至沙耶武里（长118千米），向南行185千米至巴莱（沙耶武里省），再行135千米至老泰边境。

6号公路全长400千米，起点是7号公路上的卡姆县（川圹省），北上经华潘省的华孟县、北桑县和万赛县通往越南木州；其北端有一条支线从北桑县经香考县至爱德县。6号公路是老挝与越南进行经济贸易往来的主要交通线路。

7号公路全长280千米，途经琅勃拉邦和川圹省，起点是13号公路上的普昆县（琅勃拉邦省），东行150千米至川圹省会孟北县，又行35千米至6号公路起始地卡姆县，再向东行80千米至农海县，经老越边境上的南甘可抵达越南清化，是连接老挝北部、中部与越南的主要交通线。

8号公路全长140千米，起点是13号公路上的巴嘎定县，经坎格县至老越边境的乔诺隘口通往越南荣市，是老挝中部与越南沟通的交通干线。

9号公路全长244千米，位于沙湾拿吉省境内，起点是13号公路上的赛布里县，经乌土喷县、阿沙旁通县、品县、色波县和老越边境的老保通往越南岘港，是沙湾拿吉省内的主要交通线。

12号公路全长142千米，位于甘蒙省境内，起点是13号公路上的他曲县，经玛哈赛县至老越边境，是甘蒙省内的主要交通线。

16号公路全长140千米，自色公省西南角的塔登县途经占巴塞省至阿速坡省会撒玛奇赛。

18号公路全长268千米，起点是13号公路上的巴土喷县（占巴塞省），向西经阿速坡省的沙那赛县、赛色塔县至老越边境，是老挝南部地区及沟通越南的主要交通要道。

23号公路全长190千米，呈南北走向，贯穿沙湾拿吉、沙拉湾和占巴塞省，从沙湾拿吉省的品县经沙拉湾至占巴塞省的巴宋县，是老挝中部和南部的主要交通线路。

除上述主要公路，老挝还有10号、11号、20号、25号、28号、42号和217号等公路。目前老挝的陆上通道已经基本形成了以1号和13号公路为轴线，纵贯南北、辐射东西的公路网，不仅基本满足了老挝国内经济建设需求，而且方便了与邻国的沟通和借道出海。

全长1 800余千米的昆明—曼谷国际公路最难走的老挝段（磨丁至会晒县，全长247千米）已于2008年3月底正式通车。此前，昆曼公路中国段和泰国段均全线建成高等级公路。待连接老挝会晒县与泰国清孔的湄公河大桥建成后，全长1 887千米的昆曼公路将真正全线贯通，将有助于老挝加快从内陆封闭型国家向内陆开放型国家的转变，有助于老挝的经济建设和全面发展。

但是由于老挝对公路缺乏有效管理、保养和维修，经过多年使用，不少路面已经毁坏，雨天通行比较困难。老挝政府现已将发展公路运输作为国家在今后几年的重点工作，采取多方求援、贷款和集资等措施，加快道路建设，以适应老挝不断发展的经济要求。

（二）水运

在老挝，内河航运是仅次于公路的第二大交通运输线。湄公河及其支流一直是老挝最主要的水上运输通道，但由于国力有限，老挝政府无力对河道进行疏通和修整，优越的水运条件并没有得到充分开发，基本上依靠自然河道进行运输，内河航道总长4 600千米。湄公河可以分段通航载重20~200吨船只。2009年，内河客运量181万人次，货运量96.1万吨。

湄公河在老挝境内的落差较大，各航段水文条件不一，通航条件不同，给航运造成一定影响。航行条件较好的河段主要集中在万象至凯山·丰威汉段。按第一章所述的湄公河河段划分，其航段可以分为以下5段：

中老边境的南腊河口至琅勃拉邦航段，航程680千米，河道宽300~400米，河道宽窄不一，明礁暗石和险滩较多，河道航运较为困难。洪水期可通航50吨级以下轮船，枯水期可通航30吨级以下轮船。

琅勃拉邦至万象航段，航程417千米，河道宽400~500米，洪水期可通航100吨级以下轮船，枯水期可通航40吨级小型轮船。

万象至凯山·丰威汉航段，航程458千米，河道宽800~1 500米，6~11月高水位和12月至次年2月中水位时，可通航200吨级以下轮船，2~5月枯水期只能通航50吨级以下的轮船。

凯山·丰威汉至巴色航段，航程257千米，河道宽1 000~1 200米，洪水期可通航200吨级以下轮船，其他时间可通航50吨级的轮船。

巴色至隆孔航段，航程156千米，河道宽1 000~4 000米，全年可通航30吨级轮船，洪水期可通航200吨级以下轮船。

隆孔以南是老挝著名的孔埠瀑布，位于老柬边境，该瀑布宽度达10千米，落差达15~24米，完全切断了湄公河的航运。

湄公河各支流在沟通老挝各省的水路交通中也起着重要作用，但是由于没有得到充分开发和合理整修，这些支流河段的通航量较小，轮船的通过吨位均在10吨以下。

（三）航空运输

在老挝的近现代发展史上，新老殖民势力曾在老挝大量修建机场，一方面为加强殖民统治和对老挝的资源剥削，另一方面为进一步扩大战争提供条件。20世纪六七十年代，美国在老挝建成一大批机场，为越南战争服务。当时老挝全国的各类机场达150多个，这为老挝后来的航空运输发展提供了条件。老挝人民民主共和国建立后，为加强对各级地方政府的管理，克服地理条件造成的公路修建困难，老挝历届政府都比较重视航空运输的发展，对部分重要地区的原军用机场进行了改建、扩建、转为民用或军民合用，而大部分机场由于使用率低而逐渐被废弃。

老挝的国家航空公司负责全国航空运输，老挝国内航空运输客货运量小、航程短。2009年，老挝航空客运量32.04万人次，货运量400吨。因此，老挝的航空运输主要使用小型飞机，主要有运7、运12、安24、安26和伊尔-18。国内航线主要有万象至各省省会的航班以及各省之间的航班。老挝国际航运还较落后，大多通过与外国航空公司合作的方式进行，如泰国、中国、越南、俄罗斯和美国等，国际航班使用波音737飞机。老挝国际航班主要有：万象市往返昆明、曼谷、清迈（泰）、金边、暹粒（柬）、河内、吉隆坡；琅勃拉邦县往返曼谷、清迈、乌隆（泰）、暹粒、河内、景洪、胡志明市；巴色县往返曼谷、暹粒；凯山·丰威汉（沙湾拿吉）往返曼谷。万象瓦岱机场、琅勃拉邦机场、沙湾拿吉机场和巴色机场为国际机场。

瓦岱机场是老挝最大的机场，位于万象市西北郊，东经102°34′、北纬17°59′，主跑道长3 000米，宽45米，两条辅助跑道分别长400米和600米，停机坪21 310平方米。

琅勃拉邦机场位于琅勃拉邦东南郊，北纬19°53′、东经102°09′，跑道长1 832米，宽30米。

沙湾拿吉机场位于沙湾拿吉省省会凯山·丰威汉，北纬16°33′、东经104°45′，跑道长1 633米，宽38米。

巴色机场位于占巴塞省省会巴色，北纬15°08′、东经105°47′，跑道长1 625米，宽40米。

此外，老挝比较重要的机场还有：

丰沙里机场位于丰沙里省省会丰沙里县，北纬21°38′、东经101°53′，跑道长900米，宽20米。

琅南塔机场位于琅南塔省省会琅南塔县，北纬21°03′、东经101°28′，跑道长1 800米，宽45米。

孟赛机场位于乌多姆赛省省会孟赛县，北纬20°44′、东经101°58′，跑道长1 200米，宽15米。

北桑机场位于华潘省省会北桑县，北纬20°25′、东经104°04′，跑道长1 140米，宽35米。

会晒机场位于波乔省省会会晒县，北纬20°15′、东经100°26′，跑道长1 414米，宽36米。

孟北机场位于川圹省省会孟北县，北纬19°27′、东经103°13′，跑道长1 000米，宽50米。

沙耶武里机场位于沙耶武里省省会沙耶武里县，北纬19°15′、东经101°44′，跑道长900米，宽40米。

北汕机场位于波里坎赛省省会北汕县，北纬18°25′、东经

103°39′，跑道长1 450米，宽30米。

他曲机场位于甘蒙省省会他曲县以南6千米，北纬17°24′、东经104°49′，跑道长860米，宽30米。

沙拉湾机场位于沙拉湾省省会沙拉湾县，北纬15°40′、东经106°25′，跑道长1 500米，宽20米。

撒玛奇赛机场位于阿速坡省省会撒玛奇赛县，北纬14°48′、东经106°49′，跑道长1 200米，宽40米。

除此之外，老挝还有一些临时机场，大多已被废弃，但修复较为容易，主要有兴县、班南坝、邦太、本努、乌太、乌努、万荣、肯陶、孔埠等机场。这些机场大多为泥土或碎石跑道，负荷量均在20吨以下。

（四）铁路

老挝的铁路运输极不发达，目前全国仅有一条长3.5千米的铁路，由万象通往老泰边境，2009年3月投入使用。

2010年4月，老挝与中国达成协议，以建立合资公司的方式，建造一条连接中国昆明与老挝首都万象的高速铁路。中老高铁是泛亚铁路的重要组成部分，未来还将经过泰国曼谷、马来西亚，并延伸至新加坡。这是迄今为止中老两国间最大的合资建设项目，也是老挝历史上最大的基础设施建设项目，总投资约70 亿美元。2010年12月，老挝国会通过了该项目计划。在2010年12月召开的第七届世界高铁大会上，老挝常务副总理宋沙瓦表示对未来与中国在高铁建设方面的合作充满信心，中老高铁的建设将促使中国和泰国、老挝等国经贸往来更加便利。

中老高铁整体设计方案已经完成：老挝磨丁—万象电气化铁路全长421 千米，客运设计时速 200 千米，货运设计时速120 千米，抗震强度 7 级。其中拟建隧道 190 千米，桥梁 90 千米。设计火车站 21 处，其中大站 5 处，分别位于磨丁、孟赛县、琅勃拉邦、万荣和万象市。高铁建成后，向南将延伸至老挝甘蒙他曲县并由此向东进入越南；向西经泰国廊开连接曼谷并与新加坡联通。今后老挝将成为链接中国—东盟自由贸易区陆上的重要交通枢纽，其地缘优势初步凸显。这是老挝境内第一条高速铁路，是老挝政府将“内陆国”转为“过境中心国”战略的具体实施，将极大促进中国与老挝乃至中国与整个东盟的人员交往、贸易、投资、旅游的发展。为了确保工程建设顺利推进，老挝将成立一个由能源、矿业、农业、林业、环保、土地和公共卫生等机构组成的联合工作组，负责解决工程建设中遇到的安全、后勤服务和原材料运输等多方面的问题。中老高铁项目原计划于2011年4月25日动工，2015年建成通车。目前中老两国政府正开展项目前期勘察、论证以及商务合作谈判等工作，两国还要对协议进行最后的修改，因此工期将延后。

八、对外贸易和外国资本

（一）对外贸易

老挝同50多个国家和地区有贸易关系，与19个国家签署了贸易协定，中国、日本、韩国、俄罗斯、澳大利亚、新西兰、欧盟、瑞士、加拿大等35个国家（地区）向老挝提供优惠关税待遇。老挝的主要外贸对象为泰国、越南等东盟国家，中国、日本、欧盟、美国和加拿大。其中，欧盟是老挝纺织和鞋类产品主要出口市场，泰国是老挝电力出口市场，中国则是老挝铜矿和农林产品的出口市场。目前，老挝正积极融入区域经济一体化，如东盟内部经济一体化和东盟与中、日、韩、印度、澳大利亚和新西兰的自由贸易区建设进程，特别是积极参与中国—东盟自由贸易区的建设进程。

2010年老挝进出口贸易总额34.6亿美元，同比增长近58%。老挝工贸部统计数据显示，2011年，老挝对外贸易额为43.02亿美元，同比增长24.3%。其中，出口19.77亿美元，增长10.5%；进口23.25亿美元，增长39.1%。其中，木材和木材产品（0.51亿美元、增长38.2%）、农产品和养殖产品（1.37亿美元、增长14.9%）、林产品（0.03亿美元、增长222.4%）、矿产（10.79亿美元、增长2.9%）、宝石（0.17亿美元、增长33.7%）出口增长较快，电力（1.78亿美元、增长–38.3%）、工业和手工业产品（2.63亿美元、增长–6.6%）出口呈负增长；一般商品（5.10亿美元、增长32.7%）、贷款项目项下免税商品（0.58亿美元、增长203.4%）进口增长较快，政府管控商品（3.89亿美元、增长–22.5%）、投资项目项下进口（5.80亿美元、增长–17.2%）、国际组织机构进口（0.02亿美元、增长–43.9%）、无偿援助（0.40亿美元、增长–33.5%）进口呈负增长。随着老挝经济快速发展，人民物质生活水平不断提高，一般商品，如建材（1.17亿美元、增长269.3%）、电器（1.09亿美元、增长183.5%）等进口增长迅速；投资项下进口的电工设备（1.76亿美元、增长20.5%）、建材（1.10亿美元、增长37.7%）及车辆（1.18亿美元、增长64.5%）等商品增长较快。老挝2011年前五大贸易伙伴分别是泰国、中国、越南、日本、瑞士，双边贸易额分别为18.32亿、3.17亿、2.99亿、0.87亿、0.65亿美元，同比分别增长–24.2%、66.8%、31.1%、13.0%、27.5%，泰国以其地缘优势继续稳居老挝第一大贸易伙伴位置。①

① 2011财年老挝对外贸易简况[EB/OL].(2012-02-09)[2012-03-07]. http：//la. mofcom. gov. cn/aarticle/jmjg/zwglbm/201202/20120207958723. html.

表8-11　2003—2010年贸易进出口数据（单位：亿美元）[①]

	2003	2004	2005	2006	2007	2008[②]	2009[③]	2010[④]
总额	9.07	9.35	11.41	18.09	18.41	20.96	21.9	34.6
出口额	3.51	3.74	4.55	8.78	9.25	10.05	10.7	17.89
进口额	5.56	5.61	6.86	9.31	9.16	10.91	11.2	16.71
差额	-2.05	-1.87	-2.31	-0.53	0.09	-0.86	-0.5	1.18

为实现在2020年前消除贫困和摆脱世界最不发达国家状态的发展目标，老挝政府制定了六大贸易发展战略，即：对外贸易战略、产品生产和出口战略、进口管理战略、过境贸易服务战略、市场开发和商品管理战略、人才开发和行政管理战略，并视之为老挝经济发展的引擎。

（二）外国资本

1994年4月21日老挝国会颁布的新修订的外资法规定，政府不干涉外资企业的事务，允许外资企业汇出所获利润；外商可在老挝建独资企业、合资企业，国家将在头五年不向外资企业征税等。2004年，老挝继续补充和完善外商投资法，放宽矿产业投资政策。2009年7月20日，老挝颁布实施新的《投资促进法》，新法将原来的《国内投资促进管理法》与《外国投资促进管理法》两法合一，实行国内外投资审批"经同一道门"，可让外商与老挝国内投资者享有同等权益并享受更多优惠。由于老挝政府采取较积极的财政政策

① 老挝国家概况[EB/OL].(2011-04)[2012-03-07]. http://www.fmprc.gov.cn/chn/pds/gjhdq/gj/yz/1206_17/.

② 陈定辉:《老挝：2008年回顾与2009年展望》，载《东南亚纵横》2009年第2期，第33页。

③ 老挝2009年宏观经济概况及2010年展望[EB/OL].(2010-03-06)[2012-03-07]. http://la.mofcom.gov.cn/aarticle/zwjingji/201003/20100306808802.html.

④ 老挝2010财年宏观经济特点浅析[EB/OL].(2010-12-29)[2012-03-07]. http://la.mofcom.gov.cn/aarticle/ztdy/201012/20101207339021.html.

并对外商投资给予税收和政策优惠，老挝国内法律体系逐步建立，使投资审批趋于程序化、规范化，外商来老挝投资快速增长。

2009年老挝吸引外资43亿美元，同比增长10.94倍，远高于2008年3.6亿美元的水平，年度新批外商投资12.4亿美元[①]。2010年，老挝吸引外资合同额16.41亿美元，超过计划64%，主要投资国家包括中国、泰国、越南、韩国、美国和澳大利亚等[②]。进入21世纪以来，老挝已吸纳外国投资110多亿美元，主要用于水电、矿业和其他基础设施建设[③]。

老挝政府鼓励外国资本投资开发老挝水电资源，投资模式以BOT模式为主，特许经营期限一般为30年(含建设期)。在项目经营期内，老挝政府提供一定程度的税费减免和法律豁免等优惠政策，其中包括免费租用项目建设用地以及除1%的资源税和个人所得税外，全部减免其他税费(包括营业税、企业所得税、建安税、关税等)。目前老挝规划水电站的建设分为两种方式：10万千瓦以上的水电站以外商投资的形式建设，如采用BOT或BOOT方式；10万千瓦以下的水电站以老挝国家电力公司为业主，以总承包方式由外商带资建设。在已投入运营的16座水电站中，有7座含有外国资本；目前在建的11个项目中，有10个项目含有外国资本。可以说，外国资本在老挝的水电资源开发和水电站建设中起到了关键作用。而矿业是老挝第二大吸引外国投资的领域，仅次于水力发电。2000年至2010年，老挝政府批准该领域外国投资金额达31

① 老挝2009年宏观经济概况及2010年展望[EB/OL].(2010-03-06)[2012-03-07]. http://la.mofcom.gov.cn/aarticle/ztdy/201003/20100306808802.html.

② 老挝国家概况[EB/OL].(2011-04)[2012-03-07]. http://www.fmprc.gov.cn/chn/pds/gjhdq/gj/yz/1206_17.

③ 老挝建设社会主义的机遇、挑战及前景[EB/OL].(2011-03-17)[2012-03-07]. http://www.seasas.cn/content.aspx?id=104543951131.

亿美元[①]。

随着外商投资需求增长，老挝政府进一步开放本国银行、保险业务。2010年内新批设立老—越和老—法合资银行各一家。目前，除外贸银行、开发银行、农业发展银行和政策银行4家国有银行外，合资银行、外资银行、私营银行的数量已达23家。来自日本、泰国、越南等国的保险公司也相继在老开立保险业务。为向国内企业发展提供资金支持，老政府于2006年开始筹建证券市场。2010年10月，老挝证券市场挂牌成立，并于2011年1月11日正式投入运营。首轮发行外贸银行和公共发电两只股票，总市值近20亿美元。按照老挝"七五"规划，未来五年需国内外投资150亿美元，其中老挝政府投资和国外援助可解决50%，其余50%资金重点通过资本市场募集。

除外国投资，老挝每年还获得大量国际援助。据老挝《社会经济报》报道，老挝"六五"期间（2006—2010）共获外援约24.2亿美元，平均每年获得援助4.88亿美元[②]。逾23个国家及51个国际组织对老挝提供援助，主要援助国及组织有日本、瑞典、澳大利亚、法国、中国、美国、德国、挪威、泰国及亚洲开发银行、联合国开发计划署、国际货币基金组织、世界银行等。外援主要用于公路、桥梁、码头、水电站、通信、水利设施等基础建设项目。

"七五"期间，为确保每年8%的经济增长目标，老挝至少需要约127万亿基普投资，投资主要由政府预算内投资、官方发展援助投资、国内外私人投资、银行信贷和群众集资等组成。其中，官方发展援助（ODA[③]）投资约占投资总量的26%~28%，相当于33万亿~

① 世界经济复苏，老挝矿业兴旺[EB/OL].(2011-05-03)[2012-03-07]. http://la. mofcom. gov. cn/aarticle/jmxw/201105/20110507530445. html.

② 老挝国家概况[EB/OL].(2011-04)[2012-03-07]. http://www. fmprc. gov. cn/chn/pds/gjhdq/gj/yz/1206_17.

③ Official Development Assistance的缩写。官方发展援助是指发达国家官方机构（包括中央、地方政府及其执行机构）为促进发展中国家的经济发展水平和福利水平的提高向发展中国家或多边机构提供的赠款，或赠与成分不低于25%的优惠贷款。

35万亿基普（38亿~42亿美元）。国内外的私人投资（FDI[①]）占投资总量的50%~60%，相当于64万亿~70万亿基普（74亿~83亿美元）。这意味着今后几年老挝的外资外援将会有增无减并将继续对老挝的建设和发展起到重大作用。外资外援的进入无疑促进了老挝经济的发展，老挝经济的高增长主要得益于外国投资与外援的持续增加，其经济增长属于典型的外来投资驱动型和拉动型模式。但外资外援同时也可能产生消极影响，在主观上造成老挝的依赖心理，在经济发展过程中缺少主观能动性；在客观上造成老挝经济对外依存度高，国家经济独立性发展缓慢。

第三节　经济发展前景

2010年12月，老挝第六届国会第十次会议通过了第七个五年（2011—2015年）社会经济发展规划草案。2011年3月17日至21日，老挝人民革命党第九次全国代表大会听取了老挝党中央政治局委员、政府常务副总理宋沙瓦·凌沙瓦有关老挝“七五”经济社会发展规划的报告。根据老挝“七五”规划，经济上，老挝将继续坚持“以经济发展为中心”，在政府调控下集中力量建设市场经济，保持宏观经济的稳定，使经济保持持续快速发展的势头；按照工业化和现代化的思路大力转变经济结构和劳动力结构，积极运用先进的科学技术；将社会发展和人民脱贫作为重要发展目标，加强人力资源的开发和保护，确保发展所必需的环境条件；改善生产关系以适应新的形势要求，充分调动各个经济部门发展经济的积极性，促进中小

① Foreign Direct Investment的缩写。对外直接投资是现代的资本国际化的主要形式之一，是指一国的投资者将资本用于他国的生产或经营，并掌握一定经营控制权的投资行为。也可以说是一国（地区）的居民实体（对外直接投资者或母公司）在其本国（地区）以外的另一国的企业（外国直接投资企业、分支企业或国外分支机构）中建立长期关系，享有持久利益并对之进行控制的投资，这种投资既涉及两个实体之间最初的交易，也涉及二者之间以及不论是联合的还是非联合的国外分支机构之间的所有后续交易。

企业的发展；大力吸引外资并鼓励发展多种经济成分，继续改善投资环境，积极推进老挝的融资市场建设，拓宽融资渠道。

一、总体目标

（1）保持经济的持续平稳发展，使国内生产总值以每年8%的速度增长，争取到2015年实现人均国内生产总值1 700美元。

（2）在2015年实现千年发展目标（MDGs①），基本解决贫困问题，为2020年实现脱离世界贫困国家行列创造必要的技术基础和条件。

（3）坚持可持续发展，实现由数量增长向质量增长的转变，保持经济与社会文化的同步发展，保护老挝具有优势的自然环境。

（4）确保政治稳定和社会安定。

二、宏观经济奋斗目标

（1）确保国内生产总值平均每年以8%以上的速度增长，2015年达到997 000亿基普，其中农林业平均每年以3.5%以上的速度增长，达到国内生产总值的23%；工业保持15%以上的增速，达到国内生产总值的39%；服务业保持6.5%以上的增速，达到国内生产总值的38%；到2015年，预计人均国内生产总值达到1 700美元。

（2）以更加积极的方针转变经济结构，使社会消费达到75%，投资（包括政府投资和私人投资）达到40%，出口达到35%，进口达到50%。保证国际收支平衡；将通货膨胀的比率控制在经济增长率之下，保持汇率稳定。

（3）到2015年，使总收入（包括无偿援助）达到国内生产总值的18%~19%，其中国内收入每年达到国内生产总值的16%~17%以上；

① Millennium Development Goals

确保每年预算超支不超过国内生产总值的3%~5%；实现银行的储蓄额每年以25%的速度增长或者占国内生产总值的39%。

三、经济行业发展目标

（1）实现粮食生产400万吨，面积达到104万公顷，生产率达每公顷3.9吨；每个人每年生产粮食450~500千克，以保证每人每天所需的2 400~2 500千卡能量。

（2）家畜业每年保持4%~5%的增速，其中牛2%~3%，猪和家禽6%。

（3）大力发展水利，建设机械和电力水利设施，使平原和山区的种植、畜牧区水利设施覆盖分别达到60%~70%和50%。

（4）出口增速达到18%；进口增速达到8%；加工业和手工业的增速达到12%~13%，到2015年产值占国内生产总值的24%；努力使50%左右的村落实施合作经济。

（5）新建7座发电站，装机容量3 436兆瓦，加大22千伏的输电线的生产与供电系统建设，使目前位于偏远山区尚未通电的80%的家庭结束无电的历史。

（6）绘制比例为1∶200 000，至少覆盖全国国土面积75%的地质矿产地图；加大矿产开采和加工的力度，如每年生产铜板8.62万吨，金条6吨，煤72.8万吨。

（7）到2015年，按计划完成新建和扩建通向次区域地区的公路，建设各县、村通向重点地区的公路；保证航空客运以每年8%~10%的速度增长；使67%的城市居民能够用上自来水。

（8）使电话网络普及到全国90%的村落，建成光纤17 192千米，使80%的人民用上手机或固定电话。

为实现“七五”期间年均经济增长8%和在2020年摆脱最不发

达国家状态的目标，老挝政府制定了21个重点项目领域，涵盖铁路、高等级公路、机场、跨湄公河大桥、水路运输、绿色旅游城市、办公大楼、高压电网、水电开发、矿产开发、农村水利、农田灌溉、工业林种植、加工工业、景点开发、信息通讯技术、教育、卫生、地理信息及灾害预警等，并继续坚持吸引外资的政策。

另外，老挝政府非常重视发展特区经济建设，希望通过特区示范和辐射效应推进革新开放。自2003年以来，老挝政府已经批准了3个经济特区和2个经济专区项目，即：沙湾拿吉省的色诺经济特区、琅南塔省的磨丁黄金城经济特区、波乔省的金三角经济特区和万象市的挪通贸易工业园区、甘蒙省的普乔经济专区。上述5个经济特区和专区共占地面积1万多公顷，创造就业3 000多人。2010年10月26日老挝国会通过了《关于在老挝特别经济区和专门经济区的政府令》，明确了特区管理及吸引外资的相关规定。老挝政府成立了国家管理特别经济区和专门经济区委员会，负责协助政府研究制定特区相关政策、法规和发展规划，以加大引进外资、推动经济特区建设力度。目前政府正在审批14个经济特区和专区，即万象市的东坡喜专区、会山专区、塔銮湖专区、赛萨坛专区；占巴塞省的西潘敦专区、巴宋县菠萝芬高原专区、万道专区；甘蒙省的甘蒙黄金城专区；沙耶武里省的南横口岸专区；波里坎赛省的万坎开发区；华潘省的浓康专区；沙湾拿吉省的老堡边境贸易区；川圹省的石缸平原专区和波乔省的湄公河大桥桥头专区等。按老挝政府“七五”规划，将于2015年建成10个经济特区。

由于拥有丰富的矿产、森林与水力资源，自身科技水平的不断提高，经济改革政策的深化，加入世界贸易组织（WTO）的谈判已进入最后阶段，老挝在国际社会的信任度不断提高等因素，老挝社会经济发展具有良好的前景，在未来一段时间，农业仍将是老挝的经济支柱，在国内生产总值中占有较高比重，工业发展将会加速，在国内生产总值中的贡献日益加大，能源矿产将成为工业增长的龙头，出口导向型服装业也将日益壮大，旅游业将继续发展成为服务业的优势部门。但由于基础设施建设薄弱，交通、电力、通信网络急待改善，资金、技术、人才严重不足，农业生产、文教卫生发展水平落后，贫困人口比例较高等约束老挝经济发展的重要因素很难在短期内根本改善，面对如何保持财政收支平衡、解决通胀压力、应对汇率风险、统筹经济发展和环境保护等诸多问题，如何使资源优势转变为经济优势，老挝政府还将面临许多考验，老挝经济发展仍面对诸多挑战。

第九章　军事与国防

老挝人民军由老挝人民革命党领导和指挥，是老挝人民民主专政的坚强捍卫者。老挝人民军于1949年1月20日建立，建立之初称为“拉萨翁”部队，1950年称“伊沙拉部队”，1953年改称“寮国战斗部队”，此后，为了适应形势和任务的需要，又先后于1965年和1982年更名为“老挝人民解放军”和“老挝人民军”。老挝国防组织体系由国防治安委员会、国防部、公安部组成，实行义务兵役制，现有总兵力约5.5万人。

第一节　老挝人民军简史

老挝人民军是在反对法国殖民主义者和美帝国主义侵略者的战斗过程中诞生并逐步成长壮大起来的。1945年第二次世界大战结束以后，法国不甘心在印度支那半岛的失败，于1946年重新占领了老挝。为了争取国家独立和民族解放，老挝人民在印度支那共产党老挝地区支部的领导下，组建了各种武装力量，以游击队和武装宣传队形式开展武装抗法斗争。初期，这些抗法武装力量人数少，武器装备简陋，且组织分散，缺乏统一的指挥。到1947年，在老挝开展武装斗争的抗法力量只有7~8个连，每连15~20人，武器装备以弓、箭、矛、长枪等原始兵器为主。面对日趋紧迫的抗法斗争形势，根据印度支那共产党中央的决定，1949年1月20日，老挝人民军的前身“拉萨翁”部队在桑怒省（今华潘省）香考县正式创建。印度支那共产党老挝支部的成员凯山·丰威汉担任最高指挥官。当时，这支部队只有22人，3支步枪，9支火枪。但它标志着老挝人民武装力量的诞生，成为老挝革命的一个转折点。1月20日成为了老挝人民军的建军节。

拉萨翁部队自成立之日起便积极开展反法武装斗争，并十分注意部队的组织建设和管理教育。根据革命形势的发展需要，1950年8月13~15日，老挝爱国团体在老越边境召开了全国抗法统一战线大会，宣布成立“伊沙拉阵线”。大会为抗法斗争提出了统一的路线，并把“拉萨翁”与“塞塔提腊”、“发翁”、“巴寨”等其他抗法游击队联合起来，组建“伊沙拉部队”。这次大会是老挝革命发展的关键性大会，为老挝革命武装力量的建设和发展奠定了基础，使老挝的抗法斗争有了一支统一的武装力量。

老挝伊沙拉部队组建以后，在印度支那共产党老挝支部的领导下，在开展武装斗争的同时，大力加强自身的发展与建设，突出思想政治教育，强化部队对武装斗争的目的以及打仗、宣传、生产三大任务的认识；加强干部队伍培养，举办各种培训班或选派干部到越南进行学习，以提高干部队伍的军政素质。老挝伊沙拉阵线根据老挝战场敌强我弱特点，确定了伊沙拉部队的作战指导方针是“以游击战为主，运动战为辅”、“运用各种形式，消灭敌人有生力量”、“反敌人的围剿，扩大革命根据地”。从1950—1952年，伊沙拉部队与各地方游击队密切配合，粉碎了敌人的上百次扫荡。在上寮，粉碎了敌人自1951年2月对沙拉普昆、昏县、土拉孔县、波里坎赛等地区的重点扫荡，扩大了革命势力在这一带的影响；在下寮，1952年1月至12月，伊沙拉部队粉碎了敌人对革命武装力量5次大规模的扫荡，恢复并发展了原有的革命根据地，使革命势力发展到了湄公河、南岱河沿岸地区，并逐渐由战略防御转入战略反攻。同时，伊沙拉部队逐步壮大，到1952年底，已发展到了800多人。

1953年，伊沙拉部队更名为“寮国战斗部队”，并在越南志愿军的配合下，于1953年4月发动了“上寮战役”，取得了重大胜利，解放了华潘全省和川圹、琅勃拉邦部分地区，共歼敌1 000余人，俘虏1 800多人。接着，寮国战斗部队乘胜追击，于1953年12月发动了“中寮战役”，解放了他曲省（今甘蒙省）的大部分地区和沙湾拿吉省的部分地区，共歼敌8 500多人，并牵制了敌人14个营的机动兵力，切断了敌人在上、中、下寮之间的联系，使法军陷入了被分割的状态。之后，寮国战斗部队又继续向南挺进，直插下寮，于1954年1月发动“下寮战役”，解放了阿速坡全省、波罗芬高原以及沙拉湾省老岩镇等地区。

随着革命形势的不断发展，老挝武装力量的规模也在不断地扩大，尤其是地方部队和游击队的数量在不断增长。到1954年6月，游击队的数量已增长到57 000多人，正规部队也发展到了2 800余人。同时，伊沙拉阵线注重干部队伍的培养，在上、中、下寮分别开办了政工和军事干部培训班，以提高干部队伍的政治、军事素质。

为了巩固斗争成果，继续消灭敌人的有生力量，同时配合越南人民军完成对固守在奠边府法军的包围。1954年春，寮国战斗部队发动了对上寮南乌河法军防线的进攻，迫使法军放弃了南乌河防线，截断了老挝北部的法军与越南奠边府法军的联系，并于1954年2月24日解放了丰沙里全省。至此，寮国战斗部队已经牢牢地控制了桑怒、丰沙里两省，并在中寮和下寮间建立了根据地。在全国范围内形成了面积达4万多平方千米、人口约100万的解放区。

随着法国殖民主义者在印度支那半岛全境的失败，1954年，法国被迫签署了《日内瓦协议》，承认老挝为独立的主权国家。在1945~1954年的抗法战争期间，寮国战斗部队共消灭敌军35 071名。其中，打死20 761名，打伤6 865名，俘虏7 445名。在被消灭的敌军中，有法国殖民军3 807名，老挝伪军31 264名。缴获和摧毁各种枪炮14 335件，摧毁各种车辆110辆。

1954年底，在印度支那共产党老挝支部召开的关于部队建设的干部会议上，规定了部队服务于人民、服务于革命的基本宗旨，并把大力发展革命武装力量作为今后“最应紧急执行的重要任务”。会议还强调指出，在建设正规部队的同时，“必须重视地方部队和游击队的发展”。

1955年3月，原印度支那共产党老挝地区支部在桑怒召开大会，宣布成立老挝人民党。寮国战斗部队遵照老挝人民党中央委员会“边斗争边建设”的指示，成立了中央军事指挥部、国防部、参谋部、政治部、后勤部以及其他服务保障机构，由中央军事指挥部统一指挥。到1957年，寮国战斗部队已发展到7 200多人，编为12个营，并开始组建工兵连、通信连。

1957年，根据《万象协议》，老挝成立第一届联合政府，寮国战斗部队缩编成为第一营和第二营(共1 500人)，后并入王国政府军，分别驻守在琅勃拉邦和查尔平原。1958年8月，在美国的干涉下，第一届联合政府破裂，培·萨纳尼空在美国的支持下组成政府。1959年5月，培·萨纳尼空政府企图以武力解除寮国战斗部队两个营的武装，并于同年7月逮捕了苏发努冯等老挝爱国阵线领导人。寮国战斗部队第二营从查尔平原突围成功，返回桑怒根据地，开始了抗美救国的武装斗争，老挝内战再度爆发。

面对错综复杂的形势，老挝人民党中央及时转变斗争方向，号召全国军民团结起来，“以武装的革命反对武装的反革命”，“以武装斗争为重点，反抗美国新殖民主义的干涉，反对卖国的培·萨纳尼空政府”。1960年5月，苏发努冯及其他爱国阵线领导人越狱成功，返回桑怒，继续领导抗美救国斗争。在老挝人民党中央的号召下，全国各地纷纷起义，广泛开展游击战争，并于1960年8月9日成功策动了万象起义，动摇了美帝国主义及亲美势力在万象的根基。1960年12月，起义部队撤出万象，在美国支持下的富米—文翁右派政府攻入万象。同时，寮国战斗部队在起义部队的协助下，于1961年元旦，一举攻占了查尔平原，又利用富米·诺萨万部队进攻查尔平原之际，解放了上寮丰沙里、华潘、川圹全省以及琅勃拉邦、下寮的部分地区。部队发展到9 000多人，编成15个营和28个连，并于1961年10月，在川圹查尔平原成立了第一支防空部队601防空营。该营隶属于炮兵司令部，有3个连，共250人。

1962年1月，在美国的支持下，富米—文翁右派政府调集20多个营的兵力重点进攻老挝北部的琅南塔省，妄图在战场上取得主动。为了进一步打击敌人，扩大胜利成果。1962年5月，寮国战斗部队发起了琅南塔战役，歼灭敌军1 600多人，并重创敌军十多个营。接着，寮国战斗部队主动出击，取得了一连串的军事胜利，先后解放了卡西、万荣、黑河三县，迫使富米—文翁政府签署了《1962年关于老挝问题的日内瓦协议》，同意成立三方联合政府。

但由于美国从中干涉，三方联合政府实际上处于无法活动的瘫痪状态，成为一个在美国控制下的傀儡政权。在美国的支持下，傀儡政权大肆扩张军力，并组建了一支美国直接指挥，老挝少数民族组成的“特种部队”，不断向老挝爱国阵线所在的解放区发动进攻。为了有效地打击敌人，寮国战斗部队一方面积极应对敌人的进攻，一方面积极开展部队建设，以提高部队战斗力。在思想、组织建设方面，尤其强调“要加强党对军队的直接、全面的领导”，“以政治思想建设为重点，干部队伍建设为中心，建立一支数量精、质量高的队伍”（老挝人民党13号决议），强调要保证部队的革命性质，防止各种腐朽思想的侵蚀，并首次将党支部建在连上。通过上述建设，部队实力得到了很大发展。到1962年，寮国战斗部队兵力已增加到

10 200人，编成18个营。为了加强对部队的指挥，老挝人民党决定成立南方和中央直属两个军区。

1965年10月1日，寮国战斗部队更名为老挝人民解放军，兵力约1.8万人，编成25个营，并宣布其目标是解放全老挝。此时，老挝爱国阵线已控制了全老挝三分之二的土地及三分之一的人口。在1967年召开的老挝人民党中央军事党委及中、高级军政干部会议上，首次就老挝革命武装力量的建军方针、战争策略以及战役战术进行了总结，并达成了共识。这次大会成为老挝人民军迈向新时期的标志。

老挝人民解放军针对在美国支持下的右派政府军的蚕食进攻，发动了一系列的反攻行动，比较著名的有：1964年7月—10月，粉碎了敌军代号为“三矢”的进攻；1964年10月—1965年3月，粉碎了敌军代号为“松赛”的进攻；1966年2月—4月，粉碎了敌军对查尔平原的进攻；1968年1月南塔河战役胜利，共歼灭敌军3 000余人，粉碎了敌军从老挝西北部进攻解放区的企图。通过这几次战役，极大地削弱了万象右派政府军队的实力，使其再也无力发动对解放区的大规模进攻。从1963年到1968年，老挝人民解放军共击退了敌军5万多人次的进攻，击毁敌机800余架，缴获了大量的枪支、弹药和军需用品，并迫使敌军全部放弃了查尔平原以及纳盖高原、九号公路沿线等战略地区。

1969年，老挝人民解放军继续采取了一系列的军事攻势，分别于当年4月、6月解放了下寮重镇阿速坡、沙拉湾。但美国及其控制下的万象右派政府并不甘心失败，为了挽回败局，在美国的直接支持下，调动“特种部队”50多个营，于1969年8月向查尔平原解放区发动了代号为“挽回尊严”的进攻。经过27天的激烈战斗后，老挝人民解放军为保存实力，主动地撤出了这一地区。“特种部队”

占领该地区后，所到之处皆实行极其残酷野蛮的“三光”政策。为打击敌人的嚣张气焰，粉碎敌人的进攻阴谋，老挝人民解放军于1969年10月—1970年4月间发起了代号为“139”的反攻战役，向查尔平原的敌军发动了进攻。经过近180天的战斗，彻底打垮了敌人，将敌军赶出了该地区。此次战斗共消灭敌军近5个营，重创10多个营，击毁敌机110余架，收复了查尔平原这一战略要地。

截至1970年，老挝人民解放军总兵力已达到3万人左右，并于1970年4月4日组建702飞行大队。至此，老挝人民军由单一兵种发展成为拥有步兵、炮兵、防空兵、通信兵、工兵、侦察兵等多兵种的武装力量。

1971—1972年，万象右派政府将上寮的查尔平原和下寮的波罗芬高原作为进攻的重点，并分别于1971年、1973年对上述地区发动了数次大规模的进攻，企图重新占领这两处战略要地，切断老挝人民解放军与越南人民军之间的联系。老挝人民解放军根据老挝人民革命党中央的决议，积极应敌。1971年底，彻底收复了查尔平原地区；1972年1月，攻占了桑通、龙镇等重要城镇；11月粉碎了敌人对查尔平原的进攻；1973年1月，整个波罗芬高原获得解放。这一系列的胜利，迫使万象政权签署了《关于在老挝恢复和平和实现民族和睦的协定》，同意停止内战，实现民族和睦，成立临时民族联合政府。

在1955年至1975年的抗美斗争期间，老挝爱国军民共消灭敌军231 258名，其中打死138 082名，打伤39 943名，俘虏和投降48 874名，起义投诚4 359名。在被消灭的敌军中，有美国及其雇佣兵27 349名。缴获各种枪炮77 359件，击毁敌机2 519架，缴获和摧毁无线电发报机2 750台、各种车辆1 885辆，击伤和击沉敌军战船249艘，缴获各种军用物资19.9万余吨。

1975年5月，老挝人民军配合政治斗争和群众运动，发动了沙拉富昆战役，迫使右派部队纷纷起义。同年8月23日，老挝人民革命党夺取全国政权。

老挝人民革命党执政后，老挝人民解放军通过收编中立部队，其实力发展到3万多人，编成3个团部。随后，又整编成6个军区、空军指挥部和内河部队指挥部。1976—1978年，经过3次大规模征兵，部队实力增至4.6万余人。1980—1982年又先后组建5个步兵师和2个导弹营，成立“琅勃拉邦前线指挥部”、“川圹后方建设指挥部”，并于1982年7月将老挝人民解放军易名为老挝人民军，实行军衔制。到1988年，老挝人民军总兵力达到6万人，拥有陆军、空军两个军种和步兵、航空兵、水兵、导弹、地炮、工程、通信、雷达、化学、运输、坦克、气象、侦察等十几个兵种。1989年以后，老挝人民军调整军事战略，对部队进行精简整编，撤销空军司令部，将内河部移交内务部，并裁减兵员1万人。

第二节　当前军情概述

一、安全观和防务政策

（一）安全观

建国以来，老挝人民民主政权逐步得到巩固，社会趋于安定。在和平与发展成为当今世界主流的国际形势下，老挝政府认为当前不存在迫在眉睫的威胁，潜在的压力主要有：（1）国内及流亡国外的各派反政府武装的存在和对社会持续不断的骚扰。老挝人民民主共和国成立至今，反政府武装的活动一直未停止过。目前反政府武装大约有1万人，分成10余派，以泰国或泰老边境地区为基地，活动在老挝全国各地，主要是边远山区和丛林地带。最活跃的当属苗族的反政府武装王宝派，主要活动在赛宋本县等北部山区，袭击政府机关、过往车辆和军营等。2000年以后，万象直辖市发生了十几起带有恐怖色彩的公共场所爆炸事件。（2）西方资本主义国家图谋对老挝进行和平演变，攻击老挝的民主、人权和民族问题，直接干涉老挝内政，造成了老挝社会政局的不稳定。（3）泰国政府默许甚至支持战争年代转移到其国内的老挝残余反政府武装的存在，对老挝现政权造成了极大的威胁。2000年7月，在老挝南部占巴塞省与泰国乌汶府接壤的汪道—松湄口岸，20多名持枪歹徒从泰方进入老挝境内抢劫并与老边防警察发生武装冲突，被老方打死多人，最后这伙人逃回泰境内并被泰警方逮捕。其中有12人为泰籍老挝人，老方要求引渡犯罪分子回老挝审判，但泰方以先要履行泰方的司法程序为由到现在仍未向老方送交人犯。老方认为这是一支以泰国为基地并得到泰国支持的反对老挝政府的政治武装，而不是单纯的抢劫事件；泰国媒体经常对老挝的社会制度、廉政问题、毒品问题等进行抨击甚至歪曲；老泰两国边境划界尚未完全结束，仍然存在安全隐患。1984年6月在老挝西北部沙耶武里省还曾发生过涉及3个村庄的领土争端和武装冲突。老挝政府认为在将来长期一段时间内，泰国仍将成为老挝国家安全的最大外来威胁。

（二）防务政策

老挝是内陆国，没有海上防卫任务。当前最直接的不安定因素是反政府武装的破坏活动，潜在的敌情是泰国的军事入侵。因此，加强陆军防卫力量是老挝防务的重点，兵力主要布防在湄公河沿岸一线。在自力更生的国防路线的基础上，老挝主要是谋求与中国、印度和越南的防务合作，一方面寻求多方援助，另一方面也利用这几个周边大国相互制衡，从而保障老挝的独立和安全。同时积极加入东盟和东盟地区论坛，进行安全合作，以努力创造一个稳定、可靠的周边环境。

二、军事战略和作战指导原则

(一)军事战略

老挝军队的军事战略经历了一个发展过程。从1949年建军至1975年，总的军事战略是开展人民武装斗争，消灭外国侵略者，维护国家主权和领土完整。1975年12月老挝人民民主共和国宣布成立后，军队的战略路线转变为收编或剿灭残余敌对势力，为国家重建创造一个安定的社会环境。20世纪70年代末到80年代末，迫于当时苏联和越南政府的压力，老挝政府走上了敌视中国的道路，大规模地扩充军力。兵力布防的重点在与中国接壤的北部地区，甚至于1983年与越南军队进行了一次以中国为假想敌的代号为“友谊83”的联合军事演习，这是老挝军队历史上唯一一次大规模的军事演习。1989年，老挝政府制定了以经济建设为中心的国家发展战略，外交上开始谋求同中国关系正常化，人民军调整了军事战略，对部队进行裁减、整编，将内河部队交由内务部指挥。老挝人民军注重质量建军、科技强军，大力加强陆军、空军和防空部队的建设，通过引进大量新型、技术含量较高的武器装备，选派军官赴中国、越南等国学习，以逐步实现武器装备和人才的现代化。

(二)作战指导原则

老挝人民军的作战指导思想是：各军兵种密切协同，灵活作战，顽强杀敌，御敌于国门之外，并防止和平演变。作战指导遵循以下原则：

(1)统一指挥，集中用兵。

建立集中统一的指挥中心，便于迅速、通畅地下达作战指挥命令，协调各军兵种之间的配合，集中主要兵力用于战争(战役)的主要方向，重点打击敌方重要目标，以有效利用有限的兵力，减少损失，重创敌人。

（2）出其不意，主动出击。

注意部队行动的隐蔽性，采取突袭方式尽快消灭敌人。这也是老挝人民军清剿少数民族反政府武装时常用的战术。

（3）整体协同，密切配合。

各军兵种只有相互配合，才能创造战机，克敌制胜。

（4）加强情报、通信、技术和后勤保障工作，确保部队能在知己知彼的情况下连续参加战斗。

三、国防体制

老挝坚持人民民主专政的社会主义制度，军队的组织编制与其他社会主义国家类似。《老挝人民革命党章程》和《老挝人民民主共和国宪法》明确规定：老挝人民军由老挝人民革命党领导和指挥，党主席为武装部队的最高统帅。国防组织体系由国防治安委员会、国防部、公安部组成。人民革命党通过这两级机构对全国武装力量进行指挥和管制。

（一）国防治安委员会

1991年3月，老挝人民革命党第五次全国代表大会通过决议，决定撤销人民革命党的中央军事委员会，设立国防治安委员会，作为国家的最高军事决策机构，负责国家安全、军队建设和发展等重大决策的制定，并通过国防部、公安部对全国武装力量实施行政领导并负责贯彻落实军队训练、建设方面的决定。委员会由老挝人民革命党主席、政府总理、国防部部长、公安部部长和军队三总部的最高首长组成。人民革命党主席兼任国防治安委员会主席。

（二）国防部

老挝国防部是国防治安委员会对老挝人民军实施领导的权力机

关，有权参与有关国防工作决策制定，负责与政府部门和外国军队的联系和协调，同时又是全军各兵种的指挥机关，直接掌握和判断国际国内军事、政治形势，制定各时期的军事方针；对全军各部队的兵员补充、作战战备、作战指挥、行政管理、武器装备、军费预算的管理使用、国防科研和军事培训等实行统一领导和调配。国防部下辖总参谋局、总政治局、总后勤局、国防部办公厅、军事检察院和军事法庭，分别行使军事指挥、政治教育、后勤技术保障、监察等职能。国防部部长是老挝人民革命党中央政治局委员，在党内和政府中都拥有很大决策权。现任部长为隆斋·皮吉少将，副部长为占沙蒙·占雅拉少将、讪雅哈·丰威汉少将等。国防部办公厅为国防部直属单位，下辖外事局、综合研究局等机构。

1. 总参谋局

总参谋局是统率全军的指挥中枢和行政机关。下设总参办公室、总参管理局、作战训练局、情报特工局、地面炮兵局、兵员武器局、通信局、机要局、化学局、空军局、防空局、坦克(装甲)局、测绘局、工兵局、地方部队局、院校局等。主要职责是：制定战略和重大战役计划并负责组织实施；确定全军的编制，掌握全军的实力；组织军事训练和人员培训等。现任部长为苏旺·伦奔米少将。

2. 总政治局

总政治局是老挝军队政治思想工作和干部工作的领导和执行机关，负责全军政治思想教育和干部任免调配工作。下设总政办公室、组织局、干部局、宣传局、政策局、保卫局、监察局、科研局、青年局、《人民军》报社和体育委员会等。现任部长为森暖·赛雅拉少将。

3. 总后勤局

总后勤局是老挝军队后勤技术保障的领导和执行机关，负责全军的后勤技术保障工作。下设总后办公室、参谋局、军需局、装备局、国防工业局、国防预算局、运输局、建设局、卫生局、财务计划局、企业管理局、生产局、油料局等。现任部长是苏佩准将。

（三）公安部

公安部是老挝警察部队的领导机关，隶属于国防治安委员会，担负着维护国内社会稳定、保护人民生命财产安全、打击毒品走私犯罪的重要职责。1989年国防部将1 700余人的内河部队交由公安部指挥。2000年，公安部从中学毕业生、复员退伍军人和地方党政干部中招收和抽调大批精干力量加入警察队伍，使警察部队总人数达到2万多人，实力得到了很大加强。近年来随着社会不稳定因素的增加，如偷盗、抢劫现象有增无减，社会治安面临着非常严峻的形势，警察部队的地位和作用日益突出。

公安部由治安总局、警察总局、后勤技术总局、政治总局四个总局和办公厅组成。办公厅下设管理局、外事局、警务局、机要局和通信局。治安总局下设治安局、政治保卫局、监察局、出入境管理局和移民局。警察总局下设经济警察局、刑事案件局、情报侦察局、交通消防局、居民管理局、管教局和警卫局。后勤技术总局下设后勤局、财务局、技术局、医疗局和警需局。政治总局下设组织干部局、文教政训局和团体组织局。

公安部部长与国防部部长一样为老挝人民革命党中央政治局委员，有权直接参与国家大政方针的制定。现任公安部部长是通班·胜阿蓬。

四、军事制度

（一）兵役制度

1982年3月，老挝政府颁布了《义务兵役法》（草案），1991年3

月颁布第一部《宪法》，1995年3月颁布了第一部《国防法》。这三部法律明确规定：14~45周岁的老挝公民，均有保卫国家、维护社会治安的义务。国防部在每年的新年泼水节后下达征兵指标，各部队以师、团或省军区为单位协同驻地政府招募符合条件的新兵，补充到部队中。飞行员等对身体、文化、心理素质要求特别高的兵员则由国防部统一组织，各兵种部门在每年的六七月份到中学毕业生中招募。步兵服役期为二年半，专业技术兵种服役期为三年。服役期满予以复员回乡。少数专业技术兵种，根据本人意愿和部队需要还可以延长服役期，或根据政府需要给予安排公职。

（二）军衔制度

老挝部队士兵军衔分为两级：二等兵、一等兵；士官分为四级：下士、中士、上士、准尉；军官军衔设尉官、校官、将官三等[①]，共分为十级，即少尉、中尉、上尉、少校、中校、上校、准将、少将、中将、上将。

军衔晋升方面，新兵集训结束后授予二等兵军衔，半年后晋升为一等兵，服役一年半后晋升为下士，服役期满三年晋升中士，满四年晋升上士；从初级军校或相应培训班毕业的学员在部队实习一年后可授予准尉军衔，从中级军校毕业的学员在部队实习一年后可授予少尉军衔，从高级军事学校毕业或学习高级专业技术合格的学员，在部队实习一年后可授予中尉军衔。中下级军官正常晋升年限分别是：准尉晋升少尉三年，少尉晋升中尉四年，中尉晋升上尉五年，上尉晋升少校六年，少校晋升中校六年，中校晋升上校六到七年。高级军官军衔晋升一般根据工作需要，晋升年限未作界定。军官在工作岗位上有突出成绩和贡献的，可酌情提早晋级晋衔。因部

① 参考《老挝人民军军官法》，2004年10月颁布。

队对军官军衔晋升控制很严，各级军官军衔普遍很低，现役军官中最高军衔为中将。

各级军官所担负职务与佩戴军衔的对应关系是：排级为上士或准尉，副连为少尉，正连为少尉至中尉，副营为中尉到上尉，正营为上尉，副团为少校至中校，正团为中校，副师和正师为中校至上校。

（三）人事制度

老挝的部队人事由国防部、总政治部统一管理。各部队党委、党支部和部队主官有权推荐、任免本部队军官。士兵在服役期间或服役期满后，部队党支部、党委根据其具体表现，把政治合格、军事素质过硬、有培养前途的士兵推荐至总政治部，再经国防部批准送军校或派往国外学习军事指挥专业技术。毕业后分配到部队，成为职业军人。军官担任高一级的职务前，一般要到相应等级的军校或送国外进修半年至一年。担任部队团以上主官或总部机关局以上负责人的军官必须到凯山·丰威汉国防学院进修政治理论和军事指挥知识。

第三节　军种与兵种

老挝武装力量主要由陆军正规部队、防空部队、空军部队和地方部队组成，总兵力约为5.5万人。另外还有预备役部队和民兵自卫队等准军事部队约11万人。

一、陆军正规部队

陆军正规部队在老挝各军种中实力最强，规模最大。兵力总共有25000人，编成5个步兵师、3个兵种团、32个步兵营、16个地面炮兵营、8个装甲营、9个侦察营、6个特工营、11个通信营、60个技术兵种营和多所军事院校。

陆军不设司令部，直接归总参谋部指挥和调动。全国原来分为北部军区、川圹军区、中部军区、南部军区、万象军区和万赛军区六大军区，现已撤销，分由五个步兵师驻防各战略要地。部队只有师和团的编制，以营为基本作战单位，实行三三编制，每团三个营，每营三个步兵连和一个火力连，每连三个排，每排三个班，每班九人。

（一）步兵师编制组成

步兵师是老挝陆军的重要组成部分，每个师由若干兵种（营或连）组成，机关下设参谋处、政治处、后勤处和技术处四个处，处下设科。参谋处设有作战科、训练科、侦察科、兵员科、炮兵科、防空科、工兵科、化学科、通信科和机要科。政治处设有干部科、宣传教育科、政策科和保卫科。后勤处设有军需科、营房科、军医科和财务科。技术处设有技术科、计划科、军械科和油料车辆科。基层兵种营主要有步兵营、特工营、独立炮营、防空营、反坦克炮营、坦克营、通信营、工兵营、运输营、侦察营、火箭炮营、化学连、警卫连。

（二）陆军兵力部署

第一步兵师拥有兵力2 500人，驻扎在万象。下辖17个营，分别为：467步兵营、468步兵营、469步兵营、701步兵营、435步兵营、13步兵营、15步兵营、17步兵营、601装甲步兵营、425特工营、304侦察营、615坦克营、598地面炮兵营、561工兵营、211通信营、224通信营和一个运输营。

第二步兵师拥有兵力2 600人，驻扎在琅勃拉邦省的南巴县。下辖19个营，分别为：第2步兵营、第4步兵营、22步兵营、404步兵营、406步兵营、409步兵营、613步兵营、222通信营、705运输营、反坦克炮营、第1地炮营、第2地炮营、第3地炮营、18地炮营、614坦克营、301侦察营、222侦察营、427特工营和562工兵营。

第三步兵师拥有兵力2 900人，驻扎在乌多姆赛省的昏县。下辖14个营和8个独立连。分别为：403步兵营、407步兵营、408步兵营、414步兵营、416步兵营、417步兵营、424步兵营、223通信营、563工兵营、302地炮营、303地炮营、619坦克营、612地炮营和614装甲营。

第四步兵师拥有兵力2 600人，驻扎在沙湾拿吉省的色诺。下辖9个营。分别为：第7步兵营、第8步兵营、第9步兵营、14步兵营、564工兵营、426特工营、227通信营、617坦克营和619地炮营。

第五步兵师拥有兵力2 000人，驻扎在占巴塞省的巴色县。下辖12个营。分别为：第10步兵营、11步兵营、18步兵营、21步兵营、23步兵营、25步兵营、429特工营、611地炮营、618地炮营、661坦克营、565工兵营和578工兵营。

另外还有三个兵种团：驻防万象的第十一摩托化警卫团，下辖1营、2营、3营、475营和586营等5个营；1个工程兵团，下辖11个工程兵营；1个运输团，下辖5个运输营。

（三）陆军武器装备

陆军武器装备主要依赖进口，大部分来自苏联、中国和越南，另有部分美式装备。主要武器装备有：

1. 坦克

主战坦克型号有苏制T-54、T-55型30辆，苏制PT-76型25辆，苏制T-34、T-54、T-85型若干辆及苏制BT-76轻型坦克若干辆。

2. 装甲运输车

BTR-40、BTR-60型30辆，BTR-152型40辆，M-133苏制、K-63美制水陆装甲运输车若干辆。

3. 火炮

牵引火炮：105毫米25门，122毫米40门，130毫米10门，75毫米、155毫米若干门。

迫击炮：中国造63式60毫米、美国造M19式60毫米、美国造M29式81毫米、苏联和中国造1937式82毫米、美国造T33E式105毫米、苏联和中国造M43式120毫米及107毫米若干门。

无后坐力炮：美国造M18式57毫米、美国造M20式75毫米、前苏联造B10式82毫米、106毫米、107毫米若干门。

高炮：14.5毫米高炮若干门，苏联造3Y-23-2式23毫米、M-39式37毫米和1965式37毫米双联高炮若干门，中国造1950式57毫米高炮若干门。

榴弹炮：美国造M102式105毫米榴弹炮若干门。

加农炮：85毫米、122毫米、130毫米、155毫米加农炮若干门。

反坦克炮：苏联造M43式57毫米、M55式100毫米反坦克炮，前苏联和中国造1950式57毫米反坦克炮若干门。

火箭炮：苏联造“冰雹”II式122毫米单管火箭炮、H-12式16管火箭炮、BM14式16管火箭炮若干门。

4. 枪支及火箭筒

装备有苏联、中国、美国、越南、匈牙利、捷克等国的各式武器。枪支主要有：K54AA7.62毫米手枪、CKC式7.62毫米半自动步枪、M-16式5.55毫米冲锋枪、AK-47式7.62毫米冲锋枪、M-2卡宾枪、M-1919A6式勃朗宁轻机枪、56式7.62毫米轻机枪、54式12.7毫米高平两用机枪、M2HB12.7毫米高平两用机枪、3TTY-214.5毫米高射机枪、K53式重机枪。

火箭筒有B-40火箭筒、B-41火箭筒、M20BI火箭筒、M-72火箭筒、M-79火箭筒等。

二、地方部队

老挝地方部队总兵力为1.8万人，由首都军区和16个省军区组成，下设142个县级军事指挥部，编成34个营、119个独立连。各军区部队受总参谋部直接领导和指挥。

（一）省军事指挥部编制组成

首都军区和各省军区分别设有军事指挥长、政治委员、参谋长各1人，机关设有参谋处、政治处和后勤处三个处。参谋处设有侦察科、作战科、训练科、兵员装备科、通信科、机要科、民兵科和炮兵科。政治处设有政治科、干部科、组织科、宣传教育科、保卫科和青年科。后勤处设有财务科、军需科、军粮科、军医科和技术科。各军区下设县级军事指挥部，各县驻防2~4个独立步兵营，4~12个独立连。

（二）地方部队兵力部署情况

首都万象市军区驻有401步兵营，433步兵营和3个独立连。

表9-1　各省军区兵力部署情况

省军区	驻地	兵 力
丰沙里	丰沙里县	416步兵营、9个独立连
乌多姆赛	孟赛县	第3步兵营、417步兵营、418步兵营、9个独立连
琅南塔	琅南塔县	第33炮营、402步兵营、8个独立连
波乔	会晒县	405步兵营、9个独立连
沙耶武里	沙耶武里县	410步兵营、411步兵营、412步兵营、9个独立连
琅勃拉邦	琅勃拉邦县	12步兵营、16步兵营、413步兵营、10个独立连
川圹	孟北县	第8步兵营、285步兵营、216步兵营、巴寨营、12个独立连

续表

省军区	驻地	兵力
华潘	北桑县	18步兵营、585步兵营、7个独立连
万象	坡洪县	13步兵营、17步兵营、611步兵营、9个独立连
波里坎赛	北汕县	615步兵营、618步兵营、5个独立连
甘蒙	他曲县	第6步兵营、19步兵营、5个独立连
沙湾拿吉	坎塔布里县	第1步兵营、第3步兵营、第5步兵营、18步兵营、12个独立连
阿速坡	撒玛奇赛县	16步兵营、2个独立连
沙拉湾	沙拉湾县	17步兵营、6个独立连
占巴塞	巴色县	20步兵营、24步兵营、4个独立连
色公	拉玛县	

三、防空部队

老挝防空部队是老挝人民军重点建设发展的一支技术部队，在各兵种中编制实力居第二，仅次于陆军，是军队防空体系中的主要力量。它拥有兵力4 000多人，编成5个防空团，共11个防空营，6个导弹分队，3个导弹营和8个雷达连。

（一）防空部队的成长过程

1. 创建时期（1961—1975年）

防空部队始建于抗美战争时期。1961年法国退出老挝后，美国乘虚而入，导致老挝内战全面爆发。1964年起，美国飞机对老挝爱国阵线和爱国中立力量控制的地区进行狂轰滥炸。在这种严峻的形势下，巴特寮武装意识到只有建立起坚强的防空火力，才能有效地保存自己，抗击美国的空中威胁。在中国的帮助下，从部分陆军部队中抽调一批有一定文化基础的官兵进行短期培训，在高炮、高射机枪等武器的基础上，1961年10月18日在查尔平原正式组建了601防空营，这就是巴特寮第一支防空部队。

防空营隶属炮兵司令部，编成3个连，共250人，装备有12.7毫米高射机枪和23毫米高炮，集中部署在川圹解放区。1965年5月，为应付战场的恶劣形势，防空部队迅速增编了1个37毫米高炮连和1个12.7毫米高射机关枪排。同时，为防止遭到毁灭性打击，部队各连分散部署，更机动、灵活和隐蔽地参加到反空袭作战中。这一时期防空部队为以后的建设积累了宝贵的实战经验。

2. 备战时期（1976—1988年）

解放初期，老挝国内政局动荡，残余的各派敌对武装四处进行破坏。战略上受制于前苏联和越南，认为中国正进行大国扩张，威胁老挝的国家安全，因而全面扩军备战。

1976年，防空部队在收缴前王国军队高炮、雷达等地面防空武器装备和收编原右派政府军防空专业技术人员的基础上，组建了602、603和605三个高炮营，兵力超过1 000人。1978年以后，前苏联和越南向老挝人民军提供大量防空武器，帮助老挝人民军建立防空体系。前苏联主要向老挝人民军提供SAM–2、SAM–3 、SAM–7防空导弹和100毫米、23毫米双管高炮和雷达警戒系统等。

1980年9月，防空部队从炮兵司令部分离出来，成立防空指挥部，设立总参谋部防空局，由该局负责领导防空部队，防空部队遂成为一支独立的兵种。这一时期，防空部队大幅度扩充兵力，调整部署。新组编了两个导弹营，五个防空营和三个雷达连，部分高炮营和雷达连编入各步兵师，并进行战略调防。1983年8月，各步兵师设立防空科，师属步兵团组建23毫米高炮连。1986年，万象、洪沙、查尔平原、北礼、色诺和巴宋等地修建永久性导弹基地和雷达站，建立起了导弹分队。1988年，空军部队和防空部队组成统一的防空中心，形成了比较严密的防空网。

3. 和平时期（1989年至今）

1989年后，老挝与中国关系全面正常化，老泰边境局势也趋向缓和。老挝人民革命党提出了要以经济建设为中心的工作重点，部队进行整编，提出了革命化、现代化、正规化和知识化的建军思想，重点发展技术性兵种。

1990年老挝人民军组建了5个防空团，各团编有1个SAM-7导弹分队。604、611、688导弹营和128雷达连直属防空局，驻防万象市。在万象地区驻扎641防空团，下辖601、603防空营和138、148雷达连。在琅勃拉邦省南县驻扎642防空团，下辖602、456防空营和158雷达连。在川圹省查尔平原驻扎643防空团，下辖609、975、976防空营和178、188雷达连。在沙湾拿吉省色诺驻扎644防空团，下辖575、606防空营和118雷达连。在占巴塞省巴宋县驻扎645防空团，下辖607、608防空营。

（二）防空部队的编制组成及武器装备

老挝防空部队由导弹部队、高炮部队和雷达兵部队三个部分组成，隶属总参防空局。总参防空局与作训局、空军局联合组成防空作战指挥中心，协调防空作战事宜，但不是常设机构。防空局设有参谋处、训练处、装备处、政治处和后勤处等机构，分别负责防空部队的作战、训练、装备和政治教育等具体工作。防空局下辖5个防空团，3个直属导弹营和6个SAM-7导弹分队。主要装备有地空导弹、高炮、高射机枪、警戒雷达、引导雷达、炮瞄雷达和制导雷达等武器。其中，地空导弹均为苏联制造的SAM-2、SAM-3、SAM-7导弹等；高炮型号主要有23毫米、37毫米和57毫米等；雷达型号装备有407、513、B-10、B-12、B-15等警戒引导雷达，松-9、松–9A、卡–860等炮瞄雷达，扇歌B、扇歌E和低空打击等制导雷达。防空部队的最大编制是防空团，导弹营、高炮营是防空部队的基本作战单位，连、(雷达)站是最小的战斗体。

1. 防空团编制及装备

防空团每团600~800人，编有2~3个高炮营，1~2个雷达连，1个导弹分队，其他连队和单位各1个。营编制兵力在300人以上，下辖2~3个火力连。导弹分队80~100人，下辖2~3个导弹排，每排2个班。主要装备有SAM–7导弹，23、37、57毫米高炮和12.7毫米高射机枪以及炮瞄雷达、警戒雷达等。

表9-2　防空团组织系统

团办公室					
机关系统					基层单位
参谋处	训练处	技术处	政治处	后勤处	
办公室 侦察股 通信股 机要股 军备股 作战股	资料股 训练股 指导股	军械股 保障股 技术研究股	组织股 干部股 宣传股 政策股 群众组织股	预算股 军需股 营房股 军医股 车管股 油料股	高炮营 雷达连 通信连 警卫连 汽车连 指挥连 技术连 油机连 导弹分队

2. 导弹营编制及装备

导弹营是防空部队独立的部署单位，直属总参防空局，编制兵力200人。主要装备SAM–2或SAM–3导弹。SAM–2导弹营装备导弹发射架6具、导弹12枚；SAM–3导弹营装备导弹发射车3辆，导弹12枚。

表9-3　导弹营构成

组成单位名称	人数	单位数量（个）
发射连	45	1（下辖2~3个排，每排2个班）
雷达连	30	1（下辖1个警戒排，1个引导排）
通信连	15	1
技术连	40	1
发控班	4	1
生产连	30	1
军医班	3	1
油机班	5	1
勤务班	10	1
警卫班	10	1

3. 高炮营编制

高炮营编属防空团，每营300~400人，营下设有若干连。包括1个23毫米高炮连，下辖2个炮排，每个炮排3个班，每班6~7人，配备1门高炮；1个37毫米高炮连，下辖2个炮排和1个指挥排，每个炮排3个炮班，每班7~8人，配备1门高炮；1个57毫米高炮连，下辖2个炮排和1个指挥排，每个炮排2~3个炮班，每个班7~8人，配备1门高炮；1个12.7毫米高射机枪排，每排3~4个班，每班1挺高射机枪。另外，部分高炮营装备有85毫米和100毫米高炮。

（三）防空部队兵力部署

1. 兵力部署指导思想

（1）确定战略要地，进行重点布防。

老挝人民军认为，湄公河流域多为平原，地势平坦，视野辽阔，隐蔽性较差，易受空袭，且人口集中，经济比较发达，一旦受到攻击，损失将极为严重，因而是防空作战的重点。东北部地区山高林密，地势险要，既可与前方配合接应，又可利用山区作为防空部队的天然屏障，是国土防空的战略大后方。首都万象市是全国政治、经济和军事的中心，是防空任务的重中之重。故老挝人民军在万象地区部署有2个防空团和3个直属导弹营。湄公河沿岸的琅勃拉邦、沙湾拿吉、巴色等战略要地各驻有1个防空团。80%以上的防空兵力驻防在这些重点地区。

（2）各防空武器优势配置，形成严密的立体防空网。

老挝人民军依据各防空武器性能、特点的不同，进行交叉部署，形成高、中、低空多层次的密集防空网。万象地区全部部署SAM-2和SAM-3导弹，防止敌机和导弹的高空来袭。其他防空区域部署SAM-7导弹和各类口径的防空高炮，构成中、低空防空火力网。

（3）雷达与目视结合，全面监控空情。

时间是防空作战的生命，为了第一时间掌握敌情，先发制人，控制战斗局面，防空部队把雷达站特别是预警雷达靠近前线进行部署。一旦发现敌情，能够迅速通报来袭目标方位、距离，清楚掌握敌机批次、架数和机型，以使导弹部队和高炮部队能够及时、高效地完成拦截和打击。同时，为弥补低空雷达盲区和监视器械的不足，在敌机经常活动的航线上设置观察哨，以目视进行跟踪监视，以备不测。

2. 区域划分及兵力分配

老挝防空部队根据防御需要和自身防御能力，提出“要地防空”的总原则，把全国分成三大防空区。第一防空区在中部，以万象为中心，东至波里坎赛省，西至沙耶武里省，北至川圹省。防空部队重兵部署在这一区域，驻有641、642、643三个防空团，688、604、611三个导弹营以及驻在万象、北汕、北礼和川圹等地的雷达站。空军702、703飞行团也驻防该防空区内。第二防空区在北部，以琅勃拉邦为中心，包括洪沙、昏县、孟赛县、夸县等地的雷达站。该区目前主要起着战略大后方的作用，兵力部署较少，仅驻有976防空营和省军区的防空部队。1992年老挝人民军调整完成后，原先驻防的部队已调往中南部地区。第三防空区在南部，以沙湾拿吉省和占巴塞省为中心，包括甘蒙、沙拉湾、色公和阿速坡等省。644、645防空团和省军区的防空部队包括他曲、色诺、巴宋县、撒玛奇赛等雷达站共同参与负责该区空防工作。

四、空军部队

老挝空军是老挝人民军的一个重要兵种，它拥有兵力3 000余人，编成2个飞行团，装备各型飞机58架。

（一）空军部队的成长过程

1. 创建时期（1970—1975年）

20世纪60年代后期，印支三国反抗美帝国主义的战争进入白热化阶段，也是最为艰苦的时期。当时美国加强了对印支半岛的军事进攻，形势非常严峻。为了抑制敌人的进攻势头、打击敌人的空中优势，老挝人民革命党意识到必须尽快成立自己的空军部队。在前苏联和越南的援助和支持下，1970年4月4日，老挝人民军在当时的桑怒省（今华潘省）万赛县，组建了702飞行队，由人民军司令部直接指挥，这就是老挝空军的前身。702飞行队组建初期只有飞机7架，包括伊尔-14型和安-2型运输机两种机型。编成一个飞行中队，一个机务维修中队和一个飞行保障中队，总共100人左右。

2. 扩编时期（1976—1988年）

1975年春季，印支三国的抗美救国战争取得了决定性的胜利。从5月份开始，老挝军队控制了全国的局面。8月初，老挝空军接管了原王国空军的全部装备，收编了100多架美式飞机。8月8日，空军指挥委员会在万象成立，这标志着空军成为一个独立的军种。1978年1月空军进行第一次整编，在琅勃拉邦、丰沙湾、沙湾拿吉、巴色和万象设立5个空军基地指挥部，不久改称第一、二、三、四、五军区航空局。所有飞行部队按机种改编成飞行队，直属空军司令部。1980年1月空军进行第二次整编，撤销各军区航空局，将飞行部队整编为飞行大队。1984年空军进行第三次整编，撤销飞行大队编制，将空军编成战斗机、运输机两个飞行团，1个通信雷达团和8个基地飞行队，空军兵力扩充到4 000人。

3. 精兵裁军时期（1989年至今）

这一时期老挝军事战略发生了很大变化，开始精简机构，完善装备。1989年空军进行第四次整编，撤销了空军司令部机关编制，在总参谋部设立空军防空局。空军由一个军种变成了一个兵种，编制由3个团变成了2个团。在万象设立防空作战指挥中心，协调空军部队与防空部队的配合。1993年空军进行第五次整编，撤销空军局，由国防部办公厅实施对空军部队的直接指挥。1995年老挝人民军又在总参谋部恢复空军局编制。

（二）空军部队的编制组成及武器装备

空军部队由总参谋部空军局领导。空军局下设参谋处、政治处、训练处、装备管理处、技术处和后勤处等单位，下辖1个战斗机飞行团，1个运输机飞行团，1个空军航空公司，1个空军航空学校和5个留守营（场站）。

空军部队编制为飞行团、飞行大队、飞行中队和飞行编队四级。飞行团是空军部队最大的作战单位，编有702和703两个飞行团。其中，702团为单机种战斗机飞行团，原则上编2~4个飞行大队，装备飞机20~32架；飞行大队编2~3个中队，装备飞机8~12架；飞行中队编1~2个编队，装备飞机1~3架。同时，1990年组建的跳伞队(连级)由该团指挥。703团为不同机型混编团，原则上编2~4个飞行大队，装备飞机20~40架；飞行大队编3~4个中队，装备飞机10~12架；飞行中队编2~3个编队，装备飞机1~4架。由于老挝目前飞机数量少，飞行中队和编队只是个空架子，各飞行团装备的飞机也不固定。

表9-4　702和703飞行团的机构编制

<table>
<tr><td rowspan="8">团部</td><td colspan="2"></td><td>702团</td><td>703团</td></tr>
<tr><td rowspan="5">机关组成</td><td>参谋处</td><td>作战股、侦察股、军务股、气象股、
领航股、参谋办</td><td>作战股、军务股、气象股、领航股、
参谋办、通信股、航运股</td></tr>
<tr><td>训练处</td><td colspan="2">训练股、靶场办、计划股、兵力股、办公室</td></tr>
<tr><td>政治处</td><td colspan="2">政策股、宣训股、干部股、保卫股、党史办</td></tr>
<tr><td>机务处</td><td colspan="2">保障股、培训股、器材股、技术股、武器股</td></tr>
<tr><td>后勤处</td><td colspan="2">预算股、军需股、营房股、军医股、汽运股、油机办、机场股</td></tr>
<tr><td colspan="2" rowspan="2">基层单位</td><td>飞行大队(2个，各装备飞机8~12架)
场务大队(1个)
机务大队(1个)
四站大队(1个)
通信雷达营(1个)
指挥连(1个)
技术连(1个)
伞兵连(1个)
汽车连(1个)
航材库(1个)
弹药库(1个)
油料库(1个)
生产经营办(1个)</td><td>飞行大队(3个，各装备飞机4~12架)
场务大队(1个)
机务大队(1个)
四站大队(1个)
通信雷达连(1个)
指挥连(1个)
技术连(1个)
抢险连(1个)
汽车连(1个)
航材连(1个)
弹药连(1个)
油料连(1个)
生产经营办(1个)</td></tr>
</table>

（三）空军部队兵力部署

1. 人员与武器装备

老挝空军现有的飞行员大部分是前苏联培训的，1991年苏联解体后，老挝人民军飞行员的受训基本陷入停顿。目前，空军仅有各类飞行员100多名。其中，战斗机飞行员25名，编在702团；各型直升机、运输机飞行员80名，分别编在703团和空军航空公司。一级战斗机飞行员5名，一级直升机、运输机飞行员15名。人才的缺乏和断层已非常明显和严峻。

目前，空军共装备有米格–21比斯模拟仪表飞行器2台，各型飞机58架和一定数量的配套机载武器装备。其中，米格–21型战斗机16架，乌米格–21型教练机1架，运输机12架（包括安–26型机3架、安–24型机1架、雅克–40型机2架、运–7型机2架、安–2型机4架），直升机29架（包括米–8型机13架、米–6型机2架、米–26型机1架、米–17型机11架、卡–32T型机2架）。机载武器装备主要有：AA–1、AA–2、AA–2–2、AA–8等空空导弹；C–24、C–5K、C–5MK等航空火箭；AN–M57、AN–M64、MK–81、MK–82、BLU–3/B、AN–M76、CBU–55/B等航空炸弹；GS–23、HP–23等航空炮弹；“铿鸟”、Pπ–21MA、Pπ–9–21、Pπ–21–π等机载雷达。

702飞行团装备有16架米格–21战斗机，1架乌米格–21教练机和2台模拟仪表飞行器。703飞行团装备有29架直升机和8架运输机。航空公司装备有4架安–2型运输机。

2. 兵力部署情况

建国初期，出于打击反政府武装，巩固新生政权的考虑，空军兵力部署在全国各大机场。后考虑到空军自身的实力还较弱，不可能进行全国布防，因而提出“要地防空”的指导思想。20世纪80年代初，防止泰国的军事入侵成为老挝防空部队的首要任务，空军兵力全部部署在万象瓦岱机场。80年代末老泰关系缓和，空军从地理条件方面考虑，认为川圹省内多山便于隐蔽，又处于战略大后方，可避免一旦遭袭会导致全军覆灭的危险。而查尔平原又便于飞机起降，是个理想的空军基地。因而，空军把主战部队702飞行团调防川圹省孟北县查尔平原机场。该团总兵力1 000人，主要装备有5架米格–21PFM型机、11架米格–21BIS型机和1架米格–21US型机。703运输机团则出于方便运输的考虑，部署于万象市瓦岱机场。该团总兵力1 100人，装备有37架运输机，主要为米–8、米–17、米–26、安–26、运–7等机型。

五、准军事部队

（一）准军事部队的由来

20世纪60年代初，为了广泛动员人民群众参加抵抗美帝国主义的斗争，老挝人民革命党建立了不同于主力部队和地方部队的民兵组织，边生产边参加战斗，是一支半武装力量，这就是准军事部队的前身。1965年，人民革命党中央确立由主力部队、地方部队和民兵组织构成的三种武装力量体制，民兵制度从此确立并在全国解放后得到了巩固和发展。1990年，适应全军战略调整的需要，各级地方党委和政府建立起了民兵建设指导委员会，加强民兵建设。国防部把民兵组织分成普通民兵和机动民兵两种，机动民兵就是现在预备役部队的雏形。从此，预备役建设纳入正规体制。

（二）准军事部队的编制

目前，准军事部队包括民兵自卫队（即普通民兵）和预备役部队两种，总兵力约11万人。民兵自卫队每村编有1~2个班，每班7~9个人。预备役部队由步兵连、独立防空连和火力连组成，连队设连长1名，副连长2名，分管政治和军事。部队编成连或排，每县5~10个连，每连75~85人，辖2~3个排和若干勤务班，每排辖3个班，每班7~9个人。独立防空连一般设在县以上城镇，编为3个高炮（或高射机枪）排，编有通信班、驾驶班等。

（三）准军事部队的作用和任务

准军事部队是老挝人民军的后备军，在和平时期担负着维护地方治安、保卫基层政权的重要任务。战争时将迅速应召并成建制地补充到主力部队和地方部队中。目前在局部地区还可配合主力部队直接参加边境冲突作战，保卫国家安全；清剿反政府武装，维护社会稳定；参加扫毒行动，履行国际禁毒义务，提高老挝的国际形象。

六、军事院校

老挝人民军军事院校是随着老挝人民军的不断发展壮大而逐步建立起来的。20世纪60年代初期，为提高军队官兵的文化素质，老挝人民军在川圹等地成立军队文化学校，主要对军队官兵和干部子女进行文化教育。但在老挝人民民主共和国成立前，由于忙于频繁的战斗，老挝人民军一直没有建立正规的军事院校，其人才培养只能依靠部队的日常训练来进行。老挝人民民主共和国成立后，老挝人民革命党十分重视军事人才的培养与建设，陆续新建或改建了几所正规的军事指挥、政工及专业技术类军事院校，以提高军官作战指挥、管理部队的能力及专业技能。老挝人民军事院校由国防部直接领导，由总参谋部院校局和总政治部干部局分别负责业务和人事的具体管理，如总参谋部院校局负责院校的规划建设、制定政策规章、业务指导，总政治部干部局负责各院校干部调配、学员的招收和任用等。

20世纪90年代以来，老挝人民军更是加大了对军事院校的调整建设和管理力度，1996年8月29日，根据老挝人民民主共和国政府第161号、162号、163号总理令，老挝人民军决定在原高级军事学院、南洪中级后勤学校、南双初级军官学校的基础上分别成立凯山·丰威汉国防学院、南洪后勤学院和南双军事政治学院等三所高等军事院校。进入21世纪，为顺应世界新军事变革，把军事院校建设成老挝人民军军事人才的培养基地、军事理论的创新基地和国际军事交往的窗口，老挝国防部开始对军事院校进行调整和改革。2003年9月25日，老挝国防部召开了关于调整军队院校系统以逐步进入正规化及与国际接轨的院校工作会议，提出了建立军事院校指挥军官"三级"培训体制的改革目标。2006年10月，根据建立指挥军官"三级"培训体制的改革目标，经老挝政府总理批准，南洪后勤学院和南双军事政治学院分别更名为陆军指挥参谋学院和陆军军官学院。

到目前为止，老挝人民军已形成了专业门类较为齐全、军事教育与国家高等教育相结合、学历教育与任职教育相补充的军事院校教育体系。全军共有各类军事院校8所，即凯山·丰威汉国防学院、陆军指挥参谋学院、陆军军官学院、空军707航空学校、孟北士官学校、巴色士官学校、军医学校和军队艺术学校。其中，凯山·丰威汉国防学院、陆军指挥参谋学院、陆军军官学院都属于同时承担学历教育与任职教育、军事教育和国家高等教育的高等军事学府。

第四节　对外军事关系

老挝人民军自成立起就非常重视对外军事交流与合作。在抗美救国时期，基于日常训练缺乏、武器装备落后、自身军事实力弱小等因素，老挝人民军积极开展与友好国家的军事交流与合作，大力争取越、中、苏联等社会主义国家的军事支持与援助。

在共同抗击法国殖民主义者和美帝国主义的战争中，老挝人民军和越南人民军结成了特殊友谊和团结关系。越南向老挝军队提供了大量的军事装备和援助，并派遣专家和顾问组到老挝人民军各级军事组织帮助建设和指导作战。此外，自20世纪60年代起，越南还派遣志愿军开赴老挝战场，与老挝人民军开展联合作战，并成为老挝抗美救国和解放战争胜利的主要力量。

为了支援老挝抗美斗争，从1959年起，中国每年向老挝无偿提供大量的武器装备和后勤物资，帮助老挝训练了大批部队和军事技术人员。1962年到1978年，中国还派出11万人，无偿为老挝修筑公路，而为了保证工程顺利完成，中国又先后派出防空部队2.1万余人。[①]据统计，1960年至1977年间，中国援助老挝的武器装备计各种枪支11.5万支（挺），火炮2 780余门，坦克装甲车34辆，各种枪弹1.7亿发，炮弹267万余发，手榴弹92万枚，地雷25.4万个，无线电机2 530部，有线电机2 654部，汽车773辆，炸药958吨，军服2 257万套（件），主副食品771吨。[②]此外，苏联等友好国家在老挝抗法抗美战争中也向老挝人民军提供了大量军事援助，如提供军事装备、帮助老挝培训军政干部、接收老挝军政人员赴苏学习等。[③]

老挝人民民主共和国成立以后，老挝分别同越南、前苏联等国家签订了一系列的军事合作和援助协议，并派遣大批的军政和技术干部到这些国家学习、进修和培训，军队高层间的交往和互

① 海外中国军人墓地现状：支援老挝的烈士受忽视[EB/OL].(2009-04-08)[2012-03-07]. http://mil. cnwest. com/content/2009-04/08/content_1950841. htm.

② 中国重点军援的周边国家除了越南还有谁[EB/OL].(2009-05-01)[2012-03-07]. http://blog. sina. com. cn/s/blog_489f647f0100ddq1. html.

③ 马树洪、方芸：《列国志：老挝》，北京：社会科学文献出版社，2003年版。

访也十分频繁。20世纪90年代初中老关系恢复后，两军的军事交流和合作也得到恢复和不断发展。老挝与友好国家的对外军事关系得到进一步的发展，不仅开阔了视野，而且能将各国军队建设的先进经验很快融注于本国军队发展中，进一步加快和促进了老挝人民军的发展和建设。根据资料显示，老挝人民军营级以上干部几乎都在国外受过训，而在国外学成回国的指挥干部现已成为老挝军队的领导骨干。

进入21世纪后，随着军队建设质量的提高，老挝人民军对外军事合作步伐也日益扩大，近年来先后与印度、越南、俄罗斯、中国、马来西亚、印度尼西亚等国拓展了军事交流与合作的内容。自2000年以来，印度向老挝提供了多批军事装备和物资援助，并长期派遣军事人员到老挝军校担任教官；与越南签署了《越南帮助老挝培训军事指挥干部和特种部队以及完成军队通信系统改造》等多项协议，并承诺将加强两国的军事联系，其中包括加强两国军队的联合训练和信息交流等；与俄罗斯的军事技术合作也得到了明显的加强，两国于1997年签署了《关于俄罗斯恢复对老挝无偿援助协议》，俄承诺将积极参与老挝军队现役苏制武器和军事装备的维修和改进工作，同时向老挝提供新型军事装备；与中国的军事交流与合作也逐渐走向深入，2011年1月，由中国国防部援建的老挝人民军军事训练场建设工程在老挝南双陆军军官学院顺利开工①。此外，随着东盟一体化进程的加快，老挝与东盟各国间的军事交流也不断增多，每年老挝都会派出军官到印度尼西亚、马来西亚等国去接受培训等。

同时老挝还非常重视军事院校在开展对外军事交流中的地位和作用。在自21世纪初开始的军事院校调整和改革中，老挝人民军就

① 中国国防部援建老挝人民军训练场项目开工[EB/OL].(2011-01-21)[2012-03-07]. http://news.cntv.cn/20110121/108776.shtml.

提出了要把各军事院校建设成老挝人民军开展国际军事交往的窗口的目标。因此，近年来老挝国防部经常派出院校考察团，到他国军事院校考察、交流，学习外军办学经验。同时，还积极地向友好国家申请对本国军事院校进行援建，如邀请越南、印度、中国等国的军事专家到老挝人民军军事院校开展工作指导、实地教学等[①]，这既保证了老挝人民军事院校在调整和改革中对师资的需要，又大大提高了军事教育质量并学习借鉴了教学经验。此外，老挝国防部还大力拓宽院校人才培养渠道，注重在国外培训干部，积极选送院校行政干部、教员到外国军事院校学习、进修等。

① 我在老挝教汉语[J/OL].(2009-07-28)[2012-03-07]. http://www.chinamil.com.cn/jfjbmap/content/2011-11/21/content_71603.htm.

第十章　对外关系

老挝奉行和平、独立和与各国友好的外交政策，主张在和平共处五项原则基础上同世界各国发展友好关系，重视发展同周边邻国关系，改善和发展同西方国家关系，为国内建设营造良好外部环境。截至2010年，老挝已同131个国家建立了外交关系，老挝的国际环境、区域环境和周边环境不断得到改善，外来投资、国际援助与合作等也不断增多。

第一节　外交政策

老挝人民革命党在1975年建国之初就提出了全方位的外交方针：在对外交往中奉行独立、中立、友好和不结盟的政策，老挝愿在和平共处五项原则的基础上同一切不同社会制度的国家特别是第三世界国家建立外交关系，开展经贸交往，支持各国人民特别是东南亚各国人民为和平、独立、民主、真正中立和社会进步而斗争；老挝将继续保持与各国原有的关系，继续参与加入各种国际组织的活动。但是由于受到冷战格局和冷战思维的影响，在建国的最初10年，老挝采取了向苏联、越南“一边倒”的外交政策，成为冷战中两大阵营抗衡的缓冲区，外交陷入孤立与被动，这种外交政策和局面一直持续到20世纪80年代中期。这段时期还可以进一步细分为：1975年12月到1978年6月，老挝采取向社会主义国家“一边倒”的对外政策，在巩固和加强对越、柬关系的基础上，对中、苏等国采取等距离的外交政策；1978年6月到1982年年底，老挝采取亲越靠苏疏华的政策；自1983年起，老挝逐步恢复中立的务实外交政策。

1986年老挝人民革命党四大报告中外交政策部分在历次代表大会报告中所占篇幅最大，外交工作在老挝全面启动革新开放事业后的重要性得以凸显。四大报告重申，巩固和扩大同越南、柬埔寨，同苏联和社会主义大家庭各兄弟国家的战斗团结与全面合作，是老挝党和国家一贯的对外路线。另一方面，报告指出，老挝将继续在互相尊重独立、主权和平等互利的基础上同世界上一切社会政治制度不同的国家发展关系。报告特别表达了与中国实现关系正常化和改善与泰国、美国关系的强烈愿望，为今后发展多元化、多层次的对外关系明确了方向。

1991年老挝人民革命党五大提出在和平共处五项原则基础上发展同世界各国的友好关系，要发展同周边各国和东盟国家的关系，继续保持同越南的特殊关系，加强同中国的睦邻友好和全面合作关系，改善同西方各国的关系。老挝人民革命党五大召开后不久，苏联解体，冷战结束，老挝进一步走向务实的、全方位的外交政策。

1996年老挝人民革命党六大报告指出，今后几年老挝外交活动的目标是加快建成有利于“革新”事业的外部环境，树立老挝在国际舞台上的良好形象，扩大老挝的国际影响和作用，争取得到其他国家更广泛的支持与援助，并与他们建立友好合作的关系。扩大与各国执政党、其他政党和运动组织的关系，为加强政府间的友谊和合作关系作出贡献。重视增进与各邻国的友谊关系，扩大与各邻国的合作关系，继续积极准备必要条件，争取早日成为东盟成员。要扩大与世界其他国家、金融机构、非政府组织的合作关系。六大报告还指出，扩大对外经济合作和吸引外来投资是老挝人民革命党为争取国际力量协助国内经济建设、发展老挝，使老挝逐步实现繁荣富强、经济逐步与国际接轨而制定的政策，表明老挝的外交重心已由冷战时的政治外交转向经济外交。经过积极争取与不懈的外交努力，老挝于1997年7月正式加入东盟，成为东盟第八个成员国。

2001年老挝人民革命党七大提出“多交友，少树敌”的外交方针，强调坚持在和平共处五项原则基础上发展全方位和多层次的对外交往。2006年老挝人民革命党八大强调继续坚持多方位与多种形式的对外交往，加强同社会主义国家战略合作。保持同越南的特殊关系，加强与中国全面合作，加强与东盟国家睦邻友好，积极争取国际经济和技术援助。2011年老挝人民革命党九大提出今后将继续奉行“五多”的务实外交政策，即多样化、多方位、多边、多层次和多形式，重申继续坚持和平、独立、友好与合作的外交路线。

第二节　与中国的关系

老挝和中国是山水相连的友好邻邦，两国人民自古以来和睦相处。中老两国有着505千米的共同边界，老挝上寮的丰沙里、琅南塔和乌多姆赛等三个省份与中国接壤。旧的中老边界是1895年6月20日清政府与法国殖民当局签订的《中法续议界务专条附章》划定，具有不平等性。法国在签约时迫使清政府割让勐乌和乌得两地给法属印度支那地区，总面积达3 000多平方千米。老中边界自划界以来，一直存在着边民越境从事耕作活动的情况，但双方始终以和平谈判的方式解决问题，并始终维持各自的边界，从未发生纠纷和冲突，只有大约1.6平方千米的土地存在争议。1990年，中老两国代表团分别在万象和北京进行了两次边境问题谈判，同时派遣勘查组对边界进行勘查和划定。1991年10月，两国在北京签署了《中老边界条约》并于1992年2月联合勘界确定。此后，双方先后签署《中老边界议定书》、《中老边界制度条约》和《中老边界制度条约的补充议定书》，最终确定了中老边界。

老挝的对华关系经历了从密切到疏远再到全面正常化的发展阶段。

从二战结束到20世纪70年代末（1954—1978年），老中两国关系发展迅速，进入密切期，中国政府和人民继续援助老挝新一轮的反殖民统治，支持老挝的独立和中立以及协助老挝左派力量建立老挝人民民主共和国。中国政府在1954年召开的关于解决印度支那和平问题的日内瓦会议和1961—1962年召开的关于老挝问题的日内瓦会议上都阐明了中方立场，积极支持老挝的独立和中立。老挝对于中国作出的贡献给予了高度评价。1956年8月，富马首相率团访问中国，双方在北京发表联合声明，表示两国政府将在和平共处五项原则的基础上发展睦邻友好关系。1961年4月，富马首相和老挝爱国阵线主席苏发努冯相继访问中国，双方发表联合声明，宣布老挝王国政府与中华人民共和国政府于1961年4月25日正式建立外交关系。

1964年4月，老挝内战再次爆发后，老挝人民革命党的领导人先后多次访华寻求援助。中国政府向老挝提供了大量人力和财力援助。1961年至1976年间，中国在老挝丰沙里省设有领事馆，负责中国对老挝的援助任务和联络工作。老挝在昆明也设有领事馆，中老关系在这一时期取得了长足的发展。

1975年12月2日，老挝废除君主立宪制，成立了老挝人民民主共和国。老挝人民革命党总书记凯山·丰威汉于1976年3月和1977年6月两次到中国进行国事访问，进一步加强了同中国的友好关系。

20世纪70年代末到80年代中期（1978—1986年），由于受越南因素的影响，老中关系发展出现了曲折，两国关系疏远甚至敌对。1977年6月，老挝和越南签订了为期25年的友好条约，确定了两国之间特殊的战友和兄弟关系，这种特殊关系深深影响着70年代末以来老挝的对华政策。1978年，越南入侵柬埔寨，中越关系因此恶化，这时老挝同越南站在一起反对中国。1979年2月，中国对越自卫反击战拉开序幕，老挝公开发表反华声明，指责中国“侵犯越南”，并相继在多方面采取了不友好政策，宣布停建由中国承担的援建项目，要求中国撤出驻老的所有技术专家及工人。同年6月，老挝无理限制中国大使馆人数，并要求撤销大使馆武官处。1980年7月和8月，中老两国大使先后回国，两国关系一度处于不正常状态。

除越南外，苏联也是导致老中关系疏远的一个因素。老挝视苏联为“社会主义阵营的旗手，五大洲运动的坚强后盾”，并以加入“社会主义大家庭”为努力方向，在苏联称老挝为“社会主义的东方前哨阵地”之后，老挝与苏联关系更加密切。老挝视苏联为“战略盟友和可靠依托”，并称“和苏联紧密地联合在一起”是其“一贯的外交战略原则”。老挝与中、苏等距离外交局面被打破，出现了亲苏联而远中国的态势。

20世纪80年代后期（1986—1990年），世界局势发生巨变，中国改革开放取得了巨大成就，随着老挝革新开放政策的推行，出于自身发展的需要，老挝政府不断向中国政府发出和解信号，希望恢复和发展同中国的正常关系，老中关系进入了恢复期。1985年12月2日，在庆祝老挝建国十周年的大会上，老挝人民革命党和政府领导人在大会讲话中不再攻击中国，而是“诚恳地感谢”中国对老挝抗美救国斗争的支持和援助，并表示“希望在和平共处五项原则基础上恢复老挝和中国的正常关系”。中国政府对此做出了积极的反应，希望通过共同努力，使两国友好合作关系早日得到恢复与发展。1986年4月，中国外交部部长吴学谦致电老挝政府，祝贺两国建交25周年。同年11月，老挝人民革命党召开第四次全国代表大会，正式提出了“希望老中关系正常化”的主张。1986年12月和1987年12月，中国、老挝副外长分别在万象和北京举行会谈，就恢复关系、互派大使、开展贸易往来和边民互市等问题进行磋商。1988年6月，中老两国恢复互派大使，实现了关系正常化。老挝国家代主席富米·冯维希在接受中国大使递交的国书时表示，“过去双方有误会的地方均已成为过去，双方要向前看”①。1989年至1990年，老挝先后提出要“继续为改善对华关系努力，在互利互助的基础上加强经贸合作关系”，“发展对中国的多方面合作关系”和“发展同中国的全面合作关系”，并把中国列为四个友好国家之一。1989年10月，凯山·丰威汉主席率领老挝人民革命党和政府代表团对中国进行了友好国事访问。1990年12月15日至17日，李鹏总理应邀对老挝进行了首次正式友好访问，这是中国政府首脑第一次访问老挝。这两次高层互访标志着老中两国关系的全面恢复和发展。

20世纪90年代至今，老中关系进入了全面发展和深化期。在政治关系上，中老领导人保持经常性接触，深入交流治党理政经验，及时就共同关心的问题交换意见，增进了彼此的了解和信任，有力推动了双边睦邻友好与合作关系不断扩大和深化。在国际事务和地区事务上两国相互协调、相互支持。在经贸合作方面，两国经贸关系不断深入，合作领域不断拓宽，边境贸易成为老中两国贸易的亮点，中国已成为老挝第三大贸易伙伴和第二大外资来源地。②

第三节　与东盟其他国家的关系

一、老越关系

旧的老越边界由法国殖民当局在其统治时期主持划定。一直以来，老越之间一直存在着领土纠纷，但双方都能克制自己，通过和

① 田曾佩:《改革开放以来的中国外交》，北京．世界知识出版社，1993年版，第84页。

② 中老关系正常化以来的政治与经贸关系详见第十一章《中老友好关系》。

平谈判的方式解决问题。老越之间的领土问题主要源于越战时期。在战争中，越南借用了大量的老挝领土作为抗美根据地，凡与越南接壤的省份都或多或少有部分领土被置于越南的保护之下。1975年以前，老挝王国政府曾多次与越南政府进行边界谈判，均无功而返。老挝人民民主共和国成立后，在老越特殊关系的基础上，并在老方做出极大让步的条件下，双方最终达成协议，规定双方的边界线恢复到1945年的状况，老挝将沙湾拿吉省2 000多平方千米的土地划入越南，经过多次磋商和实地勘查，老越两国政府于1987年10月16日签订《老越边境议定书》，两国之间的边界问题得以解决。现划定的老越边界线全长2 069千米。

老挝和越南在封建王朝时期曾发生多次交战，越南曾经侵略过老挝北部的琅勃拉邦、孟北和桑怒等地区，占领了老挝的大片领土。19世纪中后期，两国先后沦为法国殖民地，与柬埔寨三国组成法属印度支那，两国人民也由此开始并肩作战，反对法国的殖民统治，并在20世纪30年代成立了印度支那共产党，开始进行有组织的抗法斗争，为后来老挝和越南特殊关系的建立提供了条件。法国撤出老挝以后，老挝和越南又并肩作战，共同开展抗美救国斗争，两国间的兄弟关系得到了进一步巩固。

1962年9月，老挝和越南两国正式建立外交关系。

1975年，老挝国内形势风起云涌，解放战争胜利在望，越南在老挝党、政、军中派驻数千名顾问，并派遣7万军队直接参加老挝解放战争，对老挝解放战争的胜利起到了极其重要的作用。老挝人民民主共和国成立后，老越两国都表示将继续加强老越之间的特殊关系。1976年2月，凯山·丰威汉访问越南，双方发表联合公报，宣称“一种特别的、完全的、一贯性的和罕见的关系已经把越南和老挝联系在一起”。老越双方要“教育现在的一代及世世代代的子孙都要尊敬和保卫这种特殊的越老关系”。

1977年7月15日，老挝和越南两国政府在万象签署了《友好合作条约》，有效期25年。该条约试图在两国与东盟国家关系紧张以及中越关系恶化的背景下进一步确定两国的特殊关系。该条约的前言宣称，两国政府“致力于保护和发展越南和老挝的特殊关系，使两国在民族解放事业中本能地团结一致，而且将在建设和保卫国家方面永远团结一致”。条约为防务合作做好准备，但具体的合作条款则体现在一项秘密协议草案中，该草案还包含了两国划定共同边界的基础。当时，该条约被认为是为越南在老挝部署军队的合法化创造条件，越南军队实际上从20世纪50年代初就进驻老挝，直到80年代末才撤离。

20世纪70年代末到80年代中期，越南从政治、经济、军事和外交等各个方面加强对老挝的控制。这期间，越南驻老挝的专家和顾问数量不断增加，遍布于老挝政府、军队的各个部门。越南在老挝的驻军维持在6万人以上，超过了老挝军队的总人数。

随着国际形势的急剧变化，20世纪80年代后期，老越的特殊关系曾出现过松动，越南调整了对老挝的政策，大幅度消减进驻老挝的专家、顾问和军队数量，90%以上的部队被撤回，越南逐渐放松了对老挝的控制。

20世纪90年代至今，老越之间的特殊关系不断得到巩固和发展，两国党、政、军高层互访不断，两国在政治、经济、军事、科技、文化上的合作不断扩大和深入。自1993年至2011年8月，越南共在老投资422个项目，累计金额35.7亿美元，位居泰国之后成为老挝第二大外资来源地[①]。2010年，两国高层互访密切，越共中央

① 越南在老投资助老经济发展[EB/OL].(2011-09-26)[2012-03-07]. http://la. mofcom. gov. cn/aarticle/jmxw/201109/20110907757384. html.

总书记农德孟、国家主席阮明哲、越共中央书记处常务书记张晋创等访老，老国家副主席本扬、总理波松、副总理阿桑、副总理兼外长通伦等访越。

二、老泰关系

泰国是老挝的近邻，两国自古以来关系密切。泰老民族同源，风俗习惯、宗教信仰及语言、文化都极为相似。但是这些客观上的“近”并没有使两国在主观上亲近，老泰之间的关系又较为复杂。

1950年12月，老挝和泰国正式建立外交关系。“二战”结束后，为了防止老挝在越南的帮助下成为共产主义国家，泰国“猎虎”志愿军在美国的雇佣下于1964—1973年间进驻老挝与美国协同作战，支持老挝万象政府与左派力量进行对抗。1973年2月21日万象政府和左派力量签订停战协定，泰国于1973年7月以后开始分期分批将“猎虎”部队撤出老挝。

在老挝人民民主共和国成立前夕，老泰双方相互逮捕和驱逐对方的军政人员，最终导致两国边境爆发激烈的军事冲突，两国政府关闭老泰边界，两国关系处于紧张状态。

1975—1989年间，随着东南亚地区局势的变化和泰国国内政权的更迭，老泰两国关系时好时坏。在这期间，老泰之间因边界问题而发生的军事冲突不断，据泰国统计，1972年有42次，1980年有37次，1981年有33次，1982年仅前10个月就有43次。1979年1月，泰国总理江萨访问老挝；4月，凯山·丰威汉总理回访泰国。这两次访问是自老挝人民民主共和国成立以来两国最高层次的互访，双方发表联合声明强调避免相互威胁或使用武力，不允许第三者以任何形式把本国领土作为军事基地干涉、威胁或侵略对方；重申要使湄公河成为和平友好之河，双方的无危害船只在必要的情况下进入另一方的水域时，另一方要给予谅解，以维护友谊为重。

20世纪80年代末至90年代初，随着柬埔寨问题和平解决取得进展，泰国内阁及总理更迭，泰国对越南、老挝和柬埔寨的政策有所调整，老挝也从向苏联、东欧、越南“一边倒”转向全方位外交，老泰关系迅速得到改善，两国边境趋于平静，纠纷事件也日渐减少。1988年11月，应凯山·丰威汉的邀请，泰国总理差猜访问老挝，双方发表老泰联合公报，这是老挝建国以来，老泰两国最高领导人发表的第二份联合公报，公报内容可操作性很强，成立了多个合作机制，为促进老泰关系发展奠定了基础。1990年3月，泰国公主诗琳通访问老挝，受到老挝各界的热烈欢迎，这是泰国王室成员第一次访问老挝。1992年2月19日，老泰两国总理在曼谷签署了《泰老和平友好条约》，该条约的主要内容包括以和平方式解决两国争端，两国和平共处，友好合作。1994年4月，连接万象和廊开的湄公河大桥正式通车，为两国的经贸和人员往来增添了便利。

20世纪90年代中期以来，老泰两国的分歧日趋减少，两国关系逐渐走向稳定、互信，两国高层保持了频繁的互访，两国经济合作密切，其他领域的合作也日渐扩大和深入。

导致老泰两国发生分歧的原因主要有边界划分问题、反老挝政府武装组织问题和老挝滞留在泰国的难民问题。

在与其接壤的5个国家中，老挝只与泰国存在领土争议，历史上曾发生过多次冲突。由于湄公河是老挝与泰国之间的天然分界线，湄公河中央的岛屿归属问题一直是老泰双方争夺的重点。1925年签订的《法暹条约》将湄公河中的大部分岛屿划归老挝，并在没有进行实地勘查的情况下，规定泰国乌隆府与老挝沙耶武里省之间的边界线以分水岭为准。另外，据老挝的地理史籍记载，泰国东北地区的16府历史上曾是老挝领土，但被划入泰国领土。这些都成为两国间领土争端爆发的隐患。1987年5月至1988年2月，老泰因陆路边界线上的一个村庄主权争议发生军事冲突，冲突时间之长、双方伤亡之惨重是1975年以来老泰冲突之最。

20世纪80年代后期开始，老泰双方为解决两国间的领土问题而共同努力，进行了多次双边谈判，并派专家组对边界进行勘查，老泰边境矛盾有所缓和。双方成立了边境联合部队，互派武官，并就边境问题达成初步谅解。双方表示，将以和平谈判的方式解决边界争端问题，不付诸武力，并撤走双方驻扎在有争议地区的军队。2009年6月，老泰两国边界立碑技术合作小组在万象举行第11次会议，对陆地边界立碑和勘察成果予以确认。双方已合作完成陆地边界立碑204块，占两国陆地边界总长676千米立碑量的93%[①]。

反老挝政府武装组织问题一直是老挝政府的心头大患。建国初期，老挝曾指责泰国政府支持、允许老挝右派流亡政府和王宝[②]领导的苗族武装力量利用泰国国土破坏老挝新政权。1998年，王宝召集各地主要负责人及美、法等国代表在其泰国总部举行秘密会议，将各派反政府武装合并成"老挝民族解放运动"，设立北部、中部、南部三个战区。2000年，敌对势力在老挝制造动乱，蓄意破坏老挝国家主权和领土完整的突发事件频繁发生。老挝政府认为泰国庇护了老挝的反政府武装组织，老泰关系一度紧张。对于活跃在老泰边境地区的反老挝政府组织，老挝政府一直没有得到泰国方面的积极配合。

老挝滞留在泰国的难民问题也是老泰关系中的一个隐患。据泰国外交部统计，1987至1991年间，约有36万老挝人逃到泰国，仅

① 陈定辉:《老挝：2009年发展回顾与2010年展望》，载《东南亚纵横》2010第2期，第36页。

② 王宝1929年出生于老挝川圹省，是反老政府武装组织的领导人。1975年6月，王宝流亡美国。2006年5月，美国政府以涉嫌制造恐怖主义活动逮捕了王宝，但指控后来被撤销。2011年1月，王宝在美国去世。

有不到1万人返回老挝，近30万人已去往第三国定居，约有6万人滞留泰国。1991年12月，老泰两国联合设立的维护老泰边界安全委员会召开联合会议，决定在联合国难民署的协助下共同解决滞留在泰国的老挝难民问题。老挝难民问题逐渐得到解决，但依然有约3万名老挝苗族难民居住在泰国。泰国政府希望老挝政府将难民接回，但老挝政府反应并不积极，因为部分苗族难民仍然与老挝政府为敌，不仅会对消除贫困带来沉重负担，也可能给老挝安全带来危害。2009年12月底，泰国政府根据与老挝政府达成的相关协议，将碧差汶府难民营当中4 000多名老挝苗族人全部遣送回国。此次行动已是泰国政府第19次遣返老挝苗族难民，此番遣返行动引起了联合国和人权组织的强烈反应。泰国当局称，大部分的苗族人不是难民，只是非法入境的经济移民，回老挝后他们的生活条件比在难民营改善了很多。

三、老柬关系

柬埔寨是老挝的重要邻国，在民族、宗教和历史沿革等方面两国有着密切的联系。老柬边境由法国殖民当局于1904年单方面划定，老方对此存在异议。柬埔寨北部的上丁省、腊塔纳基里省和桔井省历史上一度是老挝的领土，但后来被法国划入柬埔寨，老方不断向柬埔寨提出归还领土要求，但柬埔寨历届政府都主张维持边界现状。老挝人民民主共和国成立后，老柬两国政府达成一致，在现有的边境基础上，两国相互尊重主权和领土完整，双方未曾发生过边境和领土纠纷。现划定的老柬边界线全长435千米。

1957年8月，老挝与柬埔寨正式建立外交关系。20世纪60年代，由于美国卷入老挝战争，老柬两国关系一度冷淡。1970年3月，柬埔寨国内发生政变，建立了伪政权，老挝万象政府立即宣布承认该伪政权并与其建立外交关系。随后，老挝支持越南侵略柬埔寨。这一系列事件使得两国冷淡的关系没有好转。

老挝人民民主共和国成立后，老柬两国外交往来增多，双方高层互有访问。1976年1月，老柬两国宣布正式建立大使级外交关系。

20世纪80年代至90年代，老柬两国关系处于和平与稳定的发展期，两国高层互访不断，并在经济、文化、科技等多方面开展交流与合作。进入90年代，随着越南军队撤离柬埔寨和国际局势发生变化，老柬两国关系进入了一个新的发展时期，老柬两国高层互访更为频繁，双边合作领域逐渐扩大。进入21世纪，老柬两国关系仍然保持了良好的发展势头，随着两国经济的发展，双方的交流与合作将会不断加强。

四、老缅关系

老缅边界以湄公河为界，由法、英两国共同划定。自划界以来，双方未曾发生过边界冲突。同时，老缅两国政府还成立了边界委员会，解决殖民时期英法遗留下来的边界问题。现划定的老缅边界线全长234千米。

1962年11月，老挝与缅甸正式建立外交关系。

20世纪80年代以前，老挝和缅甸的交往较少，关系较为冷淡。80年代中期以后，双方为寻求改善双边关系进行频繁接触，双方领导人互访次数不断增加，双方在经济、科技、禁毒、文化等领域的合作日益增多。

进入21世纪，老挝与缅甸的关系进一步发展，各领域的交流与合作加强，两国的友好和睦关系得以巩固，两国在澜沧江—湄公河流域的合作不断取得进展。

第四节 与世界主要国家的关系

一、与美国关系

1950年8月，美国在万象设公使馆。1954年9月，日内瓦会议结束不久，美国取代法国卷入老挝事务将老挝变成新型殖民地。1955年8月10日，美国与老挝建立外交关系，支持万象政府反对爱国力量，直接发动对老侵略战争，使老挝局势更加混乱复杂。1975年5月，美国关闭了在老挝的"美援署"；6月，美国军事人员撤离老挝；12月，美国在老挝人民民主共和国成立后宣布继续保持外交关系，但仅维持代办级外交关系。1989年至1991年间，老美两国之间高层互访和会晤频繁，双方就实现双边关系正常化、扩大两国间的合作进行了多次磋商。经过老美双方的共同努力，两国关系在1991年11月升格为大使级外交关系，从而结束了两国自1975年以来的代办级外交关系，并于1992年8月恢复互派大使，这标志着老美关系正常化，步入新的发展阶段。2008年，美国在驻老挝大使馆重新设立了武官处。老挝与美国在禁毒、寻找美方失踪人员和排除未爆炸物等方面的合作成绩显著。

印支战争中，有578名美国军事人员在老挝失踪。从1977年3月始，美国多次派出军方高官代表团与老挝政府商谈合作事宜，搜寻在老挝失踪和死亡的美方人员。1977年3月，以伍德科克[①]为首的美国代表团访问老挝，拉开了老挝与美国双边关系恢复发展的序幕。此次访问，伍德科克带来了时任美国总统吉米·卡特的信件，美方表示不再支持老挝反政府组织在其国内外的活动，老方表示在美国提供资助的前提下可以协助搜寻战时在老挝失踪和死亡的美方

① 美国首任驻华大使，任期为1979年2月至1981年2月。

人员。1978年8月和10月，以众议员蒙哥马利为首的美国国会代表团和美国助理国务卿霍尔布鲁克分别访问老挝，老方向美方移交了部分美军飞行员的尸骨，双方就双边关系进行了广泛的磋商。至2002年，老美专家组已合作进行了80次美军士兵遗骸寻找和挖掘工作，当年7月，美国为感谢老挝多年来对查找美军失踪人员遗骸给予的配合，向老挝提供人道主义援助362.29万美元。2007年8月，双方在万象会谈达成共识，美方再次对老政府在这一问题上奉行人道主义精神和积极协助深表赞赏。至2010年，已找到失踪美军578人中的237具遗骸，尚有341人下落不明[①]。

老美双方在排除战时遗留的未爆炸物方面进行了合作。越南战争期间，美军为切断经过老挝的“胡志明小道”向老挝不宣而战，大量动用集束炸弹(又称子母弹)。1964年5月至1973年2月，美军在老挝上空执行580 344次飞行任务，投下了数百万吨(仅1970年至1973年就投下300万吨)炸弹，约有30%的炸弹没有爆炸，成为至今威胁无辜平民的凶器。目前老挝约有三分之一的国土遗留大量未爆炸物，25%以上村寨人民的生命、食物安全和生计受到威胁，37%的农田存在着致命的危险，成为消除贫困的一大障碍。1981年，美国东亚和太平洋事务助理约翰·内格罗蓬特对老挝进行友好访问，双方就美国帮助老挝销毁战时未爆炸物和其他武器等问题进行了会谈。自1981年3月，特别是1992年以来，双方在排除未爆炸物方面进行了有效合作，美国多次向老挝捐赠扫雷设备和资金用于清除当年投在老挝的未爆炸物。1998年至2006年，美国累计提供此项援助2 500万美元。目前，战时未爆炸物问题仍未得到彻底解决，老挝每年都有因战时未爆炸炸弹或地雷引起的伤亡事故发生。自1996

① 陈定辉:《老挝：2010年发展回顾与2011年展望》，载《东南亚纵横》2011年第2期，第8页。

年搜索工作开始以来，搜索人员已经发现超过80万枚未爆炸弹，从小型炸弹到3 000磅的重型炸弹都有。尽管老挝国家未爆炸物清除计划有大约900名工作人员，每年预算430万美元，但许多设备都很陈旧。以目前的进度来看，老挝要彻底清除未爆炸物还需要50至100年，甚至更多的时间。

禁毒合作是老美双边关系的一个重要组成部分。自1989年以来，美国政府曾多次向老挝华潘省农村全面发展禁毒、吸毒人员戒毒和法律法规援助等三个项目提供援助。2003年9月，美国驻老挝大使和老挝禁毒委主任分别代表两国政府在万象签署美国向老挝禁毒项目提供无偿援助接收协定。此项援助总额为192.2万美元，将用于3个禁毒项目：即琅勃拉邦奥依县、万坎县等农村替代毒品种植项目157.2万美元；吸毒人员戒毒项目30万美元；法律法规项目5万美元。2006年9月，美国向老挝提供51.5万美元援助用于禁毒工作。2010年，美国向老挝提供四笔禁毒援助合计101.2万美元。虽然双方的禁毒合作取得了一定成效，但是老挝仍然被美国列为主要的鸦片生产国。

虽然老美关系取得了不断发展，但是在两国关系中始终有一些负面因素影响和制约着两国关系的发展。越战结束后，美国始终没有停止对老挝国内反政府武装的支持，这在一定程度上影响了双边关系的发展。美国长期支持以王宝为首的反老挝政府武装组织。美国政府将大批“苗族难民”安置在加利福尼亚州等地定居，并制定“创建新形势计划”，全力扶持反老挝政府武装组织，将其作为实施“新亚洲战略”的重要棋子，开展颠覆、分裂老挝现政权并在老北地区建立“寮蒙王国”和对老挝实施和平演变的活动。直到2006年5月，美国政府才以涉嫌制造恐怖主义活动为由逮捕旅居美国的王宝以及反老挝政府武装组织的主要成员共9人，并将其宣判入狱。

2007年7月12日，在美国苗裔等方面的压力下，加利福尼亚州联邦法院在王宝家人交付150万美元的保释金后，释放了王宝。2009年9月18日，加州东区的联邦检察官宣布取消对王宝的一切指控。2011年元月，81岁的王宝在加州去世。但王宝在美国仍然拥有一批支持者，北加州联邦众议员吉姆·卡斯塔和丹尼斯·卡多扎甚至代表王宝家属申请将其安葬在美国阿灵顿国家公墓。在美、法等国，“美国苗族协会”、“美国苗族战略委员会”、“老挝自由民主联盟”、“老挝民族联合阵线”等反老挝政府组织仍有活动。

此外，美国一直以“人权外交”政策为借口，干涉老挝内部事务，在人权问题上与老挝政府采取对立态度，这也成为影响老美双边关系的主要障碍。20世纪80年代初期，美国以人权状况极糟为由停止给越南、老挝等得到苏联支持的国家的国际金融机构援助。美国还多次通过发布人权报告的形式，指责老挝政府限制公民宗教信仰自由，安全部门滥用职权侵犯人权。而老挝政府也一再发表声明，抗议美国对其人权状况的不公正指责以及美国在人权问题上奉行双重标准并试图将人权问题政治化。另外，美国政府借口人权问题对老美双边贸易的改善设置重重障碍，老挝与美国早在1997年就已签订贸易协定，但美国国会以人权问题为借口设置种种障碍拖延批准该协定生效，导致老美贸易关系不正常。

但是，这些负面因素并不能阻挡老美关系逐步向前发展。随着国际形势的发展与变化以及美国在东南亚地区安全战略的实施，老挝与美国的关系已经进入了一个新的发展时期。

2001年“9·11事件”以后，美国出于全球反恐的需要，积极改善和加强同东南亚国家之间的关系，老美关系出现新的转机。2002年，美国明确表示支持老挝加入世界贸易组织。2003年，持续多年的老美贸易谈判取得突破性进展。2003年1月，美国邀请老挝4位省长和部分官员访问美国10多个城市，有意识增进美国老挝两国人民感情。美国东盟商会会长致信美国国会，呼吁美老贸易关系实现正常化，认为“这件事也关系到美国的国家利益”。2003年9月，老美贸易关系协定在万象正式签署。2005年1月，美国国会通过给予老挝最惠国待遇的议案，双边贸易实现正常化。2007年1月，美国30名企业家组成美老贸易投资顾问协会代表团访问老挝，再次表态支持老挝加入世贸组织。

老挝与美国的双边贸易额逐年增长。按老方统计，2000—2005年年均进出口额280万美元左右，2006年增至840多万美元。引人注目的是，美国继2007年向老挝出口166.2万美元、进口老挝产服装551.7万美元、咖啡豆720.1万美元之后，2008年向老挝出口541.7万美元、进口服装鞋类3 236.9万美元、咖啡豆183.6万美元，同期相比，美对老出口增长226%，仅两大类商品进口增长169%。2010年，老美双边贸易额达到7 110万美元。

美国一直积极跟踪老挝水电投资等项目。2003年以前美国曾联手泰国公司参与了南俄、南吞、南漠三个水电站投资13亿多美元的BOT项目。据老方统计，1988—2005年美国在老挝投资59个项目，协议投资额9 204万美元，居外国投资第七位；2001~2008年9月，核实后的美国投资项目为26个，协议投资额2 295万美元，居外国投资第十四位。2010年，美国政府向老挝提供了1 100万美元的援助，用于清除未爆炸物、禁毒、预防疾病传播、食品安全、教育、贸易政策等领域。

2009年7月22日，在泰国普吉岛出席东盟地区论坛（ARF）部长会议的美国国务卿希拉里代表美国政府签署了《东南亚友好合作条约》，表示“将进一步加强我们之间有坚固基础的关系”；同时与柬埔寨、泰国、老挝、越南四国外长举行会议，磋商建立“美湄合作”框架。东盟外长会议称美国此举是“对这一地区和平与安全承诺的强烈信号”。2010年，美国众议院外委会亚太与环境事务委员会主席肯尼、亚太事务助理国务卿坎贝尔分别访问老挝。老挝副总理兼国防部长隆再·皮吉2010年6月出席新加坡亚太安全峰会期间会见美国负责亚太地区安全事务的国防部副部长格雷森。2010年7月，老挝副总理兼外交部长通伦·西苏里访问美国，他是自1975年以来访问美国的级别最高的老挝官员。通伦·西苏里与美国国务卿希拉里讨论了多项议题，双方发表联合声明，强调两国将加强合作，互惠互利，建立建设性的关系，致力于东南亚地区的和平、稳定。两国还签订了《老美两国政府航空运输协定》，允许对方班机进入本国民用航线，此举将会促进老挝旅游业的发展。西苏里表示已邀请希拉里访问老挝。时至今日，美国国务卿只访问过老挝一次，即1955年时任国务卿约翰·福斯特·杜勒斯访问老挝，行程仅一天。2005年，在老挝举行的东盟会议上，时任国务卿赖斯没有与会，而是派当时的副国务卿佐利克参加。老美关系升温是美国重返东南亚外交政策的一部分，显示出美国力图拓宽并深化与东盟国家的关系。随着世界局势的发展和东南亚战略地位的凸显，老美关系可能步入全面、平稳发展的新时期。

二、与俄罗斯关系

1960年10月，老挝王国政府与苏联正式建立外交关系。1975年老挝成立人民民主共和国后，苏联一度为老挝最大的援助国。苏联解体以前，老挝与苏联及东欧各国一直保持着密切的关系，双方之间互访频繁，就经济、军事、贸易、航空、科技、文教和卫生等多个领域的合作与交流进行了磋商，两国关系保持了稳定发展的态势。1991年9月苏联解体，苏联对老挝的援助也随之终止。

1991年12月，老挝政府发表声明宣布承认苏联12个加盟共和国独立，承认俄罗斯联邦接替苏联外交事务，并愿意在和平共处、平等互利的基础上与独联体国家发展友好关系。1992年3月，老挝和俄罗斯互派大使。1994年，两国签署友好关系原则协定。此后，老挝与俄罗斯的关系保持平缓的发展态势，两国高层保持正常往来。近年来，老挝和俄罗斯之间的高层互访不断增多，双方保持各领域友好交流合作，双方就解决老挝拖欠前苏联债务问题上的谈判也取得进展。2003年6月，老挝总理本扬对俄罗斯进行正式访问，俄罗斯总理米哈伊尔与其会谈，俄罗斯宣布免除老挝政府所欠债务的70%，其余3.8亿美元延期33年偿还。2010年，老挝国会主席通邢正式访问俄罗斯，俄罗斯外长拉夫罗夫访问老挝。

2011年10月，老挝国家主席朱马里·赛雅颂正式访问俄罗斯，与俄罗斯总统梅德韦杰夫、总理普京举行会谈。这是自苏联解体以来，老挝最高层领导人首次访俄。梅德韦杰夫认为双方在经济领域和人道主义援助方面应加强沟通与合作，在国际事务中，尤其是在亚太地区关系中，应加强协作，朱马里此次访问无疑将对进一步发展俄罗斯与老挝的友好关系作出贡献。朱马里表示希望此次访问不但能够巩固老挝、俄罗斯传统的友好关系，更能够为两国关系的发展提供新的框架。会谈后，双方就老挝与俄罗斯在亚太地区发展战略伙伴关系发表了声明，双方还签署了一系列文件，包括在医疗和旅游方面进行合作的协议。

俄罗斯总理普京会见朱马里·赛雅颂主席时称，俄罗斯企业对老挝水力动力、通讯和矿业领域的联合项目抱有兴趣。如果启动大规模的项目，俄罗斯对老挝经济的投资额将显著增长。普京还重申，俄罗斯愿意继续同老挝在教育等人文领域进行合作，当前有7 000多名老挝学生在俄罗斯大学接受教育。朱马里表示，老挝视俄罗斯为“老朋友”并珍视“苏联人民为解放老挝”所作的贡献。

三、与日本关系

1952年12月，老挝与日本正式建立外交关系。老挝人民民主共和国建立后，两国继续保持正常的外交关系。1988年，老挝外交部长西巴色访问日本，标志着老日关系进入一个新的发展时期，两国交往逐渐增多。1989年，时任老挝部长会议主席凯山·丰威汉访问日本，与日方领导人就经贸合作、对老援助等多方面问题进行了广泛磋商。1995年，老挝政府总理坎代·西潘敦访问日本，对老日关系的发展起到了极大的推动作用。此外，老日之间还进行过多次部长级会谈。进入21世纪，老挝和日本的关系继续向更高层次发展。目前，老挝与日本的关系在东盟10+3体制下得到了不断提升。从2004年底，日本采取扩充援助额的战略开始定期与柬埔寨、老挝、越南3国举行每年一次的首脑会谈。

自1991年以来，日本一直是老挝的最大援助国。日本对老挝的援助占整个老挝援助的23%，年均援助数额超过1亿美元，其中包含无偿援助、技术援助、通过日本国际合作机构（JICA①）援助的四个大项目：开发人力资源、发展农林业、发展能源和基础设施以及满足基本需求等，覆盖赈灾、公共基础设施建设、水电工程、科技、教育等各个方面，在老挝经济建设中起着重要作用。2008年，日本政府在首次日本—湄公河外长会议上表明向横跨湄公河地区5国（泰国、越南、缅甸、柬埔寨、老挝）的东西走廊物流网建设提供2 000万美元的无偿资金援助。2009年10月，日本政府利用日本粮食援助基金购买2 000吨老挝本地大米，价值114亿基普（约合135

① Japan International Cooperation Agency.

万美元），作为日本政府援助老挝的紧急救灾储备粮。2009年11月，在第一届“日本与湄公河流域各国首脑会议”上，日方表示将在3年内向湄公河流域5国提供超过5 000亿日元（约合人民币377亿元）的官方发展援助（ODA）。今后还计划继续提供同等规模的援助，支持东盟成员国之间消除经济差距以及东盟在2015年实现一体化。

2010年，老挝国家主席朱马里、总理波松分别访日，日本外相冈田克也访问老挝。2010年3月，朱马里对日本进行国事访问期间，向日本政府表达了谢意，感谢日本为改善老挝贫困阶层的生活提供各种援助。他还表示愿意在防止全球变暖的问题上与日本合作。日本外相冈田克也表示，关于湄公河流域开发问题，日本将在森林保护、水资源管理等环保领域单独强化援助措施，“日本愿从保护动物多样性的观点出发提供援助”以保护濒临灭绝的湄公河豚；他对强化两国在经济上的合作关系也表示了期待。2011年，日本是老挝第四大贸易伙伴，双边贸易额为0.87亿美元。

四、与法国关系

随着法国对老挝殖民统治的结束，老挝与法国于1951年正式建立了平等的外交关系，但双方关系一直很冷淡。老挝人民民主共和国成立后，由于法国不顾老挝强烈反对仍然支持老挝反政府组织的活动，双方冷淡的外交关系并没有改变。1976年10月，老挝政府要求法国政府关闭驻老挝使馆武官处。1978年2月，老挝政府关闭法国在老挝的法国文化中心。同年6月30日，法国驻老挝使馆的两名参赞被驱逐出境。8月22日，老挝关闭驻法国使馆。老法两国的外交关系由此中断。直至1982年8月，在法国政府的建议下，老挝政府才决定恢复与法国的外交关系，双方互派大使。

1997年4月，老挝总理坎代应邀访问法国，加强了两国友好与合作。1998年至2000年期间，法方向老方提供援助共计8 040万美元，援助额继日本、德国、瑞典之后位居第四，主要用于基础设施建设、文化、人力资源开发、农业、卫生等领域。2001年，法国向老挝农业、医疗等部门提供了总计约1 600万欧元的援助。2004年2月，法国合作部长在访老期间就南吞2号水电站项目同老挝领导人进行了会谈，法国政府和法国电力公司（EDF）决定将继续支援位于甘蒙省的南吞2号水电站项目建设。当月，法国政府还决定向老挝政府提供300万美元援助，用于万象市自来水系统2004年至2007年的技术培训，以提高全国自来水系统职工的能力。2006年3月和10月，法国发展基金（AFD）向老挝提供总计320万欧元无偿援助用于农业和农村发展、文物古迹保护等；10月，法国政府向万象市提供470万欧元无偿援助用于改善交通设施。2010年，法国外贸事务国务秘书皮埃尔访问老挝。

五、与欧盟国家关系

随着老挝与欧盟关系的日益密切，老挝与欧盟国家的交流与合作不断扩大和深化，不仅有力推动了老挝外交事业的发展，而且为老挝经济发展争取到更多外援。老挝与德国、卢森堡、瑞典、比利时、丹麦等欧盟国家，保持着传统友好关系。其中，德国、瑞典均为老挝的主要援助国，援助集中在基础设施建设、文化、人力资源开发、农业、卫生等领域。

老挝与德国于1958年建交。德国是开展对老人力资源援助最早的国家之一，是仅次于日本的老挝第二大援助国。1964年至2008年，德国向老挝提供各类援助资金共计2.8亿美元，尤其是2006年至2008年，援助金额达2 400万美元，受到老方欢迎。2005年6月，德国政府向老挝提供政府合作项目援助资金1 000万欧元，用于6号公路及波乔、琅南塔省农村地区道路建设及发展农村职业学校。2008年1月，老挝外交部在万象举行老德建交50周年纪念仪式，老挝副外长蓬沙瓦在讲话中高度评价两国半个世纪来的友好合作。2009年12月，德国与老挝签署备忘录，德国政府将无偿援助老挝乌多姆赛省230万美元罂粟替代种植项目，用于老挝乌多姆赛省停止种植罂粟后当地群众的脱贫项目，主要包括保证当地孟赛县、昏县及拉县50个村的农业生产、粮食供应，支持小企业发展，并协助当地防治毒品传播，对吸食毒品者进行治疗等。

1997—2000年，瑞典政府已向老挝的道路建设、农业发展、统计、环境保护、医药卫生和教育普查等项目提供了数千万美元的无偿援助和贷款。2001年10月，瑞典政府与老挝签署协议，瑞典政府在2002至2006年每年向老挝提供至少1 200万美元援助，用于老挝基础设施建设等项目。2001年11月，瑞典合作发展组织向老挝提供2 600万瑞典克郎无偿援助，用于开展2001—2004年国家统计局项目。2003年11月，瑞典向老挝提供300万美元无偿援助用于老挝人力资源开发等方面。2005年6月，瑞典发展援助署（SIDA）向老方提供环境保护与管理二期项目（2005—2010年）援助资金900万美元。当月，瑞典政府向老挝政府提供公路维修援助项目资金1 850万美元，用于维修国内主要交通干线及沙耶武里、波乔、丰沙里、琅南塔、华潘、乌多姆赛、琅勃拉邦、川圹8省37个贫困县农村地区道路建设。2008年，瑞典与老挝签署协议，分批向老挝提供2 800万美元无偿援助，用于环保、基础设施建设、教育研究等。当年，瑞典向老挝政府提供720万美元援助，用于农村发展与管理、自然资源管理等项目。2009年，瑞典向老挝政府提供960万美元用于琅勃拉邦省农林中等专科学校改造项目和农业生物多样性项目。

除德国、瑞典外，其他欧盟国家也与老挝保持友好关系，对老挝社会建设提供无偿援助或贷款。仅以2002年为例，就有卢森堡、丹麦、比利时等欧盟国家向老挝提供援助，总金额累计达到1 800多万美元。2月，卢森堡向老挝甘蒙省他曲县职业学校提供270万欧元无偿援助。5月，丹麦政府援助万象市、华潘省和川圹省城市环保项目补充协定在万象签署；2002年至2004年，丹麦向上述项目提供约233万美元的援助。7月，比利时政府向老挝沙湾拿吉省三个县的农村发展提供600多万欧元无偿援助。12月，卢森堡政府向老挝乌多姆赛省5个县农村信贷人员培训等发展项目提供175万美元无偿援助。

欧盟是为老挝提供援助最积极的组织之一。2003年至2005年，欧盟已向老挝提供1亿欧元无偿援助用于扶贫、禁毒、教育等。2003年3月，欧盟表示将全力支持老挝的入世申请，并为其做好入世的准备工作提供技术援助，欧盟将向老挝提供价值100万欧元的贸易相关技术援助。2005年，联合国开发计划署、欧盟委员会和芬兰政府共同向老挝政府提供125万美元援助，支持开展有关老挝国内法与国际法接轨研究项目。2008年7月，卢森堡向老挝提供550万欧元无偿援助，用于发展老挝旅游产业和接待服务工作培训。2008年12月，欧盟与老挝政府签署协议，向老挝2008~2011年扶贫项目提供1 200万欧元无偿援助。

在老挝的对外贸易中，欧盟是老挝纺织和鞋类产品主要出口市场。从2011年1月起，欧盟对发展中国家实行原产地优惠政策，如取消产品种类限制等。该政策使得老挝的纺织品出口商获益良多，出口到欧盟的纺织品大幅增长。2011年前6个月，老挝纺织品出口额达1亿多美元，同比增长28%，其中向欧盟出口占比为75.3%。

2011年9月30日，老挝欧盟工商会成立仪式在德国驻老挝使馆举行。老挝欧盟工商会设于万象老—法合资银行5楼，现有企业会员60余家。此前，尚无欧盟国家独立在老挝设立商会组织。此举将进一步促进老挝与欧盟的经贸合作，有利于为欧盟在老挝的企业服务以及为老挝政府和企业提供信息服务和经贸建议。

第五节　与国际组织的关系[①]

一、与东盟关系

老挝于1997年7月23日正式成为东盟成员国，但是由于历史原因，老挝与东盟关系经历了冷淡时期、接触和交往时期、融入东盟发挥作用得到实惠时期等3个时期。

冷淡时期（1975—1985年）。在老挝建国初期的几年中，老挝向社会主义国家“一边倒”，亲越靠苏，对东盟采取敌视态度，称东盟是“东南亚条约组织的翻版”和“美帝国主义的帮凶”，老挝与东盟的关系极其冷淡。

接触和交往时期（1986—1996年）。20世纪80年代后期开始，老挝逐步从封闭走向开放，实行寻求多边援助的全方位外交政策，强调与越南的“特殊团结”，同中国睦邻友好，并逐步与东盟建立联系和交往。

1997年至今，老挝进入了融入东盟发挥作用得到实惠时期。1997年7月老挝正式加入东盟后，积极参与东盟事务，发展与东盟的友好合作关系。老挝与东盟各成员国交往更加密切，合作关系不断扩大，老挝参与东盟事务的程度也在不断加深。同时，老挝每年还能从东盟获得大量资金和政策援助，对老挝经济发展产生重要影响。

老挝积极参加东盟组织会议并主办多次会议。例如，2003年11

① 老挝已加入的国际组织详见附录一。

月11日至12日，老挝总理本扬出席在缅甸蒲甘举行的老缅柬泰四国经济合作战略（ECS）高峰会。会议发表《蒲甘宣言》，制订了46个四国框架合作项目和247个双边合作项目的行动计划。2004年老挝成功主办东盟峰会及东盟与对话国系列领导人会议。2006年，老挝先后主办首次东盟经济高官会、第三次东盟青年事务高官会、东盟—印度合作委员会第八次会议、第十一次东盟文化信息共同体建设高官会。2008年2月，经老挝国会批准，老挝正式加入《东盟宪章》[①]。2010年4月，老挝总理波松赴河内出席第16届东盟峰会。

老挝与东盟其他国家关系保持良好发展势头。2010年6月，马来西亚总理纳吉布访问老挝，老军总参谋长赛亚哈访问柬埔寨，老挝总理波松访问缅甸；10月，缅甸和发委主席丹瑞访问老挝；11月，老挝国家主席朱马里访问文莱。

随着东盟10+3合作的不断深化，老挝与东盟的合作将不断扩大，老挝已开始逐步参与东盟的军事合作，不断派遣军事人员到东盟各成员国学习，并接受外国的军事援助，购买各国较先进的武器装备，参与一体化合作，可以预见，老挝与东盟的关系将会不断发展和深化。

二、与世界贸易组织关系

老挝于1997年7月16日申请加入世界贸易组织（World Trade Organization, WTO）。1998年2月19日，世贸组织成立老挝工作组。2001年1月15日至17日，世贸组织工作组访问老挝并为老挝加入世贸组织工作提供技术支持。2001年3月，老挝向世贸组织提交《外

① 全称《东南亚国家联盟宪章》，这是东盟成立以来第一份具有普遍法律意义的文件。这份文件长达31页，确立了东盟的目标、原则和地位。2007年11月20日在新加坡举行的第13届东盟首脑会议上签署。

贸体制备忘录》。2003年10月2日，老挝答复世贸组织成员国提出的问题。2004年10月28日、2006年11月30日、2007年11月15日、2008年7月4日、2009年7月22日、2010年9月24日和2011年6月29日，世贸老挝工作组共召开了七次会议，听取老挝政府为争取入世对政策、措施等进行的调整与革新以及与成员国入世谈判的进展，研究审查老挝的外贸体制是否符合世贸组织原则。

自2007年11月的谈判以来，老挝在开放商品和服务市场上做出努力，已经相继有澳大利亚、加拿大、中国台湾、欧盟、印度、日本和美国等国家和地区与其通过了双边谈判。2008年7月4日，老挝与世贸工作组举行的第四次会议中迈出了坚实的一步，其中包括与欧盟在开放商品市场上达成了一致意见。一共有30个世贸组织成员国参加了这次会议(其中欧盟27国作为一个成员参与)。工作组主席、澳大利亚驻世贸组织大使布鲁斯用“务实而富有成果”来形容这次会议。

2009年7月，第五次工作组会议明确了老挝进入终点通道的路线图。在法律文件修订方面，老挝政府按入世要求已作了积极准备并取得进展:(1) 2009年6月举行的六届国会七次会议上通过了新修订的《投资促进法》，把原来国内和国外两个投资法修订成一个统一的法律，国内外投资者可享受统一的优惠政策。之前的国会会议上通过了修订的《海关法》、《食品安全法》、《渔业法》、《畜牧业法》以及《植物保护和检疫法》等。(2)政府修订了货物进出口许可、货物检查和收费、原产地规则等总理令。(3)鼓励市场竞争方面，老挝央行取消了木材运输及出口必须通过国有银行支付的限制等。(4)财政税收改革方面，2010年出台增值税法。

2010年9月，在有34个世贸组织成员国参加的第六次工作组会议上，老挝宣布已分别与日本和中国签署了商品和服务市场准入的双边协定，并已与欧盟就商品准入达成协议，与欧盟就服务准入即将达成协议。自上次会议以来，老挝已更新了其商品和服务市场准入条件以及诸如海关估价、产品标准和立法等其他信息。老挝已在外汇、投资规则、进出口程序、税收、有关食品安全的法律与制度框架、动植物卫生、技术标准和知识产权等方面根据世贸组织原则的要求进行了改革。为加快入世步伐，老挝政府抓紧调整和起草相关法律法规，已完成调整《进口审批总理令》、《非自动进出口许可申报商品通知》、《商品原产地原则总理令》、《通报和提供贸易相关数据总理令》、《关税法及其实施总理令》、《增值税及其实施总理令》和《收取手续费和服务费的政府规定》等法律法规，并起草准备《商品价格和服务费管理总理令》、《进出口管理总理令》、《设立服务贸易咨询机构和调整征收出口税的商品目录清单总理令》、《税法》、《保险法》、《农业法》、《动物疫病控制总理令》、《测量法》、《老挝人民民主共和国银行法》、《解决经济纠纷法》和《律师法》等法律法规。

2011年6月，在第七次工作组会议上，老挝宣布已分别与澳大利亚、加拿大、韩国、中国台湾等国家和地区签署了双边协议，与欧盟的谈判已接近尾声，与美国、乌克兰的谈判已取得“重大进展”。此次会议前，5月24日，世贸组织发布了《工作组报告草案要点》，这是目前描述老挝外贸体制的主要多边文件，其中对老挝入世后所承担的义务提出了建议。此次会议后，这份文件将转化为更为具体的第一份《工作组报告草案》并将在未来的会议中进行修改。这份文件最终将涵盖老挝为达到世贸组织原则的要求而对其法律与规章所采取的调整，以及入世后将要承担的义务。

加入世贸组织将鼓励老挝继续推进必要的结构性和经济改革，从而吸引外资，并将给老挝出口企业带来更好的市场准入条件。老挝政府从1997年提出入世申请以来，一直盼望早日加入世贸组织，以便使国内企业更好地走向国际市场，外国企业能更多来老挝开展经贸投资合作，从而加速其国内经济与世界经济的融合并最终取得国内社会的发展。

三、与其他国际组织关系

老挝积极参与国际和地区多边机制，与联合国、世行（WB）、亚行（ADB）等国际机构保持良好合作，获得多项国际援助和贷款。2006年至2010年共获外援约24.2亿美元，年均4.88亿美元。主要援助国及组织有日本、瑞典、澳大利亚、法国、中国、美国、德国、挪威、泰国及亚洲开发银行、联合国开发计划署、国际货币基金组织、世界银行等，老挝政府获得的外援主要用于公路、桥梁、码头、水电站、通讯、水利设施等基础建设项目。

1966年，老挝在亚洲开发银行建立之初便加入了该组织。截至2010年12月底，亚洲开发银行已向老挝提供贷款和无偿援助约16亿美元，技术援助项目达到1.331亿美元①。自1968年起，亚行扩大了对老挝的发展援助，并且一直是老挝最大的多边援助方。2001年，亚行共向老挝提供总计约9 500万美元的贷款。2002年，亚行向老挝发放4 500万美元贷款，用于南俄河水库开发项目、第三期财政开发项目及小型农村开发项目等脱贫计划。此外，亚行通过湄公河次区域项目给老挝约4 500万美元援助，用于基础设施开发和从北到南的经济线路开发。2003年，亚行向老挝发放1 900万美元贷款，用于发展银行事业；提供6 800万美元无偿援助和贷款，用于发展农林、交通及旅游业；提供3 770万美元低息贷款，用于北部地区水利建设及农村发展等项目；提供3 000万美元贷款，用于北部地

① Lao PDR Overview[EB/OL].[2012-03-07]. http：//beta. adb. org/countries/lao-pdr/main.

区电网建设项目。2005年，亚行向老挝政府北部地区供水项目提供1 000万美元无偿援助。2006年，亚行向老挝提供1 300万美元信贷和无偿援助，用于农村小额信贷项目。2010年，亚行共向老挝提供四笔无偿援助，合计金额7 060万美元。目前正在援建的项目有42个，援助总额3.46亿美元。2010年2月，亚行与老挝政府研究制订了2012—2016年新阶段合作方针，确定2011—2012年增加对老援助10个项目共计1 400万美元。

老挝与世界银行一直保持着良好的合作，2011年是老挝与世界银行合作50周年纪念，截至2011年6月，世行资助老挝的项目中共有48个已结项，有30个正在实施进行①。20世纪60年代初，老挝加入国际货币基金组织和世界银行。世界银行随后对老挝的经济状况进行了考察和评估，老挝的电力能源潜力得到世行的认可。1966年5月，世界银行与9个国家建立了南俄河发展基金，该项目不但可以满足老挝国内市场的电力需求，还可将剩余电力出口创汇。20世纪70年代，世界银行与老挝的合作主要关注于改善民生。在国际开发协会（International Development Association, IDA）②的农业复兴与发展项目帮助下，有约一万户农村贫困家庭受益于灌溉和水稻种植技术的培训。联合国开发计划署提供170万美元资助，帮助5 000户农村贫困家庭将收入提高到贫困线以上，帮助另外5 000户农村贫困家庭将收入提高20%。20世纪80年代，世界银行对老挝的援助重点在农村电力发展项目。南部省电力发展项目标志着扩大农村电力发展的开端。该项目为电力输送创建了基础设施，为老挝南部省

---

① Celebrating the 50th Anniversary of the Partnership between Lao PDR and the World Bank[EB/OL].(2011-11-08)[2010-03-07]. http://web. worldbank. org/WBSITE/EXTERNAL/COUNTRIES/EASTASIAPACIFICEXT/LAOPRDEXTN/0,contentMDK:23042400~menuPK:293689~pagePK:2865066~piPK:2865079~theSitePK:293684, 00. html.

② 系世界银行集团成员。

的广大地区输送了电力，改善了老挝南部省人民的生活质量。自20世纪80年代以来，世界银行扩大了对老挝的援助领域。通过国际开发协会的资助，老挝的电信系统得到恢复；13号公路得到修复；轻工业部门得到扩大；有更多工程师在国立理工大学得到培训。20世纪90年代的森林管理与保护项目支持林地居民保护自然资源并寻找可持续生计。土地产权项目推动超过25万块土地得到登记注册，确保了土地保有权的安全，并改善了土地作为抵押品的使用情况。1号、2号和3号公路改进项目大大缩短了自北向南的266千米路程，为农民进城销售农产品提供了便利，从而改善了人们的生活水平，并逐渐使农村人口融入国家经济。世行的第二次结构调整计划和第三次结构调整信贷通过提高公共资源管理效率，有力促进了老挝国企的私有化进程、政府行政部门改革、预算公开和扶贫工作。

进入21世纪，世行与老挝政府的合作继续保持良好势头。2005年，世行向老挝政府“扶贫开发宏观调控项目”提供1 000万美元援助等。2005年3月，南吞2号水电站项目获得批准。这是世界上最大的私营跨境水电项目之一，将为老挝政府创收20亿美元，用于教育、卫生、基础设施和环境保护等投资，为老挝减少贫困作出贡献。2006年6月，世界银行向老挝提供2 175万美元无偿援助，用于农村电力发展项目。卫生服务改进项目提供资金用于修复卫生服务中心、培训医护人员和资助卫生服务。2006年，世行提供了1亿5 000万美元援助老挝政府对抗禽流感疫情，一方面通过大力宣传提高人们的防范意识，另一方面对蒙受家禽损失的农户进行补偿；2011年6月，世行对此项目又追加了1 000万美元援助。2010年4月，老挝财政部与世界银行驻亚太地区代表签署了《增加2 780万美元路桥援助协议》，用于帮助老挝改造三大路桥工程项目，其中包括改造丰沙里省109千米1B公路和华潘省62千米6A公路等两条国道以及提高公共工程运输部门的行政管理能力和修复南部5省受灾地区的水毁路段等。世界银行年内共提供了五笔较大援助，总额达1.163亿美元，用于27个项目[①]。自2000年以来，世行一直大力资助老挝的教育事业。2011年6月，全民教育—快车道倡议正式启动，该计划将为老挝的教育事业提供6 550万美元资金（其中澳大利亚通过世行提供2 100万澳元，世行提供1 550万美元，快车道倡议催化基金提供3 000万美元），旨在加强师资培训、提高教育质量、改善教育环境，并修建或翻新1 500多所学校。随着老挝制定了其第七个国家社会经济发展规划，世行也将制定其下一个五年国别伙伴战略，支持老挝政府实现经济增长、减少贫困、人力资源发展和千年发展目标等。

除了与联合国、世行、亚行等国际组织保持良好合作，获得多项国际援助和贷款以外，老挝还积极参与国际和地区多边机制，致力于推进国际社会的和平与发展，在国际舞台上日趋活跃。2001年3月，老挝国家主席坎代·西潘敦正式批准与国际原子能机构签署的防止核扩散条约（老挝于1991年11月22日签署该条约）。2002年，老挝在亚太经社会（ESCAP）第58届年会上首次获得人力资源开发优秀奖。2008年，老挝成功主办大湄公河次区域经济合作第三次领导人会议和越老柬三国合作第五次领导人会议，与联合国开发计划署共同主办援助老挝圆桌对话机制年度落实会议，并签署加入《集束炸弹公约》（*The Convention on Cluster Munitions*, *CCM*）。2009年12月，老挝成功承办第25届东南亚运动会。2010年9月，国家主席朱马里出席纽约联合国千年发展目标高级别会议和第65届联大；11月，老挝主办《集束炸弹公约》（*The Convention on Cluster Munitions*, *CCM*）首次缔约国大会。老挝还将于2012年举办第九届亚欧首脑会议。

---

① 陈定辉:《老挝：2010年发展回顾与2011年展望》，载《东南亚纵横》2011年第2期，第9页。

第十一章　中老友好关系

中国和老挝是山水相连的友好邻邦，两国人民自古以来和睦相处。近年来，中老双边关系得到全面发展，两国领导人互访频繁，两国在政治、经济、军事、文化、卫生等领域的友好交流与合作不断深化，双方在国际和地区事务中保持密切协调与合作。

第一节　古代中老友好往来

古代中国与老挝历史渊源深远，中老友好往来始于公元3世纪。中南半岛古代最早出现的大国是扶南，早在公元3世纪初年，孙吴的使者康泰、朱应出使南海，在扶南一带产生了良好的政治影响。公元227年，扶南属国堂明派遣使臣聘问中国。堂明国（唐代称为“道明”）在今老挝境内，其统治中心位于川圹一带，是文献记载上老挝最早出现的国家，所以堂明的遣使标志着中老两国正式交往的开始。根据现有史书记载，古代中国和老挝国家层次的交往主要集中在三个时期：公元8世纪、15世纪至17世纪、18世纪初叶至19世纪中叶，即老挝的文单国、澜沧王国、琅勃拉邦王国分别与中国的唐朝、明朝、清朝之间的政府往来。

公元6世纪中叶，扶南属国真腊推翻了扶南王朝，另建立吉蔑族领导的真腊王国。据《新唐书·真腊传》记载，真腊已与唐朝政府有官方往来：“自武德至圣历，凡四来朝。”公元8世纪初年，真腊分为南北两半：南半际海，称为“水真腊”；北半多山，称为“陆真腊”。陆真腊建都于文单城，因此又称文单国。文单国和唐朝政府有着频繁的使节往来和密切的政治联系，是中国的一个亲密邻邦，它的国境和唐朝的驩州及今云南省的南诏接界。公元8世纪以来，文单国先后四次遣使来华奉贡，来使级别高，使团规模大，唐朝政府给予了隆重的接待，不但回赠众多礼物，而且授予各种封号，反映了两国对发展友好关系的重视。据《册府元龟》卷九七四、卷九七五、卷九六五的《外臣部》与卷四二的《帝王部》记载："景龙五年六月丙子，文单国、真腊国朝贡使还蕃，并降玺书及帛五百疋，赐国王。""天宝十二载九月辛亥，文单国王子率其属二十六人来朝，并授其属果毅都尉，赐紫金鱼袋，随何履光于云南征讨，事讫听还蕃。""大历六年十一月，诏曰：文单国副王婆弥慕我中朝之化，方通南极之风，义在抚柔，礼当加等，可开府仪同三司、试殿中监。""德宗以大历十四年五月即位，以文单国累献驯象，凡四十有二，皆豢於禁中，有善舞者以备元会庭实。至是，悉令放于荆山之阳。"注重与唐朝政府发展友好关系的同时，文单国与今西双版纳地区的芒乃地方政权也有密切联系。

到了澜沧王国时期，老挝全国得到统一，对外联系得到加强，与中国的关系空前发展，与明朝政府一直保持密切友好的交往。明朝时期，西南地区设置的土司以云南最多，而云南则以百夷（傣族）地区最为完备，"凡百夷聚居区，都设土司"，其中则以"三宣六慰司"最为著名。"三宣"指南甸宣抚司、干崖宣抚司、陇川宣抚司。"六慰"指车里军民宣慰使司、缅甸军民宣慰使司、木邦军民宣慰使司、八百大甸军民宣慰使司、孟养军民宣慰使司、老挝军民宣慰使司。据《明史·列传·云南土司三》记载："成祖即位（1403年），老挝土官刀线歹贡方物，始置老挝军民宣慰使司。永乐二年以刀线歹为宣慰使，给之印。五年遣人来贡。"从此开始了澜沧王国与明朝政府之间的正式交往。老挝多次遣使进奉大象、马匹、金银器、象牙、犀角等贡品，明朝对老挝赏赐颇丰，赐文绮、锦币、冠带，颁金牌、信符并铸给老挝军民宣慰使司印。老挝贡使回国时，明朝政府还派遣官员、军民护送。成化十七年，安南黎灏“入老挝境，杀宣慰刀板雅及其子二人。其季子怕雅赛走八百……”黔国公沐琮听闻此消息后，命怕雅赛继承父职，免其贡物一年，并赐冠带、彩币以示优恤。怕雅赛欲报安南之仇，希望明朝政府发兵协助。明宪宗认为老挝、交址皆为明朝属国已久，应该化解战事以免祸及百姓，命令沐琮派人前去安抚怕雅赛，不要发动战事。嘉靖二十四年，云南巡抚汪文盛向朝廷进言：“老挝土舍怕雅闻征讨安南，首先思奋，且地广兵多，可独当一面。”万历年间，“三宣六慰”曾一度全部落入缅甸手中。万历二十六年，缅甸战败，老挝再向明朝奉贡。明朝政府再铸老挝军民宣慰使司印给老挝。万历四十年，老挝进贡时称司印、信符都被大火烧毁。于是第二年明朝政府再次颁给老挝宣慰使司印。从1403年至1613年，澜沧王国共向中国遣使34次，明朝向老挝遣使9次[①]，两国使节来往共43次，平均5年一次，其密度是前所未有的。

18世纪初，澜沧王国发生分裂，在其北部建立了琅勃拉邦王国，清朝仍称之为“南掌”[②]。据《清史稿·列传·属国三》记载，雍正七年(1729年)，云贵总督鄂尔泰疏言：“南掌国王岛孙遣使奉销金缅字编蒲表文一道、驯象二只，求入贡。”自此，琅勃拉邦王国开始向清廷朝贡。雍正八年二月，琅勃拉邦王国再次派遣使者进贡，并与清朝言定每五年进贡一次。至乾隆八年二月，清朝考虑到南掌进贡路途遥远，将每五年进贡一次改为十年一次。乾隆二十六年二月，琅勃拉邦国王准第驾公满向清朝上书：“臣母喃玛喇提拉同臣遣使奉表，进驯象二只，庆贺皇上五旬万寿，皇太后七旬万寿。”1791年，

① 张瑞昆:《走近老挝》，北京. 中国商务出版社，2006年版，第4页。
② 明朝嘉靖年间对老挝开始称为“南掌”，意即“万象之邦”，因老挝盛产大象之故。

琅勃拉邦王国遭到万象王昭南的干预，琅勃拉邦国王阿努吐拉被迫逃往曼谷。不久，在清朝的帮助下，阿努吐拉重新回到琅勃拉邦进行统治，直到其子曼塔都腊统治时，仍与清廷往来密切，清廷还对其颁发了敕印和诰命。从1729年至1893年，琅勃拉邦王国先后20次向清朝政府遣使[①]，清朝政府向老挝遣使1次[②]，往来较为频繁。1893年，琅勃拉邦沦为法国的“保护国”，清朝与南掌的宗藩关系也告终结。

中老两国的历史渊源在民间层次上得到了更好的体现。中老两国地缘关系密切，老挝北部与中国云南省的横断山脉相连，两国陆上边界较长。因此，自古中老边境地区的人民往来相当密切，有以地缘条件为基础的跨国民族经济交往关系，有以民族文化认同为主要条件的民族婚姻关系，有以血缘婚姻关系为纽带的跨国民族亲情关系。自明朝开始，华人迁居老挝的人数逐渐增多，促进了云南与老挝的交往。明朝朱孟震的《西南夷风土记》记载：“缅甸、八百、车里、老挝、摆古虽无瘴而热尤甚，华人初至亦多病，久而与之相习。”这是目前有关老挝华人的最早记录。《皇明职贡图》卷一载：老挝人“知耕种，勤纺织，其近在普洱府东界外者常入内地贸易”。老挝出产的乳香、西木香、乌爹泥、鲜子、诃子和树头酒等都为我国人民所喜爱。又如老挝特产神品兰花被移栽至扬州后“人争来看，门几如市”。而老挝人民也从中国学习了酿酒、养蚕、制丝的方法，丰富了他们的生活。

纵观中老两国的历史渊源，两国一直和睦相处，在政治、经济等方面都保持着平等互利的关系，两国边境地区人民之间的民间交往更是非常密切而友好的。

---

① 张瑞昆：《走近老挝》，北京．中国商务出版社，2006年版，第4页。

② 据《清史稿·列传·属国三》记载：“道光二十二年，遣使赍敕封召喇嘛呢呀宫满为南掌国王。”

第二节　近现代中老友好关系

进入近代，老挝沦为法国殖民地，中国也开始不断遭受帝国主义的蚕食。在长期的反帝反殖斗争过程中，中老两国仍然保持着友好关系。中华人民共和国成立后，虽然自身也面临着重重困难，中国继续支援印度支那人民的抗法斗争。朝鲜战争爆发后，中国毅然做出了援越抗法的重大决策，继续承担着协助印支三国抗击法国殖民者的国际义务。1954年3月，在中国的大力支持下，越南军民取得了"奠边府战役"的重大胜利。在此次战役中，寮国战斗部队歼灭了从琅勃拉邦前往增援奠边府的法军，并封锁了从奠边府通往老挝的道路，使法军无法从老挝突围而被彻底歼灭。1954年，老挝人民终于推翻了法国在老挝的殖民统治，赢得了国家的独立。随着法国在老挝结束了殖民统治，老挝进入了现代史时期。

1954年4月26日至7月21日，日内瓦会议召开，主要讨论如何和平解决朝鲜问题和关于恢复印支半岛和平问题。苏联、美国、法国、英国和中国全程参加了会议。柬埔寨、老挝、越南民主共和国及南越等国也参加了关于印支半岛和平问题的相关讨论。在这次日内瓦会议上，中国为实现老挝和平与独立作出了举世公认的贡献。周恩来总理代表中国政府阐明了中国的立场，要求一切外国军队撤出老挝和柬埔寨，其中包括可能进入这两个国家的越南志愿人员；老挝和柬埔寨境内停止敌对行动；敌对行动停止后，不需从境外运入任何新的部队和人员及武器和弹药。会议于7月21日签署了《老挝停止敌对行动的协定》。其主要内容有：(1)承认老挝的主权、独立和领土完整，双方于1954年8月6日上午8时(当地时间)在全国范围内同时停战。(2)法国在规定的期限内撤军以及禁止一切增援部队和军事人员从境外进入老挝，但法军可以留下训练王国政府军的军事教官1 500名和军事设施要员3 500名。此外，还成立一个由印度、加拿大和波兰三国组成的“国际停战监督委员会”，负责监察和监督老挝停止敌对行动各项协定的实施。同时，法国也发表正式宣言，承认老挝的独立和主权。

1954年日内瓦会议后，法国军队和越南志愿人员刚刚撤离老挝，美国就策动亲美势力将富马首相赶下台，严重影响了王国政府和巴特寮的谈判。1956年2月，富马再度出任首相。1956年8月，应中国政府的邀请，富马首相率王国政府代表团访问中国，周恩来总理与富马首相在北京发表联合声明，表示“两国政府遵守和平共处五项原则，发展两国之间的睦邻关系，两国政府同意发展双方的经济和文化关系，以符合两国人民的最大利益”[①]。1957年11月，老挝选举产生了以富马为首相的、包括老挝爱国阵线在内的联合政府。1959年老挝内战爆发。1960年8月，富马内阁重新上台，而亲美势力则在美国的支持下向万象发动新的进攻。1960年11月，中国政府发表声明，支持老挝王国政府的和平中立立场，反对任何势力干涉老挝内政。1961年4月，富马首相和老挝爱国阵线主席苏发努冯相继访问中国，与中国领导人进行友好会谈，并发表联合声明，宣布中华人民共和国政府与老挝王国政府于1961年4月25日正式建立外交关系。从中老两国正式建交至20世纪70年代末期中老两国保持睦邻友好，关系迅速发展，可称为两国关系的蜜月期。中国在这一时期继续援助老挝的新一轮反殖民统治，支持老挝的独立和中立，并协助老挝左派建立老挝人民民主共和国。

1961年元旦，西哈努克建议召开扩大的日内瓦会议，中国、美国、苏联、英国、老挝、泰国等14个国家参加。中国副总理兼外

① 马树洪、方芸:《老挝》，北京. 社会科学文献出版社，2004年版，第302页。

长陈毅也一再致函日内瓦会议主席，希望会议早日召开。1961年5月，关于老挝问题的日内瓦会议召开，中、苏、美、法、英、老、柬、泰、缅、越南南北两方、印度、波兰、加拿大等14国参加了会议，此次扩大会议延续了一年多的时间。中国政府代表团团长陈毅阐述了中国政府关于解决老挝问题的五项原则，即必须以1954年日内瓦会议为基础；必须尊重老挝的独立和主权；必须切实保证老挝的中立；必须严格区分老挝问题的国内方面和国际方面；所有入会国家必须参加并切实遵守共同协议[①]。

1962年7月，中国政府代表团坚决反对美国对老挝的侵略，坚决支持老挝爱国力量为争取老挝独立、中立而进行的正义斗争，迫使美国代表团在《关于老挝中立的宣言》和《关于老挝中立的议定书》上签字。对此，老挝认为："中华人民共和国在1954年和1961年至1962年的两次日内瓦会议上对于维护老挝的和平、独立和中立作出了重要贡献。"[②]

1964年4月，老挝右翼势力在美国支持下推翻以富马亲王为首相的、包括老挝爱国阵线在内的联合政府，老挝再次爆发内战。老挝开始寻求中国等社会主义国家的支持。老挝人民革命党的领导人先后多次访华，协商加强双边合作和支援老挝解放斗争等具体问题。应老挝方面的要求，中国政府先后派出了数以十万计的援老人员帮助老挝人民医治战争创伤，重建家园。1962年1月13日，中国政府和老挝王国政府在老挝临时首都康开签订航空运输和修建公路协定，中国负责修建云南孟腊至老挝丰沙里的公路。至1978年5月底，中国先后派出18个工程大队，3个民工总队共7万余人，投入

① 潘一宁:《国际因素与当代东南亚国家政治发展》，北京. 中国社会科学出版社，2004年版，第125–126页。

② 马树洪、方芸:《老挝》，北京. 社会科学文献出版社，2004年版，第303页。

各种施工机械2 250多台。如果将路基作业完成的3 100多万石头，筑成2米宽、3米高石墙，可以环绕老挝一周。平均每千米公路造价为人民币31万余元，所有的修建费用都算作中国政府给予老挝王国政府无偿的、不附带任何条件的经济援助。中国同时派出2.1万人的高炮部队担负老挝的防空任务[①]。在老挝人民反殖反帝、争取独立和解放的斗争中，中国政府和人民给予了老挝大量无私的援助，援助金额总计有11.89亿人民币[②]。可以说，中国是老挝反殖反帝解放斗争的坚强后盾和可靠后方。1961年至1976年间，中国在老挝丰沙里省设有领事馆，负责中国对老挝的援助任务和相关的联络工作。老挝政府在昆明也设有领事馆，中老关系在这一时期取得了长足的发展。

第三节 当代中老友好关系

老挝人民民主共和国的建立标志着老挝进入了新的历史发展时期。老挝人民革命党总书记凯山·丰威汉于1976年3月和1977年6月两次到中国进行国事访问，进一步加强了同中国的友好关系。然而，20世纪70年代末至80年代中期，由于受到冷战格局和思维的影响，老挝政府采取“一边倒”、“亲苏亲越”的对外政策，中老两国关系曾出现曲折。

1988年6月，中老两国恢复互派大使，实现了关系正常化。自中老关系正常化以来，中老双边关系得到全面恢复和发展，两国领导人频繁互访，在政治、经济、军事、文化、卫生等领域的友好交流与合作不断深化，双方在国际和地区事务中保持密切协调

① 1976年前经济援助110多国 中国“慷慨”了多少钱？[EB/OL].(2010-03-21)[2012-03-07]. http://club. china. com/data/thread/1011/2710/83/78/8_1. html.

② 金梅：《老中关系的历史演变及其影响因素研究》，山东大学硕士论文，2007年，第6页。

与合作[①]。老挝分别于1992年、1999年在昆明、香港设立总领事馆，2009年在南宁增设总领事馆。

一、政治关系

（一）中老两国领导人保持互访

1989年10月，老挝部长会议主席、老挝人民革命党总书记凯山·丰威汉率领老挝党和政府代表团对中国进行了友好国事访问，时任中国国家领导人邓小平、江泽民和李鹏分别会见了凯山主席。李鹏总理在就两国关系和国际形势举行的会谈时指出，此次来访将成为两党、两国关系恢复和发展的转折点。凯山主席表示，老中两党、两国关系的发展对老挝十分重要，相信此次访问将为全面恢复两国政府、两党的关系，维护本地区的和平与稳定作出贡献。双方签署了《中老领事条约》、《关于互免签证的协议》等四项协定。从此，两国关系进入了全面恢复和发展时期。

1990年12月15日至17日，中国国务院总理李鹏应邀对老挝进行了首次正式友好访问，这是中国政府首脑第一次访老。李鹏总理在与凯山主席会谈时指出，凯山访华加强了两国之间的交流合作，中国政府将根据平等互利的原则，继续发展和老挝的经济合作和贸易关系，并决定向老挝提供5000万人民币长期无息贷款，赠送地面卫星电视接收站。凯山主席指出，"中国领导人对老挝的首次访问具有历史意义，标志着老中两国之间的友好关系和全面合作进入了一个新的发展阶段"。[②]

2000年11月，中国国家主席江泽民对老挝进行国事访问。这是中国国家元首首次访问老挝，在双边关系史上具有里程碑意义。

① 中老关系正常化以来重要双边协议名称及签署时间详见附录二。

② 田曾佩：《改革开放以来的中国外交》，北京．世界知识出版社，1993年版，第85页。

访问期间，江泽民主席盛赞中老传统友谊，强调中方愿意在和平共处五项原则基础上继续巩固和发展与老挝的睦邻友好关系，将加强经贸合作放在双边关系中更加突出的位置。老挝领导人高度评价了江泽民主席访老的意义，表示将继续奉行一个中国原则，加强与中方各层次的交往，扩大双方在各领域的互利合作，在国际和地区事务中继续保持协调与配合。两国签署发表了关于双边合作的《联合声明》等六个文件，确定发展两国长期稳定、睦邻友好、彼此信赖的全面合作关系。

2004年11月，中国国务院总理温家宝访问老挝，提出了加强中老关系的四点建议：即保持高层接触和往来，交流治国理政经验，协调在国际和地区问题上的立场；提升经贸合作水平，加强在能源、矿产资源和基础建设领域的合作；加强各领域、多层次的交流与合作；加强在地区事务中的相互支持与配合。

2006年6月27日至7月2日，老挝人民革命党中央委员会总书记、老挝国家主席朱马里·赛雅颂访问中国。中共中央总书记、国家主席胡锦涛与其举行会谈。双方高度评价了中老两党两国关系，一致同意，继往开来、携手努力，多做实事、深化合作，推动两党两国全面友好合作关系迈上新的台阶。

2006年11月19日至20日，中共中央总书记、国家主席胡锦涛对老挝进行为期两天的国事访问。此次访问是中老党政新一届领导集体形成后中国最高领导人首次访问老挝，也是时隔六年后中国最高领导人再次访老。胡锦涛主席对发展两国关系提出五点建议：(1)保持高层领导人每年会晤机制，就共同关心的问题交换意见，加强对双边关系发展的指导。(2)加强治党治国经验交流，相互借鉴、共同提高。(3)加强两国合作委员会对双边经贸合作的指导和协调，开拓新的贸易形式和渠道，力争实现新的突破，抓紧落实好商定的重点合作项目。(4)中方将继续向老挝派遣青年志愿者，促进教育、卫生、旅游合作。(5)加强在国际和地区事务中的相互支持，及时就重大国际和地区问题协调立场，密切双方在中国—东盟、联合国等多边机制中的协调和配合，维护两国的共同利益。11月20日，中老双方在万象发表了《联合声明》，双方将按照“长期稳定、睦邻友好、彼此信赖、全面合作”的发展方针，推动两国关系迈上新台阶，其中包括如何促进双边经贸合作实现新突破。此次访问期间，双方签署了《中老两国政府经济技术合作协定》、《中国政府免除截至2004年底老挝政府对华到期无息贷款债务议定书》、《中国政府向老挝政府提供优惠贷款用于电子政务系统项目的框架协议》、《中国政府和老挝政府关于禁止非法贩运和滥用麻醉品和精神药物的合作协议》和《中老两国卫生部卫生合作谅解备忘录》等合作文件。这些协议的签署对老挝社会经济发展产生了重要的影响，并进一步深化了两党两国传统友好与全面合作，推动中老关系不断迈上新的台阶。

2009年9月，中共中央总书记、国家主席胡锦涛与来华访问的老挝人民革命党中央委员会总书记、国家主席朱马里·赛雅颂就进一步发展两党两国关系达成广泛共识，一致同意把中老关系提升为全面战略合作伙伴关系。

中老建交50周年之际，应胡锦涛主席的邀请，老挝人民革命党中央委员会总书记、国家主席朱马里·赛雅颂于2011年9月18日至21日对中国进行了正式友好访问。这是老挝人民革命党九大召开后、朱马里再次当选为老挝党和国家最高领导人后首次访华。中老双方在北京发表了《联合新闻公报》。两国领导人相互通报了各自党和国家的情况，就巩固和加强两党两国关系及共同关心的地区和国际问题深入交换了意见，取得了广泛共识。今后，双方将把中国实施“十二五”规划同老挝实施“七五”规划有机结合起来，加强对双方各领域务实合作的中长期规划和统筹协调。在当今世界深刻复杂变化，亚洲格局深刻调整形势下，双方将按照“长期稳定、睦邻友好、彼此信赖、全面合作”方针和“好邻居、好朋友、好同志、好伙伴”精神，巩固和发展中老全面战略合作伙伴关系。

（二）在国际事务和地区事务上相互协调、相互支持

中老两国在国际舞台上一直互相协调、相互合作。中老两国都认为国家不论大小、强弱，都有权选择符合本国国情的社会制度和发展道路，任何国家都无权以任何借口干涉他国的内部事务，反对一切以人权为借口，侵害他国主权和干涉他国内政的霸权主义行径。当前国际局势正在发生深刻的变化，和平与发展仍是当今世界的两大主题，多极化已成为国际关系的必然趋势。双方一致反对旨在建立“单极”世界的企图，将共同致力于建立公正合理的国际政治经济新秩序。中老双方加强了在联合国、中国—东盟、东盟—中日韩、东亚峰会、大湄公河次区域开发等多边框架下的合作，维护共同利益，致力于维护本地区和世界的和平、稳定与发展。

老挝在台湾、西藏、人权等重大问题上一贯给予中国坚定支持，坚定地奉行“一个中国”政策，承认中华人民共和国政府是代表全中国的唯一合法政府，台湾是中国领土不可分割的一部分，坚决反对任何制造“两个中国”或“一中一台”的图谋，坚决反对包括“法理台独”在内的任何形式的“台湾独立”，坚定不移地支持中国的和平统一大业。老挝赞赏中国为促进世界和平与发展发挥的积极作用，为中国共产党领导中国人民在建设社会主义和谐社会的崇高事业中不断取得更大成就感到鼓舞。

中国尊重老挝的独立、主权和领土完整，支持老挝党、政府和人民坚持社会主义方向、有原则的全面革新路线和为发展经济、维护社会稳定所做出的努力，尊重老挝人民自主选择符合本国国情的发展道路。中国积极支持老挝主办2012年第九届亚欧首脑会议，重申支持老挝尽早加入世界贸易组织。

二、经贸关系

中老经贸关系发展顺利。在经贸合作方面，两国经贸关系不断深入，合作领域不断拓宽，双方先后签署了贸易、投资保护、旅游、汽车运输等经贸合作文件，成立了双边经贸与技术合作委员会，中国向老挝提供优惠关税待遇。据中国海关统计，2009年中老双边贸易额7.44亿美元，比上年增长77%，其中中国出口额3.77亿美元，增长39.6%；自老挝进口额3.67亿美元，增长144.6%，老挝成为中国对东盟国家贸易增幅最大的国家。2010年，双边贸易额10.55亿美元，同比增长40.3%，其中中国出口额4.84亿美元，进口额5.71亿美元，分别增长28.2%和52.5%。中国主要进口铜、木材、农产品等，主要出口汽车、摩托车、纺织品、钢材、电线电缆、通信设备、电器电子产品等。中国已成为老挝第三大贸易伙伴和第二大外资来源地。目前，老挝正积极融入区域经济一体化，如东盟内部经济一体化和东盟与中、日、韩、印度、澳大利亚和新西兰的自由贸易区建设进程，特别是积极参与中国—东盟自由贸易区的建设进程。中国与东盟10国已签署了中国—东盟自由贸易区《服务贸易协议》①。

中国在力所能及的范围内，采取无偿援助、无息贷款或优惠贷款等方式向老方提供援助，领域涉及物资、成套项目援助、人才培训及技术支持等。中方为老挝援建的项目有地面卫星电视接收站、南果河水电站及输变电工程、老挝国家文化宫、琅勃拉邦医院及其扩建工程、

① 除柬埔寨之外的所有国家均已完成《协议》的国内法律审批程序,《协议》于2007年7月1日起正式生效。

乌多姆赛戒毒中心、老挝地震台、昆曼公路老挝段、万象凯旋门公园、老挝国家电视台三台、昆曼公路跨湄公河大桥项目等。

中老两国农业合作与交流最早始于1995年。2000年11月，中国农业部与老挝农林部在万象签署《农业合作谅解备忘录》，标志着两国政府正式开始农业领域合作。2001年，中国农业部与老挝农林部在昆明签署《农业合作纪要》。2006年9月，中国农业部牛顿副部长率团访老并签署有关无偿援助项目协议。在两国政府的积极推动及相关政策引导下，农业合作已成为中老两国合作的重要领域。两国农业合作目前呈现出快速发展的势头，形成了援助与投资、园区项目与单个投资项目相互促进、共同发展的局面：(1)援助方面：中国政府曾向老挝政府提供多项无偿援助，其中包括提供设备，如耕作机、养殖设备和玉米烘干机等以及援建老挝北部农业示范中心项目等。(2)园区合作方面：重庆市外经委与万象市农林厅合作建“老挝重庆综合农业园”、云南省与乌多姆赛省合作建“农业科技示范园”、广西与占巴色省合作建“中国果蔬新品种试种基地”。(3)企业投资方面：中国企业来老挝对农业项目投资不断增多。已经商务部批准在老挝开展农业合作的中国企业主要经营橡胶、中药材、木薯、大米、甘蔗、桉树、小油桐种植及猪仔养殖等。老挝政府重视并欢迎中国帮助或参与其农业发展与合作。对中国企业在其北部投资(绝大多数是农业项目)促进当地社会经济发展、改善民生给予肯定。

中老两国的边境贸易十分活跃。中国云南省与老挝北部与其接壤的丰沙里省、乌多姆赛省、琅南塔省贸易、人员往来频繁，大大促进了老挝北部的经济发展。截至2011年9月，中国云南—老挝北部合作工作组已先后举行了五次会议。双方的合作不断走向深入，成绩斐然：合作机制更加健全，建立了外事工作协作、旅游会晤磋商等一系列政府、部门及企业间的沟通联系机制；经贸往来更加紧密，2010年滇老双边贸易额达2.03亿美元，比2009年增长31.5%，占中老贸易总额的五分之一。2011年1月至6月，双边贸易额达到了1.39亿美元，同比增长52.7%，老挝已成为云南省对外投资的第二大市场；产业合作更加深入，云南电网与老挝电网实现了互联，云南到老挝进行地质矿产投资的公司达21家，富滇银行驻老挝代表处的挂牌标志着中国金融机构正式进驻老挝；双方共同推进的边境地区动植物疾病防控站项目、乌多姆赛省农业科技示范园项目取得了实质性进展；双边跨国旅游合作、金融合作、交通运输和便利化通关推进迅速，人文交流更加密切。

中国企业于20世纪90年代开始赴老投资办厂，目前是老挝主要投资方之一。据老方统计，2008—2009财年中国对老挝直接投资合同金额9.33亿美元，同比增长10倍，占中国对老挝累计投资合同总额的27%。投资领域涉及水电、矿产开发、服务贸易、建材、种植养殖、药品生产等。据统计，截至2010年12月，已办理企业注册并登记备案的中资公司达200家，其中矿产企业60家、水电企业10家、工程承包企业10家、橡胶和林木企业60家及其他企业约60余家。老挝中国商会会员企业184家，其下设湖南分会，会员300多户[①]。有的中方投资项目在老挝该领域起到极为重要的作用。例如，中寮矿业钾盐有限公司启动5万吨生产装置运行标志着老挝进入世界少数生产钾肥的国家行列[②]；昆明钢铁控股有限公司控股的老挝钢铁有限公司[③]钢厂项目建成后将为老挝钢铁工业填补空白；中国昆明至老挝万象的高铁建设是迄今为止老中两国间最大的合资建设项目，总

① 关于中老经贸合作现状及建议的调研报告[EB/OL].(2010-12-01)[2012-03-07]. http://www.mofcom.gov.cn/aarticle/weihurenyuan/a/201007/20100707052818.html.

② 该项目占地46公顷，设计生产能力为年开采加工65万吨光卤石原矿，年产含量95%以上的氯化钾5万吨，总投资超过3.7亿元人民币，是100万吨氯化钾项目的先导性项目。

③ 老挝钢铁有限公司成立于2007年，由昆钢和老挝CK进出口有限公司合资建成，注册资本2 000万美元，昆钢出资70%，CK公司出资30%。该钢厂项目2010年4月24日在万象举行开工仪式，产能设计50万吨。第一期工程预计投资1.18亿美元，产能设计20万吨。

投资概算约70亿美元，中方将承担该项目70%的投资。

近几年，中国企业积极参与老挝水电资源开发，已有14家专业企业进入老挝参与水电站投资和工程承包以及输变电的工程承包项目。据统计，截至2010年9月，中资企业与老挝政府签署开发谅解备忘录及投资开发的水电项目共19个，总装机约535万千瓦。其中，中国水利电力对外公司以BOT方式投资的南立河1—2号水电站装机10万千瓦，投资1.5亿美元，于2010年8月正式开始商业运营，发电量为7 200千瓦时/月，平均超出设计30%[①]。中水电建设集团以同样方式投资的南俄5号水电站装机12万千瓦，年发电量5.07亿千瓦时，投资近2号亿美元（中水电建设集团国际公司持有85%的股份，其余15%为老挝国家电力公司持有），工程已于2008年10月开工，计划2012年10月首台机组发电，2012年年底竣工，项目特许经营期25年（不含建设期）。中国水利电力对外公司和老挝国家电力公司共同投资的南椰2号水电站是中国国家开发银行提供贷款支持的BOOT项目，位于川圹省查尔平原的东南部，距离省会孟北县（旧称丰沙湾县）约70千米，总装机为18万千瓦，年均发电量约7.2亿千瓦时，总投资3.45亿美元，工程已于2011年12月23日开工，项目建设工期51个月，预计到2015年底发电运营。

目前，老挝与中国在矿业开发领域已有很好的合作基础，创造了互利双赢的新模式。老挝非常关注中国和老挝在能源矿产方面合作的机会，认为这是对老挝国家经济发展非常重要的一个推动器，能更好地促进两国间紧密合作的关系。老挝已经授予外国投资者200多个采矿许可证，涉及石油、天然气、褐煤、金矿以及宝石的

① 老挝水电资源及其开发情况调研报告[EB/OL].(2010-11-25)[2012-03-07]. http://la.mofcom.gov.cn/aarticle/ztdy/201011/20101107267580.html.

勘探开发。在所有的投资者中，中国投资者持有采矿许可的比例最高，达到50个。目前老挝正在与中国合作勘探老挝2010年到2050年的矿业图。在2011年的中国—东盟矿业合作论坛上，老挝与中国的矿业企业进行了充分交流，并签订了相关合作协议。广西有色金属集团与老挝能源矿产部签署了会谈纪要，双方将共同对老挝有矿产资源优势的一些地区进行普查、勘探；广西有色金属集团还将无偿帮助老挝培养技术人员，提高老挝在遥感、勘探、采矿、矿产经济等方面的工作能力，改善分析检测能力，协助其完善相关硬件设施。中国河北某矿业公司与老挝能源矿产部地勘司合作成立了矿产资源及能源勘查分析服务中心[①]。广东某有色金属公司在老挝的投资项目共雇用了1 600名员工，其中90%以上是老挝国民。

此外，中国企业也积极参与老挝地产开发。2011年12月28日，上海万峰房地产有限公司与老挝政府签署《塔銮湖专属经济区开发协议》。"塔銮湖专属经济区"开发项目由上海万峰房地产有限公司投资，占地面积365公顷，项目总投资约12.8万亿基普(约合16亿美元)，拟在万象塔銮湖地区建成集文化、旅游、休闲、居住为一体的湖滨新城，一期工程计划于2012年2月开工。

中国上海贝尔、中兴、华为等企业也逐步在老挝通信领域的基础设施、技术设备与产品服务方面找到市场切入点。随着老挝经济保持增长，居民消费水平不断提升，汽车市场竞争更加激烈，品牌逐步多元化。中国产奇瑞、长城、力帆、比亚迪等轿车相继进入老挝市场。其中，奇瑞轿车进入老挝两年多时间已销售500多辆，长城轿车进入老挝市场不到半年即售出100多辆，比亚迪F0迷你轿车

① 该中心隶属老挝矿产能源部指导，由中方投资管理，拥有控股权，和老挝方面合作勘查开发矿产资源，老挝方面享有利润分配权。这是中国企业在境外矿业领域与所在国政府管理部门合作的一种有效新模式。

也以价格和节油优势逐步受到市场青睐。可以说，"中国制造"的产品已融入老挝人民生活的方方面面。

三、其他领域的交流与合作

两国在文化、教育、卫生等领域交流与合作发展迅速。1989年以来，中老双方先后签订了文化、新闻合作协定及教育、卫生和广播影视合作备忘录。两国文艺团体、作家和新闻记者往来不断。中老两国于1990年开始互派留学生和进修生。老挝是中国对外提供奖学金人数最多的国家之一，目前老挝在华留学生人数每年保持在近300名。两国青年团交往密切，保持互访传统。2002年以来，中国共向老挝派遣89名青年志愿者。

中老两军关系顺利发展，中国军队领导人迟浩田、张万年、于永波、梁光烈等先后访老，老挝副总理兼国防部长隆再·皮吉等军队领导人多次访华。

中老两国公安和司法的合作不断加强，不断进行信息和资料的交流，在打击走私、贩毒、偷渡及其他跨国犯罪活动方面的合作日益密切。1993年10月，中国、缅甸、泰国、老挝和联合国禁毒署代表在联合国纽约总部正式签署了《东亚次区域禁毒谅解备忘录》，决定在禁毒国际合作中，保持高级别接触，每年举行一次高级别例会，商讨禁毒合作事宜。2001年8月28日，中国、老挝、缅甸、泰国四国禁毒合作部长会议讨论并通过了《北京宣言》。宣言规定，中、老、缅、泰四国共同确立禁毒合作伙伴关系，保持在禁毒领域的相互谅解、信任、合作与支持；加强工作层和专家层的交流与合作，充分发挥现有禁毒合作机制的作用，在毒品预防教育、缉毒执法、信息交流、戒毒治疗和康复、易制毒化学品管制、替代发展、人员培训等方面开展实质性合作并相互提供必要的帮助和援助；共同努力，并重点在调查与预警方面加强合作，打击沿湄公河流域非法贩运毒品和易制毒化学品的活动。2002年2月，中老签署了《引渡条约》；2006年11月，双方签署了《关于禁止非法贩运和滥用麻醉品和精神药物的合作协议》。自2002年起，中国国家禁毒委员会依托云南警官学院为老挝培养了六批共180名禁毒执法官员，增强了中老两国共同打击跨国贩毒活动、减少毒品危害的能力。

近年来湄公河流域走私毒品、武器弹药等犯罪活动突出，频繁发生中国、老挝、缅甸、泰国船舶在航行时遭武装人员敲诈勒索、抢劫、枪击等事件。特别是2011年10月5日“华平号”和“玉兴8号”在湄公河金三角水域遭遇袭击，两艘货船在湄公河水域遭袭，造成13名中国船员遇害，对湄公河流域航运安全造成重大威胁。2011年10月31日，中国、老挝、缅甸、泰国代表在北京举行了四国湄公河流域执法安全合作会议并发表《关于湄公河流域执法安全合作的联合声明》。与会各方认为有必要加强四国执法部门在湄公河流域的执法安全合作，并采取有效措施打击危害本流域安全的跨国犯罪活动。为维护湄公河国际航运安全，保障四国经贸和人员的正常往来，与会各方在平等互利、互相尊重主权的基础上，相互通报了湄公河流域的安全形势，共同探讨了加强湄公河流域安全合作、打击跨国犯罪、维护国际航运安全的措施，同意为应对湄公河流域安全出现的新形势，正式建立中老缅泰湄公河流域执法安全合作机制。在四国湄公河流域执法安全合作机制框架下，具体建立情报交流、联合巡逻执法、联合整治治安突出问题、联合打击跨国犯罪、共同应对突发事件合作机制，以有效维护湄公河流域航运安全秩序，保护四国国籍船舶、人员的生命财产安全。采取专项统一行动，彻底摧毁长期危害本流域安全的犯罪集团。与会各方将采取有效措施，积极落实合作共识，尽快开展联合巡逻执法，为湄公河航运创造安全条件；尽快联合开展打击跨国毒品犯罪集团行动，防止危害本流域安全的活动发生。2011年11月25日至26日，中老缅泰湄公河联合巡逻执法部长级会议在中国北京举行。2011年12月10日，中国、老挝、缅甸、泰国湄公河联合巡逻执法在云南西双版纳关累港正式启动，湄公河国际航运黄金水道全面恢复通航。出席仪式的中老缅泰四国执法安全部门负责人表示，维护湄公河流域的安全稳定是四国的共同愿望，也是四国的共同责任。为有效解决湄公河流域突出的治安问题，各方在相互尊重主权、平等互利的基础上，进一步加大对本国水域执法力度，进一步深化执法安全合作，更有力地打击犯罪，更好地服务湄公河流域各国经贸发展和人员往来。按照中老缅泰湄公河流域执法安全合作机制，依据有关联合声明和会议纪要，在中国关累港设立中老缅泰湄公河联合巡逻执法联合指挥部，在老挝、缅甸、泰国分设联络点，及时交流情报信息，组织协调各方行动；建立四国主管部门湄公河联合巡逻执法24小时联络渠道。代表中国参加联合巡逻执法工作的是云南省公安边防总队水上支队，他们将与老挝、缅甸、泰国执法部门共同开展联合巡逻执法。四国执法船将采取全线巡逻、定点待机、随机巡航、伴随护航等联合巡逻方式，对限定巡逻水域组织开展巡逻，共同组织实施联合行动，专项整治危害湄公河流域安全的突出治安问题，有效保障国际航运安全和畅通，维护船舶和人员生命财产安全，进一步促进沿岸各国经济发展和友好往来，使湄公河真正成为“安全、和平、友好”的国际黄金水道。

附　录

附录一　老挝已加入的国际组织

序号	组织名称
1	文化和技术合作机构（Agency for Cultural and Technical Cooperation, ACTC）
2	东南亚国家联盟（Association of Southeast Asian Nations, ASEAN）
3	东盟自由贸易区（ASEAN Free Trade Area, AFTA）
4	东盟地区论坛（ASEAN Regional Forum, ARF）
5	亚洲开发银行（Asian Development Bank, ADB）
6	大湄公河次区域经济合作（Great Mekong Sub-region Cooperation, GMS）
7	科伦坡计划（Colombo Plan）
8	亚洲及太平洋经济社会委员会（Economic and Social Commission for Asia and Pacific, ESCAP）
9	亚太贸易协定（Asia Pacific Trade Agreement, APTA）
10	东亚峰会（East Asia Summit, EAS）
11	法语国家国际组织（La Francophonie）
12	粮农组织（Food and Agriculture Organization, FAO）
13	77国集团（G-77）
14	国际复兴开发银行（International Bank for Reconstruction and Development, IBRD，通称世界银行，即World Bank）
15	国际民用航空组织（International Civil Aviation Organization, ICAO）
16	国际开发协会（International Development Association, IDA）
17	国际农业发展基金会（International Fund for Agricultural Development, IFAD）
18	国际金融公司（International Finance Corporation, IFC）

续表

序号	组织名称
19	红十字会与红新月会国际联合会(International Federation of Red Cross and Red Crescent Societies)
20	国际劳工组织(International Labor Organization,ILO)
21	国际货币基金组织(International Monetary Fund,IMF)
22	国际刑事警察组织(International Criminal Police Organization,Interpol)
23	国际奥林匹克委员会(International Olympic Commission,IOC)
24	国际电信联盟(International Telecommunications Union,ITU)
25	湄公河委员会(Mekong River Commission,MRC)
26	不结盟运动(Non-Aligned Movement,NAM)
27	常设仲裁法院(Permanent Court of Arbitration,PCA)
28	联合国(United Nations,UN)
29	联合国贸易和发展会议(United Nations Conference on Trade and Development,UNCTAD)
30	联合国教科文组织(United Nations Educational,Social and Cultural Organization,UNESCO)
31	联合国工业发展组织(United Nations Industrial Development Organization,UNIDO)
32	万国邮政联盟(Universal Postal Union,UPU)
33	世界海关组织(World Customs Organization,WCO)
34	世界工会联合会(World Federation of Trade Unions,WFTU)
35	世界卫生组织(World Health Organization,WHO)
36	世界知识产权组织(World Intellectual Property Organization,WIPO)
37	世界气象组织(World Meteorological Organization,WMO)
38	世界旅游组织(World Tourism Organization,WTO)

附录二　中老重要双边协议

《中老贸易协定》(1988年12月)

《中老边境贸易的换文》(1988年12月)

《中老领事条约》(1989年10月)

《中老文化协定》(1989年10月)

《关于处理两国边境事务的临时协定》(1989年10月)

《中老边界条约》(1991年10月)

《中老民航谅解备忘录》(1991年4月)

《中老边界议定书》(1993年1月)

《中老遣返在华老挝难民的议定书》(1991年4月)

《中老关于鼓励和相互保护投资协定》(1993年1月)

《中老边界制度条约》(1993年12月)

《中老汽车运输协定》(1993年12月)

《中国、老挝、缅甸确定三国交界点协定》(1994年8月)

《中老澜沧江-湄公河客货运输协定》(1994年11月)

《中老旅游合作协定》(1996年10月)

《中老关于成立两国经贸技术合作委员会协定》(1997年5月)

《中老边界制度条约的补充议定书》(1997年7月)

《中老民事刑事司法协助条约》(1999年1月)

《中老避免双重征税协定》(1999年1月)

《中国、老挝、缅甸和泰国四国澜沧江—湄公河商船通航协定》(2000年4月)

《中华人民共和国与老挝人民民主共和国关于双边合作的联合声明》(2000年11月)

《中国国土资源部与老挝工业手工业部合作开发万象钾盐矿的原则协议》（2000年11月）

《中老经济、贸易和技术合作委员会首次会议纪要》（2000年11月）

《中国农业部和老挝农林部关于农业合作的谅解备忘录》（2000年11月）

《中华人民共和国和老挝人民民主共和国引渡条约》（2002年2月）

《中国人民银行与老挝人民民主共和国银行双边合作协议》（2002年2月）

《中华人民共和国教育部与老挝人民民主共和国教育部2002~2005年教育合作计划》（2002年2月）

《老挝广播电视系统改造项目考察换文》（2004年3月）

《贸促会与老挝国家工商会合作备忘录》（2004年3月）

《关于加快万象钾盐资源开发的原则协议》（2004年3月）

《关于拟承担老挝北部矿产地质调查项目考察工作换文》（2004年11月）

《关于拟承担援老挝北部综合开发总体规划项目换文》（2004年11月）

《关于拟承担援老挝国家电力规划项目换文》（2004年11月）

《中华人民共和国教育部与老挝人民民主共和国教育部2005~2010年教育合作计划》（2005年10月）

《中华人民共和国与老挝人民民主共和国联合新闻公报》（2006年6月）

《中老越三国国界交界点条约》（2006年10月）

《中老联合声明》（2006年11月）

《中华人民共和国政府与老挝人民民主共和国政府关于禁止非法贩运和滥用麻醉品和精神药物的合作协议》(2006年11月)

《中华人民共和国卫生部与老挝人民民主共和国卫生部卫生合作谅解备忘录》(2006年11月)

《中国国家质量监督检验检疫总局与老挝农林部关于动植物卫生和食品安全合作谅解备忘录》(2007年8月)

《中国全国政协与老挝建国阵线合作协议》(2008年12月)

《中国和老挝农业合作谅解备忘录》(2010年3月)

《中老两国政府关于发展交通基础设施领域合作的协定》(2010年6月)

《中华人民共和国和老挝人民民主共和国联合新闻公报》(2011年9月)

《关于湄公河流域执法安全合作的联合声明》(2011年10月)

参考文献

一、中文文献

[1] D. G. E. 霍尔. 东南亚史(上、下册). 中山大学东南亚历史研究所译. 北京：商务印书馆，1982.

[2] 蔡文欉. 老挝. 北京：世纪知识出版社，2008.

[3] 陈定辉. 老挝：2008年回顾与2009年展望. 东南亚纵横，2009(2).

[4] 陈定辉. 老挝：2009年回顾与2010年展望. 东南亚纵横，2010(2).

[5] 陈定辉. 老挝：2010年回顾与2011年展望. 东南亚纵横，2011(2).

[6] 陈强. 烽火网络高端产品进入老挝市场. 烽火科技报，2006-4-25.

[7] 达拉. 中国老挝双边经贸关系发展研究. 南京师范大学硕士学位论文，2006.

[8] 杜敦信，赵和曼. 越南老挝柬埔寨手册. 北京：时事出版社，1988.

[9] 冯增俊. 老挝高等教育的世纪走向. 比较教育研究，2002(12).

[10] 富米·冯维希. 老挝和老挝人民反对美国新殖民主义的胜利斗争. 蔡文欉译. 北京：人民出版社，1974.

[11] 格兰特·埃文斯. 老挝史. 郭继光，刘刚，王莹译. 上海：东方出版中心，2011.

[12] 耿德铭. 哀牢族属百年争议的再认识. 保山学院学报，2010(1).

[13]季羡林. 东方文学史(上、下册). 长春：吉林教育出版社，1991.
[14]金梅. 老中关系的历史演变及其影响因素研究. 山东大学硕士论文，2007.
[15]景振国. 中国古籍中有关老挝资料汇编. 万象：万象出版社，1997.
[16]黎道纲. 文单国方位新考. 南洋问题研究，2000（2).
[17]李晨阳. 老挝的伊斯兰教. 世界宗教文化，2002（4).
[18]梁大宗. 二战后老泰关系研究. 广西民族大学硕士学位论文，2008.
[19]梁立基. 世界四大文化与东南亚文学. 北京：经济日报出版社，2000.
[20]林远辉. 当代老挝教师教育的发展状况. 世界教育信息，2008（8).
[21]刘琛. 老挝电视传媒：历史，身份与意识形态. 国际新闻界，2010（3).
[22]刘昫. 旧唐书. 北京：中华书局，1975.
[23]陆蕴联. 印度史诗《罗摩衍那》在老挝的流传和变异. 东南亚，2006（3).
[24]马树洪，方芸. 列国志：老挝. 北京：社会科学文献出版社，2004.
[25]马学良等. 普通语言学. 北京：中央民族大学出版社，1997.
[26]梅益等. 中国大百科全书·语言文字. 北京：中国大百科全书，1982.
[27]米良，梁斌. 越南缅甸老挝现行法律选编. 昆明：云南人民出版社，1993.

[28]倪大白. 侗台语概论. 北京：中央民族学院出版社，1990.
[29]彭运锋. 老挝基础教育情况简介. 基础教育研究，2008（4）.
[30]申旭，马树洪. 当代老挝. 成都：四川人民出版社，1992.
[31]宋涛. 老挝革新政策20年的发展与走向. 当代世界，2007（2）.
[32]唐晓等. 当代西方国家政治制度. 北京：世界知识出版社，1996.
[33]王松，王邦佐. 政治学. 北京：高等教育出版社，1991.
[34]王仲田. 政治学导论. 北京：中共中央党校出版社，1997.
[35]王中伟. 走向全面革新开放的老挝人民革命党. 天津支部生活，2007（1）.
[36]文小玲. 老挝旅游业的发展现状与战略规划. 吉林大学硕士学位论文，2005.
[37]吴次芳. 老挝砍伐森林的动力和土地保护策略. 浙江大学博士学位论文，2009.
[38]吴平. 古代云南与老挝的佛教文化交流. 法音，2007（7）.
[39]谢远章. 泰—傣古文化的华夏影响及其意义. 东南亚，1987（1）.
[40]杨全喜，钟智翔. 东盟国家军事概览. 北京：军事谊文出版社，2003.
[41]云鹤. 政局基本稳定外交注重睦邻经济有所增长——老挝2001年形势及2002年前瞻. 东南亚纵横，2002（5）.
[42]云鹤. 2006年老挝形势特点与前瞻. 东南亚纵横，2007（2）.
[43]赞西. 老挝公路建设项目后评价体系及若干问题研究. 长安大学硕士学位论文，2007年.
[44]赵和曼. 东南亚手册. 南宁：广西人民出版社，2000.
[45]张光军. 语言·文学. 北京：军事谊文出版社，2000.

[46]张瑞昆. 走近老挝. 北京：中国商务出版社，2006.
[47]张锡镇. 当代东南亚政治. 南宁：广西人民出版社，1995.
[48]中共中央对外联络部课题组. 老挝人民革命党处理宗教问题的探索与实践. 当代世界与社会主义，2006（4）.
[49]中共中央对外联络部课题组. 老挝人民革命党的宗教政策. 当代世界与社会主义，2006（4）.
[50]钟智翔，陈扬. 东南亚国家军事地理. 北京：军事谊文出版社，2009年.
[51]朱欣. 试论老挝高等教育运行现状及发展理路. 现代教育科学，2009（5）.

二、老挝文献

[1] Sophie Clement Charpentier(法),Pierre Clement(法). 老挝建筑. 万象：多吉出版有限公司，2003.
[2] 阿伦·西拉达拉昆. 老挝文化. 万象：老挝国立大学，2001.
[3] 本米·铁西蒙. 老挝民族的起源. 万象：教育出版社，2006.
[4] 波胜坎·翁达拉等. 老挝文学. 万象：教育部社会科学研究所，1987.
[5] 布班·沃拉昆. 文化的民族性. 万象：政府出版社，1998.
[6] 富米·冯维希. 老挝语语法. 桑怒：中央教育局出版社，1967.
[7] 富米·冯维希. 老挝及老挝人民反对美国新殖民主义的胜利战争. 桑怒：老挝爱国出版社，1968.
[8] 老挝2011—2015年经济社会发展第七个五年规划. 2011.
[9] 老挝教育部. 2006—2015年国家教育体系改革战略规划. 2008.
[10]老挝教育部. 2008—2009年教育发展计划实施总结及2009—2010年教育发展计划. 2009.
[11]老挝教育部. 2009—2015年教育业发展框架. 2009.

[12]老挝教育部干部组织局. 教育法. 万象: 老挝青年出版社, 2008.
[13]老挝教育部教育分析和战略研究中心. 教育和经济适应性研究报告. 2009.
[14]老挝教育部普通教育局. 全民教育实施规划. 2005.
[15]老挝人民革命党四大—九大文件. 万象: 国家出版社, 1986—2011.
[16]老挝人民民主共和国地方政府法. 万象: 国家出版社, 2003.
[17]老挝人民民主共和国国会法. 万象: 国家出版社, 2010.
[18]老挝人民民主共和国国会议员选举法. 万象: 国家出版社, 2010.
[19]老挝人民民主共和国国务院法. 万象: 国家出版社, 2003.
[20]老挝人民民主共和国工会联合会法. 万象: 国家出版社, 2007.
[21]老挝人民民主共和国建国阵线法. 万象: 国家出版社, 2010.
[22]老挝人民民主共和国人民法院法. 万象: 国家出版社, 2009.
[23]老挝人民民主共和国人民革命青年团法. 万象: 国家出版社, 2009.
[24]老挝人民民主共和国人民检察院法. 万象: 国家出版社, 2009.
[25]老挝人民民主共和国宪法. 万象: 国家出版社, 1991.
[26]老挝人民民主共和国宪法. 万象: 国家出版社, 2003.
[27]隆赛·琅帕西. 老挝历史手册. 万象: 青年出版社, 2001.
[28]隆赛·琅帕西. 西科达奔王国. 万象: 青年出版社, 2001.
[29]玛哈坎培·万那索帕. 老挝佛教事务. 万象: 教育出版社, 2005.
[30]马哈西拉·维拉冯. 老挝史. 万象: 老挝教育部, 1957.
[31]马哈西拉·维拉冯. 老挝语语法. 万象: 老挝教育部, 1964.
[32]马哈西拉·维拉冯. 老挝文字史. 万象: 刺竹出版社, 1974.

[33] 山历·波西沙瓦. 老挝的风俗习惯(第一部). 万象: 西沙瓦出版社, 2001.

[34] 新闻文化部. 老挝史. 万象: 政府出版社, 2000.

[35] 乌东·卡迪雅. 坤壮王国. 万象: 青年出版社, 1996.

[36] 占拉·东马拉. 老挝风俗文化. 万象: 老挝国家出版社, 2003.

后　记

老挝是中南半岛唯一的内陆国家，北依中国，南抵柬埔寨，西邻泰国，东接越南，西北角隔湄公河与缅甸相望。中国一直高度重视发展与老挝的关系。近年来，中国积极致力于加强中老两国在东盟10+1、10+3、东盟地区论坛和大湄公河次区域等地区框架内的合作，两国关系在传统友谊的基础上取得新的突破和发展，各领域的合作与交流不断扩大和深化。2009年9月，老挝国家主席朱马里·赛雅颂访华，两国一致同意把中老关系提升为全面战略合作伙伴关系。本书旨在为希望了解老挝情况的读者提供较为客观、全面的知识。

本书是解放军外国语学院亚非语系策划编写的、被列入国家出版基金项目《东南亚研究》丛书中的一本。本书在编写过程中，坚持把握全局、分类实用、重点突出的原则，收集并整理了大量老挝语、汉语、泰语、英语等语言的涉老资料，以严谨的治学态度，力争为广大读者奉献出准确、时新、翔实的老挝国情与社会文化资料。

本书由郝勇主编并负责全书的统稿工作。各章写作情况分别为：郝勇负责第一、七、八、十、十一章的编写；黄勇负责第二、六、九章的编写；覃海伦负责第三、四、五章的编写。在本书的编写过程中，解放军外国语学院亚非语系主任、博士生导师钟智翔教授给予热情的指导和无私的帮助。由于编者的水平与经验有限，书中错漏之处在所难免，恳请使用本书的广大读者批评指正。

编　者

2012年11月

于解放军外国语学院